CAHIERS DU QUÉBEC

Collection dirigée par Dominique Garand

**Science politique
Cahiers du Québec**

Déjà parus dans la même
collection:

Évelyne Tardy
*Les Femmes et les conseils
municipaux du Québec*

Évelyne Tardy *et al.*
*Égalité hommes-femmes?
Le militantisme au
Québec: le PQ et le PLQ*

Yves Théorêt et
André-A. Lafrance
*Les Éminences grises
À l'ombre du pouvoir*

MISSION PARIS

Sous la direction de Greg Donaghy
et Stéphane Roussel

MISSION PARIS

Les ambassadeurs du Canada en France
et le triangle Ottawa-Québec-Paris

Hurtubise

SCIENCE POLITIQUE
CAHIERS DU QUÉBEC

Catalogage avant publication de Bibliothèque et Archives nationales du Québec et Bibliothèque et Archives Canada

Vedette principale au titre :

Mission Paris : les ambassadeurs du Canada en France et le triangle Ottawa-Québec-Paris

ISBN 978-2-89647-632-9

1. Canada - Relations extérieures - France. 2. France - Relations extérieures - Canada. 3. Québec (Province) - Relations - France. 4. France - Relations - Québec (Province). 5. Ambassadeurs - Canada. 6. Relations fédérales-provinciales (Canada) - Québec (Province). I. Roussel, Stéphane, 1964- . II. Donaghy, Greg, 1961- .

FC248.Q8M57 2012   327.71044   C2011-941980-7

Les Éditions Hurtubise bénéficient du soutien financier des institutions suivantes pour leurs activités d'édition :

- Conseil des Arts du Canada ;
- Gouvernement du Canada par l'entremise du Fonds du livre du Canada (FLC) ;
- Société de développement des entreprises culturelles du Québec (SODEC) ;
- Gouvernement du Québec par l'entremise du programme de crédit d'impôt pour l'édition de livres.

Conception graphique : René St-Amand
Illustration de la couverture : Steve Adams
Mise en pages : Folio infographie

Copyright © 2012, Éditions Hurtubise inc.

ISBN : 978-2-89647-632-9 (version imprimée)
ISBN : 978-2-89647-833-0 (version numérique PDF)

Dépôt légal : 1er trimestre 2012
Bibliothèque et Archives nationales du Québec
Bibliothèque et Archives Canada

Diffusion-distribution au Canada :
Distribution HMH
1815, avenue De Lorimier
Montréal (Québec) H2K 3W6
www.distributionhmh.com

Diffusion-distribution en Europe :
Librairie du Québec/DNM
30, rue Gay-Lussac
75005 Paris FRANCE
www.librairieduquebec.fr

Imprimé au Canada
www.editionshurtubise.com

Table des matières

Liste des acronymes

ACCT	Agence de coopération culturelle et technique
ACDI	Agence canadienne de développement international
ANQ	Archives nationales du Québec
BAC	Bibliothèque et Archives Canada
CE	Communauté européenne
CECI	Centre canadien d'études et de coopération internationales
CFCCM	Comité franco-canadien de Coopération militaire
CORIM	Conseil des relations internationales de Montréal
FLN	Front de libération nationale (Algérie)
FLQ	Front de libération du Québec
FORPRONU	Force de Protection des Nations Unies
GPRA	Gouvernement provisoire de la République algérienne
MINUHA	Mission des Nations Unies en Haïti
OAS	Organisation armée secrète
OCDE	Organisation de Coopération et de Développement économiques
ONU	Organisation des Nations Unies
OTAN	Organisation du Traité de l'Atlantique Nord
PME/PMI	Petites et moyennes entreprises/Petites et moyennes industries
PQ	Parti québécois
RIPC	Réseau international sur la politique culturelle
SDN	Société des Nations
UE	Union européenne
UNESCO	Organisation des Nations Unies pour l'Éducation, la Science et la Culture
UQAM	Université du Québec à Montréal

Introduction

Stéphane Roussel et Greg Donaghy

Les relations entre le Canada et la France sont parmi les plus anciennes que le premier entretient avec le reste du monde, non seulement sur le plan diplomatique et politique formel, mais aussi sur celui, plus profond, des racines culturelles. Ces relations comptent aussi parmi les plus complexes, dans la mesure où, depuis l'émergence du Québec comme acteur des relations internationales, elles sont marquées par une dynamique triangulaire entre Paris, Québec et Ottawa. Cet ouvrage vise à contribuer à l'étude de cette relation sous deux angles spécifiques dictés par les événements récents.

D'une part, à l'occasion du 100ᵉ anniversaire (1909, 2009) de la création du ministère canadien des Affaires étrangères, il nous a semblé opportun de nous pencher sur la contribution de cette institution et de ses représentants – au premier chef, les ambassadeurs – à l'évolution de cette relation. D'autre part, le président français Nicolas Sarkozy semble avoir modifié, en 2008, le cadre politique de la dynamique triangulaire qui prévalait depuis les années 1960 en adoptant une position qui tend à remettre en question la relation privilégiée que la France avait établie avec le Québec. En effet, à la position traditionnelle de « non-ingérence et non-indifférence » souvent perçue comme un appui tacite à la cause souverainiste, le chef d'État français y a substitué un discours nettement favorable au maintien de l'unité canadienne. Au-delà des déclarations passionnées suscitées par ce changement de position, il convient de replacer ces événements dans une perspective historique et politique plus générale pour tenter d'en mesurer la portée réelle. C'est donc pour faire le point sur ces relations France-Canada-Québec que nous avons réuni un certain nombre de chercheurs et de praticiens d'horizons intellectuels et politiques divers, et dont les contributions sont présentées dans cet ouvrage.

Il existe de nombreux travaux consacrés à la relation entre la France et le Canada, et l'essentiel est marqué par le débat sur le rôle de la France dans l'émergence du Québec comme acteur international et sur l'éventuelle accession de la province au statut d'État souverain. Sur le premier thème, les auteurs s'entendent pour dire que la France a joué un rôle clé en favorisant la participation québécoise aux activités de la Francophonie[1]. Mais le débat sur l'appui de Paris à l'accession du Québec à la souveraineté continue de soulever des passions. Ainsi, bon nombre d'auteurs anglophones ou plus sympathiques à la cause fédéraliste ont dénoncé, surtout dans les années qui suivent le référendum de 1995, ce qu'ils perçoivent comme une ingérence et une menace pour le Canada[2]. À l'inverse, le ton est généralement plus positif devant un éventuel appui français au processus de reconnaissance d'un Québec souverain chez les auteurs québécois francophones, qu'ils expriment ou non leur sympathie pour le mouvement souverainiste[3]. Un troisième thème de prédilection est l'impact indéniable du triangle Paris-Québec-Ottawa sur l'émergence et l'évolution de la Francophonie comme institution internationale, cela même s'il tend à disparaitre au cours des dernières années.

La question de l'accession du Québec à la souveraineté domine la réflexion sur les relations France-Canada, au point d'occulter presque toutes les autres dimensions, qu'elles soient internatio-

---

1. Par exemple, Robin S. Gendron, *Towards a Francophone Community. Canada's Relations with France and French Africa, 1945-1968*, Montréal et Kingston, McGill-Queen's University Press, 2006 ; Frédéric Bastien, « À la demande du Québec : la diplomatie québécoise de la France de 1969 à 1980 », *Études internationales*, vol. XXIX, n° 3, septembre 1998, p. 551-575 ; voir aussi les nombreux textes sur la relation franco-québécoise dans Stéphane Paquin (avec la coll. de Louise Beaudoin), dir., *Histoire des relations internationales du Québec*, Montréal, VLB, 2006.

2. Par exemple, Eldon Black, *Direct Intervention. Canada-France Relations, 1967-1974*, Ottawa, Carleton University Press, 1998 ; John F. Bosher, *The Gaullist Attack on Canada, 1967-1997*, Montréal et Kingston, McGill-Queen's University Press, 1998 ; Steven Kendall Holloway, *Canadian Foreign Policy. Defining the National Interest*, Peterborough, Broadview Press, 2006 ; Steven K. Holloway, « Canada Without Québec », *Orbis*, vol. 36, n° 4, automne 1992, p. 531-543.

3. Frédéric Bastien, *op. cit.* ; Frédéric Bastien, *Relations particulières. La France face au Québec après de Gaulle*, Montréal, Boréal, 1999 ; Philippe Poulin, « France-Québec : quarante ans de relations directes et privilégiées », *Bulletin d'histoire politique*, vol. 10, n° 2, hiver 2002, p. 144-149.

nales et diplomatiques, économiques, migratoires ou militaires. Pourtant, le Canada entretient avec la France des liens dans tous ces domaines; un grand nombre de Français choisissent de faire leur vie au Canada, tandis que plusieurs étudiants canadiens vont acquérir une formation en France; les deux pays appartiennent à une même alliance et sont souvent parties aux mêmes conflits internationaux[4]; enfin, en termes absolus, les échanges commerciaux demeurent significatifs. Bref, il reste de nombreux thèmes à explorer pour bien saisir la dynamique des relations entre ces deux rives de l'Atlantique.

Les dernières années ont pourtant été prolifiques à cet égard, avec la parution de plusieurs ouvrages importants sur ce thème. Un premier, publié sous l'égide de la Commission franco-québécoise sur les lieux de mémoire communs, célèbre les cent cinquante ans du Consulat général de France à Québec[5]. Cet ouvrage décrit non seulement un maillon clé de la chaîne des institutions diplomatiques françaises en Amérique, mais il évoque le contexte dans lequel les relations entre le Québec et la France ont évolué. Naturellement, le pan «Canada» du triangle y occupe une place de second plan. Un autre ouvrage est celui de l'ancien diplomate Gilles Duguay, qui offre son interprétation de l'évolution de la relation triangulaire, dans une perspective canadienne, mais avec un point de vue particulièrement sympathique au Québec[6]. Enfin, le troisième, sous la direction de Serge Joyal et de Paul-André Linteau[7], richement illustré, propose une série de textes qui couvrent plusieurs siècles d'histoire dans différents domaines, que ce soit la culture, l'identité ou l'économie.

Le présent ouvrage s'inscrit bien dans ce mouvement de renouvellement de la documentation sur les relations France-Canada-

4. Une exception intéressante est celle fournie par Justin Massie, *North Atlantic Triangle: The Importance of France in Canadian Strategic Culture, 1760-1949*, Thèse de doctorat, Département d'études politiques, Kingston (On.), Queen's University, 2010.
5. Commission franco-québécoise sur les lieux de mémoire communs, *150 ans de relations France-Québec*, Québec, Éditions MultiMondes, 2010.
6. Gilles Duguay, *Le Triangle Québec-Ottawa-Paris. Récit d'un ancien ambassadeur canadien*, Québec, Septentrion, 2010.
7. Serge Joyal et Paul-André Linteau, dir., *France-Canada-Québec. 400 ans de relations d'exception*, Montréal, Presses de l'Université de Montréal, 2008.

Québec. Il se distingue d'abord en offrant un angle canadien, celui de certains représentants du Canada à Paris. Mais il contribue surtout à repenser, voire à remettre en question, une idée bien ancrée dans l'esprit de la plupart des analystes, à savoir le caractère « privilégié » ou « exceptionnel » de ces relations (les titres de plusieurs ouvrages mentionnés plus haut sont sans équivoque sur ce plan). S'il est vrai qu'elles paraissent incontestablement différentes en raison de l'attachement qui lie les Français aux francophones du Canada, ou encore du rôle de la France dans l'émergence du Québec comme entité internationale, elles ne sont pas dénuées d'ambiguïtés, comme le révèlent clairement les trois derniers textes figurant dans cet ouvrage. De même, on peut se demander comment cette « exception » s'est traduite dans l'esprit de ceux qui, à Paris, ont été chargés d'y promouvoir les intérêts canadiens. Ainsi, l'un des traits originaux du présent ouvrage est sans doute de soulever des questions quant à la nature et aux conséquences de cet « exceptionnalisme », cela tant pour les gouvernements à Ottawa et Québec que pour les sociétés canadienne et québécoise.

~

La première partie du livre est consacrée à certains ambassadeurs qui ont représenté le Canada à Paris, de manière à pouvoir observer les dossiers qu'ils ont menés, leurs priorités et leurs conceptions de la relation que devrait entretenir les deux pays. Cette approche permet de relativiser la place du triangle Paris-Québec-Ottawa, non pas pour en diminuer l'importance (elle demeure cruciale), mais pour percevoir ce qu'il aura éventuellement occulté.

Il y a, derrière cette approche qui laisse une grande place aux individus, un certain nombre de choix. Le premier est évidemment lié à la liste des ambassadeurs étudiés, puisqu'il serait difficile de les couvrir tous (cette liste complète figure en annexe). L'épisode parisien de la carrière de certains d'entre eux, comme Hector Fabre, est déjà fort connu[8]. D'autres, comme Paul-André

---

8. Voir, par exemple, Ivan Carel et Samy Mesli (dir.), *Hector Fabre*, Montréal, VLB éditeur, 2011; Sylvain Simard et Denis Vaugeois, « Fabre, Hector », dans *Dictionnaire biographique du Canada*, vol. XIII (années 1901-1910), Québec,

Beaulieu, n'ont occupé la fonction que brièvement. Notre choix a d'abord été dicté par le caractère historiographique de cette entreprise et nous avons privilégié les figures les plus anciennes sur le plan historique, qui sont parfois aussi les moins connues, comme Philippe Roy ou Pierre Dupuy. Trois d'entre eux, Georges Vanier, Jules Léger et Gérard Pelletier, figurent ici parce que c'est généralement pour une autre raison que l'on se souvient d'eux, à titre de gouverneurs généraux pour les deux premiers, et d'intellectuel et de ministre pour le troisième. Nos choix sont aussi orientés par le désir de brosser le portrait d'individus représentatifs de leur époque, en mettant l'accent sur les plus anciens.

Le second choix est de mettre l'accent sur une perspective individualiste. Les auteurs réunis pour la partie biographique, tous des historiens à une exception près, parlent bien des individus qui occupent le poste d'ambassadeur et de leur perception du déroulement des événements. Il ne s'agit donc pas d'avoir une vue d'ensemble des relations entre la France et le Canada, mais plutôt de la façon dont quelques personnes occupant une position privilégiée les percevaient et les comprenaient. Ce postulat biographique suppose aussi que les individus peuvent faire une différence dans le déroulement des événements, et donc qu'ils ne sont pas interchangeables. En fait, comme le montrent plusieurs des textes réunis ici, certains ambassadeurs ont imprimé une direction particulière aux relations franco-canadiennes en raison de leurs sensibilités personnelles à l'égard de la France, surtout au cours des premières décennies, alors que tout demeurait à bâtir.

Précisément pour contraster avec ce premier angle résolument individualiste, nous en avons retenu un second et confié à quatre politologues le soin d'offrir au lecteur une vue plus générale des relations entre les deux pays. Il s'agit surtout de qualifier la nature de cette relation en soulevant la question de sa « normalité » ou de son « exceptionnalisme », par rapport aux liens que la grande majorité des États entretiennent entre eux. En fait, il s'agit de déterminer si, au-delà ou en marge du triangle France-Canada-Québec, ces relations sont « particulières » et, si oui, en quoi ?

Presses de l'Université Laval, 1994, p. 354-358 ; Jean Chartier, « 1882 à 1910, le précurseur Hector Fabre, premier agent général du Québec à Paris », *Le Québec magazine*, octobre 2001, p. 2-3.

~

Dans cette perspective, ce livre est divisé en deux parties. La première traite des individus qui ont occupé le poste d'ambassadeur. Dans le premier chapitre, Michel Lacroix évoque comment Philippe Roy a pu poursuivre des objectifs pancanadiens à travers une diplomatie culturelle – une forme de diplomatie publique avant la lettre – à laquelle sa carrière comme éditeur de journal et son statut de Québécois installé en Alberta l'avait bien préparé. Adoptant une approche inspirée de celle d'Akira Iriye, un historien spécialiste de l'histoire diplomatique américaine, Lacroix expose le caractère central de la dimension culturelle dans l'établissement des liens entre la France et le Canada. Roy estimait que l'approfondissement des rapports politiques et économiques devait passer par le renforcement des liens culturels, lesquels devaient être sérieusement dépoussiérés au cours de l'entre-deux-guerres. En dépit du scepticisme auquel il se heurtait à Ottawa, le représentant canadien a engagé une « offensive culturelle » destinée à transformer l'image du Canada en France, pour la faire passer de celle d'une société pastorale et conservatrice à celle d'un État moderne, indépendant et industrialisé. Cette initiative, qui est devenue la marque de commerce de la mission de Roy, reflète le projet de construction de la nation canadienne tel qu'il se dessinait à l'époque.

On retrouve des traces de ce projet national dans la carrière et la mission du successeur de Roy, le brigadier Georges Vanier. Dans le deuxième chapitre, Jacques Monet retrace le passage de Vanier à Paris à une époque cruciale, alors que la légation canadienne acquiert, en 1944, le statut d'ambassade et met en lumière l'importance, mais aussi les limites, des relations interpersonnelles et de l'investissement d'un individu dans sa mission. Comme le souligne Monet, l'attachement de Vanier pour la France était largement guidé par les sentiments qui lui avaient été inculqués dans sa prime jeunesse par deux de ses mentors et confidents, Camille Martin et le père Gaume, des expatriés français, ardents patriotes et défenseurs d'idées conservatrices. Durant et après la guerre, alors que les relations économiques et politiques du Canada avec la France étaient encore embryonnaires, ce sont les relations personnelles de Vanier qui ont permis de donner corps aux rapports entre les deux pays. Son amitié avec le général de Gaulle, ses liens avec la Résistance et sa compassion pour les réfugiés ont largement déterminé le cours des relations franco-canadiennes au cours de cette période.

Toutefois, en raison du caractère très personnel des engagements de Vanier, le type et la qualité de ces rapports bilatéraux pouvaient difficilement survivre au départ de l'individu en 1954. Le portrait que brosse Monet met en lumière cet investissement personnel, mais cela dans un contexte où les relations entre les deux États se complexifient et prennent des formes multiples. Elles se nouent désormais dans le cadre d'institutions telles que l'Organisation des Nations Unies (ONU) ou l'Organisation du Traité de l'Atlantique Nord (OTAN). La gestion des dossiers qui se multiplient est cependant parfois difficile, notamment en raison des différences sur la stratégie à adopter dans un contexte de guerre froide ou devant le phénomène de décolonisation en Asie et en Afrique. Ces divergences vont sérieusement affecter la capacité des successeurs de Vanier à maintenir et renforcer les relations que celui-ci avait su établir.

Pierre Dupuy s'installe à la résidence de l'ambassadeur située sur la luxueuse rue du Faubourg-Saint-Honoré en juin 1958, juste après le retour au pouvoir du général de Gaulle pour gérer la crise engendrée par la guerre d'Algérie. Comme le démontre Magali Deleuze, Dupuy se trouve presque immédiatement coincé entre l'appui plutôt tiède d'Ottawa en faveur de l'indépendance de l'Algérie et la détermination du président français à conserver des liens étroits avec l'État algérien en devenir. Fervent démocrate et anticommuniste, Dupuy demeurait sceptique vis-à-vis des inclinaisons socialistes du Front de Libération nationale (FLN). Il fut donc tenté de soutenir la position de de Gaulle et d'ajuster en conséquence les politiques adoptées par le gouvernement conservateur de John Diefenbaker. Toutefois, Dupuy dut abandonner de Gaulle en raison de la position inflexible de ce dernier. Quoiqu'il illustre surtout la position inconfortable d'un ambassadeur pris entre deux feux, ce chapitre révèle aussi l'importance grandissante des questions de politique internationale – dans ce cas, le processus de décolonisation – dans les relations entre la France et le Canada.

Cette idée revient dans le texte de David Meren consacré à la mission de Jules Léger, de 1964 à 1968. Cette période est marquée par l'émergence du Québec contemporain sur la scène internationale, émergence qui s'accompagne du désir d'établir une relation privilégiée avec la France. Ce chapitre, qui retrace les efforts de l'ambassadeur pour réconcilier les demandes de Québec et de Paris avec les prérogatives de l'État canadien, est en partie une étude technique et philosophique de la diplomatie. Ce récit met en effet en relief la différence entre la tradition de la diplomatie, feutrée et discrète, avec le style plus agressif prôné à l'époque par Marcel Cadieux, sous-secrétaire d'État aux Affaires extérieures.

Ce chapitre démontre aussi comment la relation triangulaire qui apparaît à cette époque est fonction du contexte politique international. Meren rejette les propositions consistant à attribuer le blâme des tensions politiques à un de Gaulle s'ingérant dans les affaires canadiennes ou à un nationalisme québécois stimulé par la fin de l'ère Duplessis. Il avance plutôt que des dynamiques structurelles telles que la mondialisation, la décolonisation et les transformations de l'économie ont fait naître des formes de nationalisme qui ont inexorablement alimenté un conflit entre les trois entités politiques.

Cet acrimonieux conflit trilatéral s'est prolongé au long des années 1970, empoisonnant le travail de Gérard Pelletier, qui a représenté le Canada à Paris de 1975 à 1980. Comme plusieurs autres ambassadeurs étudiés dans cet ouvrage, Pelletier était particulièrement réceptif et profondément influencé par les traditions intellectuelles et spirituelles de la France. Ainsi, Jean-Philippe Warren évoque l'influence de la philosophie personnaliste d'Emmanuel Mounier sur Pelletier et sur sa carrière. Les idées de Mounier ont largement contribué à étayer la méfiance de Pelletier envers les politiciens et leurs idéologies, et à encourager son penchant pour le dialogue et l'éducation populaire. Lorsqu'il quitte le cabinet du premier ministre libéral Pierre Elliott Trudeau à l'automne 1974, l'ancien journaliste espère contribuer à l'établissement d'un «débat rationnel, posé et informé» sur les relations entre Ottawa, Québec et Paris.

Pelletier devait cependant rapidement déchanter, les fonctionnaires du ministère français des Affaires étrangères se révélant imperméables à ses raisonnements. Loin d'Ottawa, son influence sur le premier ministre s'étiolait. Et en France, les progressistes catholiques qu'il admirait sur le plan social et politique dans les années 1940 se révélaient, vingt-cinq ans plus tard, sans envergure et sans grande influence sur la société française. L'élection du gouvernement souverainiste du Parti québécois (PQ) dirigé par René Lévesque en novembre 1976, ainsi que les relations tendues entre Trudeau et le président Valéry Giscard d'Estaing, achevèrent d'isoler Pelletier. Ni les liens de l'ambassadeur avec les artistes et les écrivains qu'il encourageait, ni ses efforts pour cultiver des rapports avec les médias locaux et régionaux ne se révélèrent suffisants pour briser son sentiment grandissant d'isolement.

Le rejet de l'option souverainiste lors du référendum de mai 1980, la dure récession qui frappa les économies occidentales au cours des deux années suivantes, ainsi que l'élection en mai 1981 de François Mitterrand (qui doutait du bien-fondé du projet québécois d'accession à la souveraineté) devaient contribuer à apaiser les tensions. C'est dans ce contexte qu'arriva à Paris le successeur de Pelletier. Michel Dupuy, fils de Pierre Dupuy, était un diplomate d'expérience qui pouvait compter sur des liens solides tant avec Trudeau qu'avec son ministre des Affaires extérieures, Allan J. MacEachen. Dans son chapitre autobiographique, Dupuy évoque son approche méthodique de la diplomatie canadienne à Paris. À l'image d'un commandant militaire, il fait à son arrivée le compte de ses ressources et élabore une stratégie d'ensemble en conséquence. Avec l'appui de MacEachen, il met l'accent sur l'économie plutôt que la culture, un terrain sur lequel Ottawa et Québec partagent de nombreux intérêts. Indiscutablement, des sources de friction demeurent, mais le fait que Trudeau réussit à obtenir l'appui de Mitterrand pour la tenue d'un Sommet de la Francophonie témoigne d'une amélioration des relations entre les deux pays. Mais s'agit-il d'une normalisation pour autant?

~

La seconde partie de cet ouvrage propose d'étudier l'évolution des relations France-Canada-Québec d'un point de vue plus analytique. La tâche, cette fois, a été confiée à des politologues qui proposent des interprétations différentes du sens à accorder à ces relations. Se sont-elles normalisées, au point où elles peuvent être comparées à celles que le Canada entretient avec n'importe quel autre État, ou demeurent-elles « exceptionnelles » d'une manière ou d'une autre ?

David G. Haglund et Justin Massie se situent parmi ceux qui évoquent le caractère exceptionnel de ces relations, mais il ne s'agit pas pour eux tant d'un « fait » que d'une construction sociale. Leur texte, qui s'appuie largement sur la notion de « culture stratégique », soulève une question aux ramifications complexes : pourquoi la France semble-t-elle avoir été complètement effacée de l'historiographie québécoise au long du XIXe siècle pour réapparaître subitement au milieu du XXe siècle ? Au-delà des explications ponctuelles (la Révolution française pour expliquer la disparition, le discours de de Gaulle en 1967 pour la réapparition), il y a lieu de se demander s'il n'y a pas là une dimension culturelle plus profonde.

Les deux auteurs estiment que l'évolution du regard posé sur les liens entre la France et le Québec (et donc avec le Canada) repose sur une fable et sur un mythe. La fable est celle d'une société québécoise vertueuse, qui aurait rapidement rejeté la culture militariste et agressive de la France pour suivre sa propre voie, empreinte de pacifisme. Cette fable est alimentée par un mythe, celui de l'abandon de la Nouvelle-France par la France en 1763, qui aurait contribué à maintenir la césure entre les deux sociétés au long du XIXe et au début du XXe siècle et incité les descendants des colons français à se définir d'abord et avant tout comme « Canadiens ». En fait, il faudra la défaite catastrophique de juin 1940 pour que change l'image de la France dans la culture stratégique canadienne, en balayant les fondements de l'ordre politique en place et en ouvrant de nouvelles possibilités. Bref, l'histoire moderne des relations France-Canada-Québec commencerait réellement avec la capitulation devant l'Allemagne, et non avec les balbutiements de la Révolution tranquille vingt ans plus tard. En fait, on comparera utilement ce chapitre avec celui de Michel Lacroix, qui décrit les efforts de Philippe Roy pour dépoussiérer et actualiser une relation atrophiée par des idées fausses.

La thèse de la normalisation est également remise en cause par Anne Legaré qui, avec Michel Dupuy, peut être rangée à la fois parmi les chercheurs (puisqu'elle est professeur à l'Université du Québec à Montréal) et les praticiens (elle a représenté le Québec à Washington et New York de 1994 à 1996). L'auteure prend le contrepied de la thèse classique d'une France appuyant les aspirations du Québec à la souveraineté et décrit le rôle de la relation franco-canadienne comme étant un moyen de renforcer la cohésion de l'État canadien et de permettre une forme de domination sur les composantes de la fédération. Poursuivant sa réflexion sur *Le Québec otage de ses alliés*, elle illustre le rôle ambigu et multiforme que peut jouer la France vis-à-vis des aspirations des souverainistes.

À l'inverse, Jérémie Cornut défend la thèse de la normalisation des relations France-Canada-Québec. Ce réalignement, selon l'auteur, participe d'abord d'un « retour à une diplomatie plus traditionnelle » de la France, qui adopte une attitude de « non-ingérence » de plus en plus marquée, et qui prend acte, après le référendum de 1980 et l'élection de François Mitterrand en 1981, de la possibilité que le Canada uni survive. Ensuite, et il s'agit d'un point particulièrement important, à l'instar de Meren et, dans une moindre mesure, de Dupuy, il faut replacer les relations triangulaires et leur tendance à se normaliser depuis 1980 dans un contexte plus général de mondialisation et de diversification des échanges. Selon Cornut, le phénomène de mondialisation conduit la France et le Canada à multiplier leurs relations, à les rendre plus actives, et à toucher à une plus vaste gamme de sujets, qui vont des préoccupations militaires et stratégiques aux échanges commerciaux en passant par les questions de droit international. Ce même phénomène aura des effets similaires sur les rapports entre la France et le Québec, qui débordent du cadre désormais traditionnel des domaines de la culture et de l'éducation. Ainsi, les forces économiques et politiques en action dans le système international auraient contribué à réduire l'importance relative de la question du statut du Québec.

~

La publication de cet ouvrage marque l'achèvement d'un long processus qui a débuté avec la tenue d'une conférence au musée

McCord de Montréal en octobre 2008. De nombreuses personnes ont rendu cet événement possible et nous tenons à les remercier ici.

Notre gratitude va tout d'abord aux organismes qui ont soutenu financièrement cette conférence et à leurs représentants, soit Victoria Dickenson, alors directrice du musée McCord, Antonia Maioni, directrice de l'Institut d'études canadiennes de l'Université McGill, et Alex Macleod, directeur du Centre d'études des politiques et de sécurité (CEPES) de l'Université du Québec à Montréal (UQAM).

Au cours de cette conférence, de nombreux invités ont contribué aux travaux et aux discussions. Parmi ceux-ci mentionnons Émile Martel, l'Honorable Benoît Bouchard, Raymond Chrétien (tous deux anciens ambassadeurs du Canada en France) et Marc Lortie (actuel titulaire de ce poste). Nos collègues Gilbert Gagné (Université Bishop's) et Frédéric Bastien (Collège Dawson) ont également présenté leurs réflexions.

L'organisation de la conférence a été assurée par Charles Létourneau (coordonnateur, Chaire de recherche du Canada en politiques étrangère et de défense canadiennes, UQAM), avec l'aide de Geneviève Moisan et Laurence Côté-Lebrun, toutes deux étudiantes à l'UQAM. Samir Battiss (candidat au doctorat à l'Université Paris II et chercheur à la Chaire de recherche du Canada en politiques étrangère et de défense canadiennes) a, pour sa part, participé à la relecture finale du manuscrit.

Cette conférence et ce livre n'auraient pu voir le jour sans l'appui de certaines personnes œuvrant au sein du ministère des Affaires étrangères et du Commerce international (MAECI), soit Anne Leahy, Ariel Delouya, Mary Halloran, Graham Shantz, Drew Fagan, Michelle Pichette et Dorothy Wood. Nous les en remercions vivement.

Enfin, l'aboutissement de ce projet de livre doit énormément à l'engagement, à la patience et à la rigueur de Xavier Gélinas du Musée des civilisations.

CHAPITRE I

Faire connaître un Canada « nouveau » : Philippe Roy et la diplomatie culturelle du Canada à Paris, 1911-1938

Michel Lacroix

Il n'y a, semble-t-il, aucune rue ou école Philippe-Roy, aucune monographie consacrée à ce diplomate, et guère plus qu'une cinquantaine de pages publiées, au total, abordant sa carrière[1]. C'est dire l'oubli dans lequel est tombé le premier représentant diplomatique officiel du Canada à Paris. La première visée de ce texte sera par conséquent d'ordre historiographique, celle d'éclairer le rôle joué par Philippe Roy, en tant que commissaire, puis ministre du Canada en France, de 1911 à 1938.

Toutefois, comme cette étude s'inscrit dans le cadre de recherches sur les relations intellectuelles entre le Québec et la France, il convient d'opérer un retour sur la perspective adoptée dans ces travaux, pour amorcer une réflexion d'ordre plus général sur l'apport de l'histoire sociale de la littérature à l'étude des relations internationales. Prenant volontairement le problème par

---

1. Ce sont essentiellement celles publiées par Bernard Pénisson, « Les commissaires du Canada en France (1882-1928) », *Études canadiennes/Canadian Studies*, nº 9, 1980, p. 3-12 ; « Le Commissariat canadien à Paris (1882-1928) », *Revue d'histoire de l'Amérique française*, vol. XXXIV, nº 3, décembre 1980, p. 357-376 ; et « La représentation du Canada en France au début du XXᵉ siècle (1900-1914) », *Études canadiennes/Canadian Studies*, nº 33, 1992, p. 59-72 ; ainsi que par Philippe Prévost, *La France et le Canada d'une après-guerre à l'autre (1918-1944)*, Saint-Boniface, Éditions du Blé, 1994, p. 1-41.

son côté microsociologique, aisément exclu des analyses stratégiques et historiques, il est opportun d'indiquer de quelle manière une réception mondaine, une relation entre deux écrivains ou la publication d'un article dans une revue participent des relations internationales.

Avant d'accomplir ce programme en deux temps, il convient d'abord de tracer une esquisse rapide de la trajectoire de Philippe Roy : né en 1868 à Saint-François-de-Montmagny, à l'est de Québec, et mort en 1948 à Ottawa, Philippe Roy fut le représentant du Canada à Paris pendant 27 ans, ce qui constitue une stabilité exceptionnelle, dépassée seulement par son prédécesseur, Hector Fabre, et encore n'est-ce que par quelques mois. Après des études de médecine, à l'Université Laval puis à Paris où il se spécialisa en ophtalmologie[2], il s'établit à Edmonton, en 1898, où il ouvrit un cabinet. Il s'impliqua rapidement dans la vie associative et politique locale[3], puis participa à la fondation de plusieurs entreprises. Ce fut d'abord, en 1905, *Le Courrier de l'Ouest*[4], alors seul journal francophone de l'Ouest canadien, lequel soutint activement les politiques du gouvernement de Wilfrid Laurier[5] ; la Jasper's Ltd, en 1906, société en partie financée par un capital

---

2. On ne possède guère d'informations sur ce séjour, pas même ses dates précises, mais il a déclaré, au moment de la fondation de la Maison des étudiants canadiens, que l'isolement où il s'était alors retrouvé avait fortement motivé son action en faveur des étudiants canadiens à Paris, dont sa volonté de leur offrir un appui institutionnel ainsi qu'un lieu d'hébergement. Par ailleurs, bien que dans les publicités pour son cabinet il déclarât être « élève des hôpitaux de Paris et de New York » (voir par exemple *Le Courrier de l'Ouest*, 11 octobre 1905, p. 6), aucune des notices biographiques publiées à son sujet n'en fait état.

3. Il fut impliqué dès 1899 dans la section locale de la Société Saint-Jean-Baptiste (Éloi Degrâce, *L'Ouest canadien : historique et index (1898-1900)*, Edmonton, s. é., 1979, p. 19). Par ailleurs, il aurait participé à la fondation de la première association libérale à l'ouest de Winnipeg, d'après un discours prononcé en 1908 par J. R. Boyle, alors « représentant à la Législature du district de l'Esturgeon » : « Grand banquet offert à l'Hon. Sénateur Roy », *Le Courrier de l'Ouest*, 16 janvier 1908, p. 8.

4. D'après Éloi Degrâce, il en aurait été le principal propriétaire, avec douze des soixante actions : *Index du « Courrier de l'Ouest » (1905-1916)*, Edmonton, s. é., 1980, p. 1.

5. L'éditorial du premier numéro, sans doute rédigé par Roy lui-même, qui était alors directeur du journal, déclare au sujet de l'orientation du journal : « En politique, *Le Courrier de l'Ouest* se fera un devoir de soutenir le Parti libéral et en particulier les idées de Wilfrid Laurier. Il adhère sans réserve au programme de ce parti. » « À nos lecteurs », 11 octobre 1905, p. 2.

d'origine française et s'occupant «d'affaires financières en général, vente d'immeubles, négociation de prêts, assurances vie, feu, accidents[6]»; puis, en mars 1910, la «Caisse hypothécaire canadienne», grâce à l'investissement de deux millions de dollars, «souscrits à Paris aux fins d'être placés dans l'Ouest[7]». Cumulant les rôles, il devint ainsi tout à la fois médecin, journaliste, homme d'affaires et politicien, juxtaposition alors fréquente chez les membres des professions libérales.

Son implication politique fit de Roy un des piliers de l'organisation libérale dans l'Ouest canadien, tout particulièrement au sein de la communauté canadienne-française, cela à une époque fort agitée politiquement[8]. Cet appui inconditionnel explique pourquoi Laurier en fit un des quatre premiers sénateurs de l'Alberta, lors de la création des institutions politiques de la province, en 1906, puis le choisit pour occuper le poste de commissaire du Canada à Paris, en 1911, malgré les réticences des autorités françaises[9]. Il convient d'ajouter à ces éléments biographiques qu'il épousa une Canadienne anglaise, Helen Young, issue d'une

---

6. «Notes locales», *Le Courrier de l'Ouest*, 14 février 1906, p. 8. L'indication de la participation d'un certain L. Bureau, de Versailles (France), aux côtés de Philippe Roy et d'autres personnalités canadiennes, à la fondation de l'entreprise, est celle qui permet de présumer de l'implication de financiers français.

7. «Notes personnelles», *Le Courrier de l'Ouest*, 31 mars 1910, p. 8.

8. Rappelons à ce sujet qu'à plusieurs reprises, de 1890 à 1905, des tensions linguistiques et religieuses, en particulier celles liées au système d'éducation, ont éclaté dans l'Ouest canadien et agité le pays tout entier. Ainsi, en 1905, au moment même où sont créées les provinces d'Alberta et de Saskatchewan, Wilfrid Laurier perd son lieutenant politique dans l'Ouest (et ministre de l'Intérieur depuis 1896) en la personne de Clifford Sifton, lequel démissionna de son poste pour s'opposer au compromis proposé par Laurier au sujet des «écoles séparées».

9. La principale objection, soulignée par Bernard Pénisson, était de nature économique: on craignait qu'il ne favorise «l'exode des capitaux français au Canada» (Avis du Consul de France à Montréal, non daté [probablement 1911], cité par Bernard Pénisson, «Les Commissaires du Canada en France», *op. cit.*, p. 10). Ces craintes étaient alimentées par une série d'investissements effectués au Canada, et plus précisément dans l'Ouest canadien, dans les années précédentes, dont ceux de la Caisse hypothécaire canadienne. Par ailleurs, une autre cause de réticence, non abordée par Pénisson, peut être identifiée: celle de voir se constituer un mouvement d'émigration important de Français dans l'Ouest canadien, région qui accueillait alors des dizaines de milliers d'immigrants chaque année. On put d'autant plus le craindre que le journal de Roy, *Le Courrier de l'Ouest*, faisait la promotion active de l'immigration française dans l'Ouest canadien, créant même un numéro spécial à l'intention des paysans belges et français, le 9 décembre 1909.

famille importante dans la politique et l'économie canadienne[10], en plus d'être une fervente pratiquante de la Christian Science. Sans y accorder trop d'importance, on peut néanmoins souligner que le mariage mixte devint, quelques décennies plus tard, la hantise des nationalistes canadiens-français : une kyrielle de romans, de *L'Appel de la race* de Lionel Groulx (1922) au *Nom dans le bronze* de Michelle Le Normand (1933), en sont l'illustration. Si le « privé est politique », pour reprendre une célèbre expression, par ce mariage, Roy pouvait être un symbole de la thèse de la « bonne entente », chère à Laurier et aux libéraux de l'époque.

Il serait certainement utile de détailler les étapes et réalisations de la carrière diplomatique de Roy à Paris. Toutefois, nous nous contenterons d'en évoquer quelques épisodes marquants. Il convient d'abord de rappeler la décision prise par le gouvernement Borden, en 1912, d'interdire à Roy de représenter simultanément Ottawa et Québec, comme l'avait fait son prédécesseur, Hector Fabre. Nouvellement élu (le 10 octobre 1911), le gouvernement Borden ne pouvait que voir d'un mauvais œil le représentant du Canada en France, tant pour son affiliation politique aux libéraux ou pour sa double fonction d'agent du Canada et de représentant d'un gouvernement provincial, lui aussi libéral, que pour l'aspiration implicite à une plus grande autonomie internationale, propre à son poste. *Le Courrier de l'Ouest*, rapportant les rumeurs au sujet du rappel de Roy de son poste de Commissaire, soulignait la nature partisane de celles-ci : « L'Honorable M. Rogers a reçu des conservateurs de l'Ouest de nombreuses demandes pour le rappel du Dr Roy. Plusieurs conservateurs de Montréal font les mêmes demandes aux Honorables MM. Monk et Nantel. » Borden exigea formellement que Roy cesse d'être l'agent du Québec en France et qu'il cesse d'être impliqué dans la Caisse hypothécaire canadienne, ce qui fut fait en janvier 1913[11]. On doit cependant noter que Roy

---

Enfin, on peut se demander si les « soupçons d'affairisme », comme l'écrit Pénisson, ne tiennent pas à un habitus diplomatique très aristocratique.

10. Hélène Young était la fille d'un inspecteur des Pêcheries d'Edmonton, Harrison Young, petite-fille de John Young, ministre des Travaux publics dans le gouvernement Mackenzie, et nièce de Donald Smith, Lord Strathcona.

11. Robert Borden, lettre à Philippe Roy, 18 octobre 1912, Fonds Robert Laird Borden, Bibliothèque et Archives Canada (désormais BAC), MG 26 H, vol. 282, microfilm C4382.

conserva des liens étroits avec les gouvernements libéraux québécois de Lomer Gouin (1905-1920) et de Louis-Alexandre Taschereau (1920-1936), en particulier avec Athanase David, qui fut Secrétaire de la province de 1919 à 1936. Une partie du travail de Roy à Paris, sur le plan des échanges culturels notamment, prolongea d'ailleurs les politiques de Taschereau et David, bien plutôt que celles du gouvernement fédéral. Les réseaux informels suppléaient ainsi à la coupure institutionnelle opérée par le gouvernement fédéral et continueront de le faire bien après la Seconde Guerre mondiale.

Il convient également de mettre en évidence l'importance de la Première Guerre mondiale dans la percée parallèle du Canada sur la scène diplomatique mondiale et de Roy sur la scène diplomatique européenne. Il fut notamment délégué auprès de la Société des Nations (SDN), de 1925 à 1931, puis de nouveau en 1933, et fut le deuxième ministre plénipotentiaire de l'histoire du Canada (après Vincent Massey à Washington). Son adhésion profonde au fédéralisme, à la coopération économique et intellectuelle entre les nations, ainsi qu'à l'affirmation par le Canada de son autonomie vis-à-vis de l'Empire britannique ont guidé son action (faisant de lui, par exemple, un fervent promoteur du renouveau de l'alliance franco-britannique, dans les années 1930[12]). La renommée et l'expérience progressivement acquises par Roy à Paris, haut lieu des négociations internationales, firent de lui un des membres les plus chevronnés du corps diplomatique naissant du Canada, et sa correspondance avec le premier ministre William Lyon Mackenzie King, abondante et souvent bien peu « bureaucratique », laisse entrevoir qu'il appartenait, avec Raoul Dandurand, Ernest Lapointe (lieutenant québécois de Mackenzie King) et Rodolphe Lemieux (ministre des Postes), au cercle très restreint des Canadiens français pouvant influencer la politique étrangère du Canada. Or, il est de loin le moins connu de ce quatuor d'hommes d'État. Toutefois, en lieu et place d'une synthèse des multiples aspects de son activité diplomatique, dont la difficulté serait grande dans l'état actuel de

---

12. Après l'étroite alliance de la Première Guerre mondiale, les deux pays adoptèrent rapidement des politiques divergentes, voire conflictuelles, et ne renouèrent leur alliance qu'à la toute fin des années 1930 (voir à ce sujet, entre autres : P. M. H. Bell, *France and Britain, 1900-1940. Entente and Estrangement*, Londres, Longman Group, 1996).

la documentation, il est sans doute plus fécond d'explorer en profondeur une de ces facettes, celle de la culture.

Une offensive culturelle : changer l'image du Canada en France

Peu de temps après son installation à Paris, en 1911, Roy écrit à Laurier pour faire le point sur les projets qu'il considère prioritaires, parmi lesquels se trouve le développement de ce qu'il nomme «la publicité» pour le Canada[13]. Un an plus tard, adressant à Robert Borden, nouveau premier ministre, une série de coupures de presse, censées être représentatives «du degré d'intérêt envers le Canada, en France[14]», il déclare recevoir de 75 à 80 propositions d'interviews par semaine et propose de changer l'agence d'émigration en bureau de publicité, afin de mieux répondre à la demande. Persistant, il revient à la charge au début des négociations des traités de paix, en février 1919, dans l'espoir d'obtenir de quatre mille à cinq mille dollars par année pour des contrats avec des journaux français[15], sources de «publicité» efficace, selon lui[16].

---

13. Copie d'une lettre du 19 juillet 1911, insérée dans un dossier rassemblé par le ministère des Affaires extérieures, sur le poste de représentant du Canada à Paris, et envoyé à Robert Borden vers 1912. Fonds Robert Laird Borden, BAC, MG26 H, vol. 255, microfilm C4423.

14. Lettre de Philippe Roy à Robert Borden, 5 décembre 1912. Robert Laird Borden, BAC, MG26 H, vol. 255, microfilm C4423.

15. Les archives ne précisent pas la réponse du ministère des Affaires extérieures à cette demande, mais les données financières ultérieures semblent indiquer qu'il n'y eut pas de fonds spécialement dédiés à de telles entreprises. Roy dut donc les financer à même le budget général du Commissariat, faire des démarches *ad hoc* auprès du ministère ou obtenir des publicités auprès de compagnies canadiennes. Les recherches n'ont pas permis de découvrir d'information sur le sujet dans les archives du ministère, mais la présence du Canadian Pacific, du Canadian National ou d'autres grandes institutions canadiennes, souvent étroitement liées aux dirigeants politiques, laisse soupçonner que la troisième option ne fut pas négligée. Un échange entre un des responsables de *Paris-Canada* et un des membres du comité montréalais de *France-Amérique* confirme indirectement cette hypothèse : à Gabriel-Louis Jaray, qui demande quelle est la contribution du gouvernement du Québec à *Belgique-Canada* et au nouveau journal, *Québec*, publié à Londres, Alfred Tarut répond qu'en fait ces périodiques se financent essentiellement grâce à la publicité : lettre du 30 mars 1926, Fonds *France-Amérique*, Archives de l'Université de Montréal (P 76, C1,6).

16. Il faut noter, ici, que Roy joue sur les deux sens du terme publicité, qu'il emploie tout à la fois pour désigner la «renommée» du pays et les démarches visant à imposer une «image de marque» auprès du public.

Roy se donne ainsi comme tâche prioritaire de faire connaître le Canada, d'en faire parler dans les journaux et, surtout, de contrôler autant que possible les représentations à son sujet, bref de «renforcer l'image de marque de son pays en France[17]». Il opte ainsi pour une des deux formes majeures de diplomatie culturelle, laquelle ne concerne pas tant la promotion d'une production artistique et littéraire propre à un pays que les discours sur ce pays. Pour reprendre une formule de Bernard Frank, inspirée des travaux d'Akira Iriye, Roy et le personnel du Commissariat canadien à Paris tentent de modifier «le système des représentations des Autres», plutôt que de «vendre les idées et les œuvres de son pays[18]». Sur ce plan, la diplomatie culturelle est bien plus et bien autre chose qu'un troisième ou quatrième pilier des relations internationales[19], aux côtés des dimensions économiques, politiques et militaires. Elle en est le soubassement, dans la mesure où toute diplomatie exercée par un pays donné dépend des conceptions entretenues au sujet de son statut politique, de son développement économique, de ses lois, de sa géographie, de ses réalités sociales et culturelles, dans le pays visé. Dans le cas qui nous concerne, à savoir celui de l'émergence d'un nouvel acteur sur la scène géopolitique, la diplomatie culturelle constitue même une phase fondatrice, ou du moins préliminaire, des relations entre États, dont l'enjeu consiste dans la reconnaissance éventuelle de sa souveraineté internationale. Or, pour le Canada de l'époque, cette reconnaissance passe, entre autres, par la diffusion de connaissances minimales sur son statut politique au sein de l'Empire, son développement économique, ses lois, sa géographie ou encore ses réalités sociales et culturelles.

On perçoit d'ailleurs, en filigrane à la plupart des manifestations de diplomatie culturelle liées à Roy, le postulat implicite que l'intensification des relations culturelles, politiques et, surtout, économiques dépend de la diffusion plus large de connaissances élémentaires sur le Canada. Ainsi, un rappel de la présence d'une

---

17. Bernard Pénisson, «Le Commissariat canadien à Paris», *op. cit.*, p. 370.
18. Bernard Frank, «Introduction», *Relations internationales*, «Diplomatie et transferts culturels au XXᵉ siècle, I», n° 115, automne 2003, p. 323.
19. J. M. Mitchell emprunte ces images à Willy Brandt et à J. William Fulbright, dans l'introduction de son ouvrage *International Cultural Relations*, Londres, Allen & Unwin, «Key Concepts in International Relations», 1986, p. 1-2.

importante population canadienne-française et de ses lointaines origines hexagonales conduit-il, par exemple, à un appel du pied aux capitalistes français : « nulle part mieux qu'au Canada, la France ne trouvera autant de sympathies acquises et, dans le domaine économique, autant de possibilité d'échanges profitables[20]. » Dans une optique similaire, Roy soutient, dans une lettre adressée à Robert Borden en 1919, que la « renommée » (*publicity*, écrit-il en anglais) obtenue par le Canada grâce aux faits d'armes de ses soldats sur les champs de bataille a suscité de nouvelles relations, mais que pour entretenir et développer celles-ci et en tirer des « bénéfices économiques », il importe d'accomplir plus de publicité en France.

Mais quel est l'angle donné à cette publicité sur le Canada en France ? Une analyse des représentations s'impose ici et s'avère révélatrice. En effet, en comparant les discours issus de la diplomatie culturelle de Roy et de ses acolytes[21] avec les images du

---

20. Page de publicité, anonyme, dans le numéro de *Science et industrie* consacré au Canada : volume 7, n° 123, 30 septembre 1923, p. 24.

21. Une précaution méthodologique s'impose : on ne saurait ramener à l'activité de Roy seul tous les éléments de cette contre-offensive culturelle. Pour évaluer avec un peu plus de précision ce qui relève de son initiative de ce qui participe, plus largement, d'entreprises parallèles, non coordonnées entre elles, il faudrait disposer des dossiers d'archives émanant du Commissariat ainsi que des correspondances d'autres personnalités marquantes : Edmond Buron, Jean Désy, Marcel Dugas, Pierre Dupuy, Robert de Roquebrune et Maurice Guénard-Hodent, ainsi que Gabriel-Louis Jaray. Toutefois, quand on observe que les six premiers furent tous des fonctionnaires du gouvernement canadien dépendant, directement ou indirectement, du Commissariat canadien, et que Guénard-Hodent et Jaray étaient par ailleurs rattachés à des institutions qui dépendaient probablement, au moins en partie, des subsides de ce même gouvernement (à savoir *Paris-Canada* et *France-Amérique*), on peut juger qu'il possédait un certain droit de regard sur ce qu'ils écrivaient au sujet du Canada. Jean-Guy Hudon, dans sa thèse sur Robert de Roquebrune, se penche sur la collaboration de ce dernier à *Paris-Canada* (46 articles en tout) et note qu'il « donne l'impression de s'être investi dans la mission de laisser de son pays une image toute positive et attrayante aux yeux des Français et des Belges » (Jean-Guy Hudon, « Robert de Roquebrune : entre la fiction et l'autobiographie », Thèse de doctorat, Université Laval, 1981, p. 295), ce qui contraste avec le reste de sa production, généralement plus critique envers le Canada. De même, il souligne le fait que Roquebrune interviewa, pour ce périodique, des personnalités canadiennes dont Lomer Gouin, Rodolphe Lemieux, Raoul Dandurand, Charles-Philippe Beaubien, Jean Désy, Pierre Dupuy et Philippe Roy... Comment ne pas penser que ces articles étaient des commandes de la part du Commissariat ?

Canada circulant en France, des années 1910 aux années 1930, on découvre que le Commissariat du Canada entreprit une véritable contre-offensive culturelle. Comme l'a montré Sylvain Simard[22], il domine dans les discours français d'avant-guerre une vision centrée sur la forêt, l'agriculture et l'attachement aux traditions, qui fait du Canada un pays tout à la fois neuf et archaïque, de défricheurs et de paysans profondément catholiques, vision que l'immense succès de *Maria Chapdelaine* à partir de 1921[23] fera connaître à des centaines de milliers de lecteurs français et européens. La diplomatie culturelle soutenue par Roy affirme que le Canada ne saurait se réduire à cette image. Tout au contraire, on fit la promotion d'un pays riche, industrialisé et urbain. Maurice Guénard-Hodent, un des principaux appuis de Roy dans cette entreprise, déclarait d'ailleurs fort significativement dans *La Tradition renouée. Les relations entre la France et le Canada depuis soixante ans*, publié en 1930 : «Faire connaître le Canada c'est d'abord parler de sa richesse[24].» Donnons quelques exemples de cette contre-offensive moderniste. Le premier témoigne de la conscience, chez ses animateurs, d'aller à contre-courant de l'imaginaire nordique transmis par le roman de Louis Hémon : «Le roman de *Maria Chapdelaine* a beaucoup faussé les esprits en France, et le plupart de nos compatriotes ne voient plus le Canada que sous la forme d'une grande forêt où des hommes rudes essaient toujours de "faire de la terre". On oublie les villes, on oublie les ports. On ne sait pas qu'il y a là-bas une industrie magnifique[25].» Dans le deuxième, tiré de *Paris-Canada*, on voit les responsables du journal tenter de secouer les perceptions, en soulignant à grands traits le fait que le Canada atteignait en 1925 le deuxième rang des pays industrialisés, en termes d'exportations

---

22. Sylvain Simard, *Mythe et reflet de la France. L'image du Canada en France, 1850-1914*, Ottawa, Les Presses de l'Université d'Ottawa, 1987.

23. Rappelons que le roman de Louis Hémon fut, dans son édition chez Grasset, un des plus grands best-sellers de l'entre-deux-guerres, atteignant un tirage de plusieurs centaines de milliers d'exemplaires.

24. Maurice Guénard-Hodent, *La Tradition renouée. Les relations entre la France et le Canada depuis soixante ans*, Paris, Éditions de Paris-Canada, 1930, p. 9.

25. Ernest Tisserand, «En guise de conclusion française», *Le Monde nouveau*, 15 août 1923, p. 135.

per capita[26]. Enfin, le sommaire entier du numéro spécial de la revue française *Science et industrie* consacré au Canada peut être utilisé comme dernier exemple. Les articles y sont en effet consacrés, entre autres, aux «forces hydroélectriques», à «ce que le Canada offre aux industriels français», au port de Montréal et à l'industrie des pâtes et papiers[27].

Tel est l'objectif premier de la diplomatie culturelle canadienne, des années 1910 à la Seconde Guerre mondiale: imposer une nouvelle image du Canada afin de développer les relations économiques entre les deux pays, mais aussi, pour obtenir des appuis ou susciter la curiosité dans de nouveaux milieux (c'est-à-dire en dehors des cercles catholiques et conservateurs), inciter le Quai d'Orsay à accorder un plus grand intérêt au Canada, voire favoriser la reconnaissance de sa souveraineté internationale[28]. Or, toute cette diplomatie culturelle repose sur un rappel constant, celui des liens privilégiés, historiques, entre les deux pays. Tout le paradoxe de la relation diplomatique à la France repose d'ailleurs sur l'ambiguïté du sort réservé à la culture, laquelle sert de socle, de justification première à l'établissement d'un poste officiel à Paris[29] et de principal creuset des échanges avec la France, mais

---

26. Anonyme, «Le septième en 1913, le deuxième en 1925», *Paris-Canada*, 1er janvier 1927, p. 2.

27. *Science et industrie*, vol. VII, n° 123, 30 septembre 1923.

28. Un article d'Edmond Buron va clairement dans ce sens, en particulier quand il souligne parallèlement l'autonomie progressivement acquise par les Dominions et la différence de point de vue sur la politique internationale entre le Canada et la Grande-Bretagne, le premier étant plus proche des positions françaises au sujet de l'Allemagne: «Il est évident que Canada, Australie, Afrique du Sud, Nouvelle-Zélande auraient pu négocier, à l'exemple de l'Angleterre et des États-Unis, des pactes de garantie avec la France […] En l'occurrence, on eût pu alors assister à un renversement des alliances assez curieux: le Canada garantissant l'indépendance et la sécurité de la France à l'égard de l'Allemagne et l'Angleterre restant figée dans son splendide isolement», «Grande-Bretagne et Dominions», *Le Monde nouveau*, 15 août 1923, p. 92. On peut ajouter à ce sujet que la reconnaissance diplomatique par la France pèse d'un bien plus grand poids, à l'époque, sur la scène internationale que celle des États-Unis.

29. Dans ses mémoires, Raoul Dandurand mentionne, comme justification de la priorité de l'ouverture d'une légation à Paris sur celle de Tokyo, des «raisons sentimentales» (p. 311), lesquelles sont essentiellement culturelles, comme il l'indique lui-même, lors du récit de sa mission auprès d'Aristide Briand: «Lorsque le lendemain je fus reçu par monsieur Aristide Briand au Quai d'Orsay, je lui dis que ce n'était pas sans une certaine émotion qu'en ma qualité de

doit en quelque sorte être un moyen pour d'autres fins, en générant des retombées économiques et politiques. On peut par ailleurs déceler une autre ambiguïté dans la diplomatie culturelle du Commissariat canadien, au sujet de la dualité linguistique canadienne. En plus de mener à des glissements fréquents entre le Canada français et le Canada dans son ensemble, qui laissent parfois présumer qu'il y a essentiellement des francophones dans ce pays, les discours évitent généralement les tensions entre Canada français et Canada anglais, comme si prévalait effectivement l'idéal de « bonne entente », alors même que le nationalisme, celui de l'Action française (de Montréal) tout particulièrement, occupe le devant de la scène.

Journaux, salons mondains, expos

Tournons-nous maintenant du message au média, pour examiner les moyens mis en œuvre pour accomplir cette offensive culturelle. Quand il expose ses projets à Laurier, peu après sa nomination, Roy exprime le regret de ne plus avoir à sa disposition le journal *Paris-Canada*, fondé par son prédécesseur et publié de 1884 à 1909. Aussi peut-on légitimement penser que Roy a activement participé à la mise sur pied d'une nouvelle série de ce journal en 1924[30]. D'ailleurs, la rubrique « La colonie canadienne à Paris » mentionne systématiquement les activités officielles et mondaines du

---

descendant de colons français abandonnés sur les bords du Saint-Laurent, je revenais sur les bords de la Seine demander à mon ancienne patrie, dans ma langue maternelle, d'échanger des ambassadeurs avec mon pays », Raoul Dandurand, *Les Mémoires du sénateur Raoul Dandurand*, Marcel Hamelin (dir.), Québec, Presses de l'Université Laval, 1967, p. 312.

30. Il paraît cependant y avoir eu d'autres appuis pour ce projet. D'une part, on peut noter que *Paris-Canada* apparaît d'abord, en 1924, comme un dérivé de *Belgique-Canada*, publié depuis 1919 sous les auspices du représentant du Québec à Bruxelles, Godefroy Langlois, un autre acteur important des réseaux libéraux de l'époque, quoique associé à son aile progressiste, plus turbulente. *Belgique-Canada* devient en 1924 un supplément de *Paris-Canada*, lequel est alors un bimensuel de 20 pages, avant de se restreindre à 16 (1925) puis 12 pages (mars 1928). En janvier 1929, une nouvelle transformation mène à la disparition de *Belgique-Canada* et à l'insertion de *Paris-Canada* dans un hebdomadaire intitulé *Journal des nations américaines*, de 6 à 8 pages, comprenant aussi des pages consacrées au Brésil, à l'Amérique latine, aux États-Unis et à la « vie française ».

Commissariat, dont il se fait en quelque sorte l'organe officieux. En plus de ce journal, les liens étroits qui existent entre Roy, Dandurand et Édouard Montpetit, un universitaire qui avait étudié à Paris, d'un côté, et le comité parisien de *France-Amérique*, en particulier avec Gabriel Hanotaux, diplomate et ancien ministre français des Affaires étrangères, de l'autre, suggèrent qu'entre la diplomatie culturelle, menée par Roy et le Commissariat, et l'action culturelle, indépendante de l'État, accomplie par *France-Amérique*, les frontières sont ténues[31]. Cette proximité apparaît de manière exemplaire lors de la publication d'un ouvrage de Mackenzie King, alors premier ministre du Canada, dans la collection «France-Amérique» des éditions Alcan, avec une préface de Hanotaux, fondateur de *France-Amérique*[32].

Outre ces périodiques, le Commissariat peut aussi compter, plus occasionnellement, sur des numéros spéciaux consacrés au Canada[33]. Deux d'entre eux, parus en 1923, avec la collaboration de Roy et d'intellectuels rattachés à son personnel, s'inscrivent parfaitement dans la campagne décrite ci-dessus, avec leurs évocations du port de Montréal et de ses silos à grain, leurs portraits du développement industriel, ou encore les conseils et précisions

---

31. Mais pas entièrement effacées, ne serait-ce que parce que *France-Amérique* s'intéresse aussi aux autres pays américains, dont, au premier chef, aux États-Unis. De plus, *France-Amérique* se fait également, à certaines occasions, le relais des vues du Quai d'Orsay. Par ailleurs, on observe, dans les numéros de *France-Amérique* consacrés au Canada, un plus grand intérêt que dans *Paris-Canada* pour les considérations politiques, incluant les tensions linguistiques et sociales. De plus, chez les collaborateurs épisodiques de *France-Amérique* qui sont d'origine française, on note une plus grande persistance des conceptions alors dominantes au sujet du Canada (pays de paysans ayant conservé des valeurs catholiques traditionnelles).

32. William Lyon Mackenzie King, *La question sociale et le Canada : industrie et humanité*, préface de Gabriel Hanotaux, traduction de Altiar, Paris, Alcan, «France-Amérique», 1925.

33. Ainsi, au moment même où il tente de convaincre Borden de la nécessité de consacrer plus d'argent à la publicité canadienne en France, par exemple en stimulant financièrement l'écriture d'articles sur le Canada, Roy annonça avec fierté qu'un des plus grands journaux français de l'époque, *Le Temps*, était en train de préparer un numéro spécial sur le Canada (Lettre de Philippe Roy à Robert Laird Borden, 7 novembre 1911. Archives Borden, BAC, MG 26 H, vol. 182, microfilm C4382). Un dépouillement des numéros du journal n'a pas permis de retrouver ce numéro, qui ne s'est peut-être pas concrétisé.

adressées aux investisseurs français[34]. De plus, dans leurs pages, on trouve les signatures de Roy et d'autres acteurs liés au Commissariat ou aux Archives du Canada à Paris, dont Henri Beau, Edmond Buron, Marcel Dugas et Robert de Roquebrune. Enfin, on peut présumer que par la diffusion des entretiens avec Roy ou de ses discours, les journaux français contribuent sous une autre forme à l'accomplissement de la diplomatie culturelle canadienne. Toutefois, aucune recherche systématique n'ayant été accomplie à ce sujet, on ne peut en évaluer l'ampleur ou la teneur. Tout au plus peut-on estimer que Roy gonfle considérablement le chiffre des entrevues sollicitées par les journalistes français.

Une des formes favorites de la diplomatie culturelle, à l'époque, consistait à participer aux multiples expositions organisées à travers le monde[35]. Le Canada ne négligea pas, bien au contraire, la publicité offerte par ces événements ; c'est pourquoi il mit sur pied un organisme spécialement chargé de superviser la sélection d'expositions ainsi que la préparation des pavillons ou « présentations », la Commission des expositions du gouvernement canadien, instituée par Laurier en 1901. Signalons qu'elle ne fut pas, au cours de la période qui nous concerne, sous le contrôle du ministère des Affaires extérieures, mais sous celui de l'Agriculture, puis, à partir de 1927, sous celui de l'Industrie et du Commerce. Du fait de cette division des tâches, le Commissariat du Canada à Paris n'avait aucune responsabilité officielle dans la participation du Canada aux expositions internationales. Toutefois, il fut impliqué dans plusieurs manifestations, dont une seulement, l'Exposition internationale des arts et techniques dans la vie moderne (Paris, 1937), fut placée sous l'autorité de la Commission des expositions. Ce fut le cas, en particulier, pour le train-exposition des produits canadiens de 1923 et pour l'exposition coloniale de 1931. La première manifestation, pendant canadien d'une semblable

---

34. Il s'agit du *Monde nouveau* du 15 août 1923 et de *Science et industrie* du 30 septembre de la même année. Ces parutions étaient liées à un événement dont nous parlerons plus loin, à savoir la circulation du Train Exposition des produits canadiens en France, à l'été 1923.
35. Voir sur le sujet, Alexandra Marie Mosquin, *Advertising Canada Abroad : Canada on Display at International Exhibitions 1920-1940*, Thèse de doctorat, Université York, 2003.

«exposition» des produits français ayant sillonné le Canada en 1921, fut due à l'initiative du sénateur Charles-Philippe Beaubien. Toutefois, Philippe Roy entreprit plusieurs démarches auprès des autorités françaises pour en faciliter la réalisation. C'est une des raisons qui expliquent pourquoi Roy collabora au numéro spécial de *Science et Industrie*, lequel avait été désigné comme «organe officiel du Train Exposition[36]». Il faut dire que le projet du sénateur Beaubien concordait tout à fait avec le sens de la campagne moderniste décrite ci-dessus[37].

Le projet de participation canadienne à l'exposition coloniale, tenue à Paris en 1931, ne correspondait pas du tout, cependant, à cette nouvelle image du Canada. Il fit par conséquent apparaître avec de vifs contrastes les divergences entre les pôles français et canadien de *France-Amérique*. Chargé par les organisateurs de l'exposition coloniale d'en préparer la partie rétrospective, Gabriel Hanotaux s'adressa à Roy et à Mackenzie King, afin d'assurer la présence du Canada, auquel on entendait réserver une des meilleures places. Toutefois, si Philippe Roy et le responsable de la commission des expositions, Oscar Turcotte, lui accordèrent leur aval, le gouvernement exprima des réticences très fortes. Mackenzie King écrivit ainsi à Hanotaux qu'il approuvait personnellement la participation du Canada à l'exposition et que le ministère de l'Industrie et du Commerce faisait de même, mais que quelques-uns des membres du cabinet avaient une insurmontable allergie pour tout ce qui était «colonial»: «Le Parti libéral du Canada s'est toujours efforcé d'obtenir que le Canada se proclame une nation, et de dégager le nom de ce pays de toute assi-

---

36. Ch. J. Heudelot, «Notre ami le Canada», *Science et Industrie*, vol. VII, n° 123, 30 septembre 1923, p. 2.

37. Le sénateur Beaubien déclarait ainsi, dans un discours au Sénat, le 8 juillet 1924: «Des millions de personnes qui ont visité notre exposition en France, combien n'avaient du Canada qu'une connaissance vaguement historique, plus vaguement encore que livresque ou ne s'en faisaient une image qu'au travers de leur sympathie naturelle? Notre exposition peut se flatter de leur avoir appris que le Canada ne produit pas seulement du blé et des instruments agricoles, mais qu'il produit davantage par son industrie que par son agriculture.» Nous avons trouvé des extraits de ce discours dans les archives du ministère des Affaires étrangères de la France, Direction des affaires politiques et commerciales, sous-direction d'Amérique, série B, carton 39, dossier 3 (archives microfilmés et disponibles à la BAC).

milation avec le mot "colonial"[38]. » La perspective de Hanotaux, inhérente à plusieurs des « amis du Canada » de l'époque, lesquels étaient généralement associés au « Parti colonial[39] », se heurta à cette occasion à l'autonomisme de ses interlocuteurs canadiens. Ne pas participer à l'exposition coloniale, en cette année du Statut de Westminster, était en quelque sorte un symbole de l'accession du pays à la souveraineté internationale. Notons enfin, au sujet des expositions, que ce projet de participation à l'exposition coloniale cristallisait aussi des tensions internes au sein des responsables canadiens des projets d'exposition. Car, comme l'a montré Alexandra Marie Mosquin, modernistes et antimodernistes, partisans respectifs d'une image plus contemporaine du Canada ou de modes de présentation plus dynamiques, plus audacieux, d'une part, et d'une image plus traditionnelle, ainsi que d'une mise en scène plus « victorienne » d'autre part, se sont affrontés tout au long de l'entre-deux-guerres, en particulier lors de l'Expo de 1937, à Paris. Dans ce dernier cas, Roy et Mackenzie King furent tous deux des défenseurs de la position moderniste et furent fort déçus de découvrir que le pavillon canadien mettait d'abord de l'avant le folklore et la nature essentiellement agricole du pays.

Outre les expositions ou les journaux, principaux médias de cet « âge de l'imprimé », deux autres canaux servaient à la diplomatie culturelle canadienne : celui, officiel, des contacts directs avec des responsables politiques ou diplomatiques français, lesquels furent très certainement utilisés pour disséminer diverses images de la modernité canadienne, et celui, informel, des cercles mondains. Dans le premier cas, nulle trace n'indique quels purent être les échanges entre le personnel du Commissariat et les autorités françaises ; cependant, on peut citer les propos d'un acteur digne de foi, Raoul Dandurand, lequel dévoilait que Roy avait « ses grandes et petites entrées dans tous les ministères[40] »,

---

38. Lettre de Mackenzie King à Gabriel Hanotaux, 6 juin 1930, Archives William Lyon Mackenzie King, BAC, MG26, J1, vol. 181, microfilm C2322.
39. Voir à ce sujet, entre autres, Marc Lagana, *Le Parti colonial français*, Québec, Presses de l'Université du Québec, 1990.
40. Deux extraits de lettre vont dans le même sens. Le 1er mars 1919, Borden écrit de Paris, où il est plongé dans les négociations de paix, à Thomas White, alors premier ministre intérimaire, au sujet de Philippe Roy, indiquant : « *I hear excellent accounts of the service which Roy is giving. He has given an excellent status*

ce que bien peu de ministres plénipotentiaires et encore moins de représentants sans statut officiel pouvaient espérer. Outre ces contacts, il faut souligner la solidité des relations mondaines de Philippe Roy, que révèle la rubrique «La colonie canadienne à Paris» de *Paris-Canada*. Par exemple, le mois de mars 1931 fait état de douze événements sociaux où il fut présent. On ne peut, faute d'archives un tant soit peu complètes, dresser un portrait précis de ces liens, mais les pages de *Paris-Canada* permettent de noter que parmi les relations suivies de Roy, on compte quantité de républicains de centre-droit, d'hommes d'affaires, d'académiciens et membres de l'Institut, ainsi que de familles aristocratiques. En somme, il fréquente la haute bourgeoisie et les pans modérément conservateurs des milieux officiels. De plus, cette sociabilité met en évidence la dimension panaméricaine du travail de Philippe Roy. Très nettement, ce dernier cherche à rapprocher le Canada et les républiques sud-américaines, comme il en fait part à Mackenzie King: «*I take this opportunity, my dear Prime Minister, to tell you that I have always striven to create friendly relations with the North and South American representatives in Paris, my connections with them have become excellent since the creation of our Legation in Paris*[41].» Il assurait même son correspondant que ces contacts avaient été fort utiles au Canada, entre autres à Genève. Or, Paris s'avère un centre unique, à cet égard, non seulement parce que cette ville constitue, avec Genève, le haut lieu des négociations diplomatiques dans l'entre-deux-guerres[42] tout autant que de la sociabilité cosmopolite, mais aussi

---

for the office which he fills; he has made himself acquainted with very important people by whom he is held in high regard» (Archives Robert Laird Borden, BAC, MG 26 H, vol. 94, microfilm C4328). Quelques années plus tard, Gabriel Hanotaux invite Dandurand à faire pression auprès de Mackenzie King, afin qu'il entreprenne les démarches pour transformer le Commissariat canadien en représentation diplomatique officielle, et ajoute: «M. Roy est si populaire ici. La situation est des plus favorables.» Lettre du 12 octobre 1925, Collection Marchand-Dandurand, BAC, MG 27 III B3 vol. 1.

41. Lettre de Philippe Roy à William Lyon Mackenzie King, 24 février 1930. Archives William Lyon Mackenzie King, BAC, MG26 J1, vol. 181, microfilm C2322.

42. On peut citer à ce sujet une lettre de Roy à Mackenzie King: «*In view of our passed and future activities in the International Politics of the world, also our special situation, as an American nation, our Legation in Paris should become one of our most*

parce que culturellement et politiquement, les républiques sud-américaines ont le regard tourné vers la capitale française. Sur ce plan, le travail de Roy s'écarte nettement des politiques établies par le ministère des Affaires extérieures, plutôt tournées vers l'Empire britannique, les États-Unis, la SDN et le Pacifique[43].

L'intense sociabilité mondaine de Roy servit de vecteur notable dans la diffusion d'une représentation «moderne» du Canada. Car loin d'être une activité anecdotique ou un phénomène social d'ordre privé, la mondanité possède une fonction sociale essentielle à la cohésion et à l'interaction des diverses fractions sociales dominantes. Un salon mondain, c'est aussi un lieu où se forme l'opinion des dirigeants politiques et économiques, où se créent des identités et des croyances. Plus spécialement, dans le cas qui nous concerne, diplomatie et mondanité s'avèrent largement indissociables, au moins jusqu'à la Seconde Guerre mondiale, voire au-delà. Pour citer l'auteur du *Diplomate canadien*, Marcel Cadieux: «Le diplomate [...] doit recevoir dès qu'il arrive et il doit recevoir beaucoup. S'il veut obtenir l'appui désiré, en cas de besoin, il faut qu'il ait de nombreuses relations[44].» On pourrait donc reconsidérer la part mondaine de la diplomatie pour y voir son prolongement officieux, dans un cadre où les interactions entre individus servent d'interface pour les négociations politiques, les transactions économiques et les échanges culturels, cadre où les logiques étatiques, les flux transnationaux et les dynamiques inter-subjectives se croisent et se confondent partiellement. Dans le cas de Roy, tout indique qu'il sut constituer et entretenir un vaste réseau social, lequel représenta un atout majeur dans son activité diplomatique, entre autres sur le plan culturel.

Cette réflexion sur la mondanité, brièvement esquissée, pourrait bien constituer une des contributions possibles de l'histoire

---

important and useful diplomatic posts. Paris is, and will always be, the best listening post in the world», 12 janvier 1929, Archives William Lyon Mackenzie King, BAC, MG26, J1, vol. 167, microfilm C2313.

43. Comme l'indique Peter McKenna, dans l'entre-deux-guerres, «*official government interest in Latin America was minuscule*», *Canada and the OAS: from dilettante to full partner*, Ottawa, Carleton University Press, 1995, p. 68.

44. Marcel Cadieux, *Le Diplomate canadien*, Montréal, Fides, 1962, p. 44. Au sujet de Cadieux, voir la contribution, dans le présent ouvrage, de David Meren.

sociale de la littérature à l'étude des relations internationales. Tout un courant de recherches, centré sur les sociabilités, s'est en effet penché depuis quelques années sur les articulations entre les niveaux micro et macrosociologiques, ainsi que sur les interactions entre littératures nationales. Ces réflexions sur l'institution, les déterminations sociopolitiques, l'autonomie des acteurs, les transferts culturels et les représentations[45], peuvent alimenter des discussions interdisciplinaires et contribuer à enrichir les travaux sur les acteurs et les vecteurs des relations entre nations. Ainsi, pour revenir à la carrière de Roy, examiner aussi sa sociabilité et sa position au sein de divers réseaux permet de voir que, si son rôle en tant que Commissaire puis ministre du Canada à Paris est d'abord celui d'un représentant de l'État, encadré par une politique gouvernementale déterminée par des intérêts économiques et sociaux, appuyée sur un personnel et un appareil, son action est aussi, en même temps, animée par un acteur spécifique, pourvu de ressources économiques, sociales, politiques ou culturelles propres, ainsi que d'un degré particulier d'autonomie et de pouvoir. En fonction de cette perspective, nous pouvons estimer que la réussite, partielle, de la diplomatie culturelle de Roy, malgré l'obstacle majeur représenté par les conceptions dominantes et le succès de *Maria Chapdelaine*, tint entre autres au fait qu'il sut s'entourer d'une équipe de collaborateurs poursuivant des objectifs semblables, partageant une même perception du Canada, équipe en phase, par ailleurs, avec la pensée des gouvernements libéraux qui furent au pouvoir pendant une bonne partie de son mandat, à Ottawa et Québec.

Il faut par ailleurs noter, avant de conclure, que cette diplomatie culturelle ne représentait qu'une facette du rôle de Roy dans les échanges culturels franco-canadiens de l'époque. Nous nous

---

45. Pour ne citer que quelques travaux, voir Michel Espagne, *Les transferts culturels franco-allemands*, Paris, Presses universitaires de France, « Perspectives germaniques », 1999 ; Gérard Fabre et Stéphanie Angers, *Échanges intellectuels entre la France et le Québec (1930-2000)*, Québec, Presses de l'Université Laval, 2004 ; Pierre Rajotte (dir.), *Lieux et réseaux de sociabilité littéraire au Québec*, Québec, Nota Bene, « Séminaire », 2001 ; Denis Saint-Jacques et Gérard Fabre (dir.), « Réseaux littéraires France-Québec (1900-1940) », *Études littéraires*, vol. 36, nº 2, 2004 ; Michel Trébitsch et Nicole Racine (dir.), « Sociabilités intellectuelles. Lieux, milieux, réseaux », *Cahiers de l'IHTP*, nº 20, 1992.

en sommes volontairement tenus, au sein de cet article, à la diffusion, par le Commissariat, d'une nouvelle image du Canada en
France, mais l'on ne peut bien sûr réduire à cette «exportation»
d'ordre politique, la relation culturelle entre les deux pays. Or,
Philippe Roy fut grandement impliqué dans plusieurs entreprises
qui visèrent, essentiellement, à «importer» au Canada divers
aspects de la culture française. Ainsi, estimant que l'éducation,
au Canada, possédait de nettes lacunes, en regard du système
français, il consacra une part importante de son travail à faciliter
les séjours d'études en France. C'est pourquoi il fut l'un des plus
importants défenseurs du projet d'une maison des étudiants canadiens à Paris, laquelle fut la première des résidences d'étudiants
étrangers construite dans la Cité universitaire (en 1926). Il fut aussi
un artisan majeur dans l'octroi par les gouvernements provinciaux
de bourses d'études en France, au début des années 1920[46]. Pour
ces deux projets, on vit le représentant du gouvernement fédéral
travailler étroitement avec les gouvernements provinciaux, en
particulier celui du Québec, afin d'obtenir leur appui financier. Il
y aurait à ce sujet à effectuer d'intéressantes analyses des relations
triangulaires Paris-Québec-Ottawa suscitées par les échanges
culturels[47]. Toutefois, nous nous contenterons ici de ces indications
et de l'éclairage qu'elles jettent sur l'implication de Philippe Roy
dans l'approfondissement des relations culturelles entre la France
et le Canada.

Beaucoup de zones d'ombre demeurent, au sujet de l'activité
de Philippe Roy à Paris, entre autres du fait de la rareté des
archives et du faible nombre de travaux sur cette période de

---

46. On trouve en effet, dans les archives du comité montréalais de *France-
Amérique*, plusieurs lettres échangées par Raoul Dandurand avec les autorités en
charge de l'éducation au Québec, en Ontario, au Nouveau-Brunswick et en
Nouvelle-Écosse, au sujet de ces bourses. Ainsi, le 30 mars 1920, le ministre de
l'Éducation de l'Ontario écrit à Dandurand pour le remercier de lui avoir envoyé
une copie de la loi adoptée par le gouvernement du Québec à cet effet et annoncer
qu'il adoptera des mesures semblables. Or, toutes ces lettres sont annotées, au
plomb «Projet Roy» (Fonds *France-Amérique*, Archives de l'Université de
Montréal, P76 G4).
47. Sur la dynamique et les détails institutionnels de ces échanges dans l'entre-
deux-guerres, voir Luc Roussel, *Les relations culturelles du Québec avec la France,
1920-1965*, Thèse de doctorat, Université Laval, 1983.

l'histoire du ministère des Affaires étrangères et du Commerce international. Outre les considérations culturelles, abordées ici, ainsi que les questions sur les échanges politiques et économiques entre les deux pays, les recherches mériteraient d'être poussées plus loin sur au moins trois plans, tous multilatéraux. Roy et le Commissariat (puis la Légation) du Canada à Paris se retrouvèrent en effet, à cause de l'importance de la France, à l'époque, dans les négociations internationales, impliqués dans plusieurs «triangles» ou configurations politiques: en premier lieu, celui liant Ottawa, Londres et Paris, qui touche tout à la fois à la place du Canada au sein de l'Empire britannique (puis du Commonwealth) et aux alliances politiques et militaires entre ces trois capitales; en second lieu, celui liant Ottawa, Genève et Paris, particulièrement important, mais pourtant négligé par l'historiographie[48]; enfin, la configuration dynamique entre Ottawa, Paris et les capitales sud-américaines. L'étude de ces relations montrerait la forte implication de Philippe Roy dans les dossiers majeurs de la politique internationale canadienne du début du XXe siècle.

---

48. Genève fut en effet un des principaux lieux où le Canada affirma sa souveraineté internationale et son indépendance devant la politique britannique. De plus, Raoul Dandurand y acquit une influence considérable, grâce à son vaste réseau de contacts diplomatiques, comme le montre son accession à la présidence de l'Assemblée de la SDN en 1925.

CHAPITRE II

Georges Vanier :
pour l'amour de la France, 1938-1953

Jacques Monet, s.j.

L'œuvre de Georges Philéas Vanier comme représentant du Canada auprès de la France, qui a duré tout au long des quinze années les plus dramatiques et les plus mouvementées de l'histoire du XXe siècle, fut marquée par son engagement indéfectible envers tout ce qui servait à rehausser, sinon à rétablir, l'honneur de la France. Il fut d'abord ministre canadien auprès du gouvernement français, du 12 décembre 1938 au 5 novembre 1942. Puis, durant les années au cours desquelles il était ministre auprès des gouvernements alliés en exil à Londres – c'est-à-dire celui de la Belgique, de la Grèce, de la Norvège, des Pays-Bas, de la Pologne, de la Tchécoslovaquie et de la Yougoslavie –, entre le 14 novembre 1942 et le 8 septembre 1944, il travailla sans relâche à être rattaché officiellement (ce qu'il fut à partir du 1er octobre 1943) auprès du général de Gaulle, président du Comité national français à Londres puis du Comité français de libération nationale. Ensuite, en tant qu'ambassadeur personnel, il suivit de Gaulle à Alger du 2 janvier au 2 septembre 1944 pour enfin le rejoindre à Paris le 8 septembre 1944. Cinq jours plus tard, il était nommé le premier ambassadeur du Canada en France, poste qu'il occupa jusqu'au 31 décembre 1953.

Vanier ne cessa jamais de proclamer son amour pour la France, pour sa culture et pour ses traditions. C'est un thème récurrent dans sa correspondance privée autant que dans ses déclarations publiques. En quittant Paris en 1953, par exemple, il écrivit à Lester B. Pearson, alors secrétaire d'État aux Affaires extérieures :

> *I have been with the French through defeat and victory. With them we have fled from the enemy. For us, at the end of the road, was a ship, but for many of them despair and death to come. We have seen the graves, we have walked on the rubble become homes again. Is it surprising that we have come to love the French, as they are, with their virtues, their faults and weaknesses*[1].

Ou encore, en 1948, il confia à un journaliste montréalais :

> Malgré l'horreur de cette tragédie [la défaite de 1940] je ressens, non seulement une haute fierté, mais une joie profonde quand j'ai vu mon pays combattre aux côtés de la France, dans cette guerre de la civilisation, et quand je songe que j'ai été choisi par la Providence en un tel moment pour représenter ma patrie canadienne auprès de la patrie de mes pères. C'est le plus grand honneur et le plus grand bonheur de ma vie[2].

C'est le genre de propos qu'il reprit souvent, dans ses déclarations publiques, par exemple à Rouen lorsqu'il fut reçu à l'Académie des Sciences, Belles-Lettres et Arts en 1951 :

> Vous pouvez comprendre combien il est émouvant pour un Canadien d'origine normande de revenir aujourd'hui dans la vieille capitale de la Normandie. J'ai failli dire ancien Normand, mais je me suis ravisé à temps. En effet, ce sang fort ne souffre pas de dilution, il se transmet de génération en génération et l'histoire en a démontré la vigueur[3].

~

Ces sentiments d'admiration et d'amour pour la France, Georges Vanier les avait acquis très jeune, et cela grâce à l'influence de deux expatriés français, Camille Martin et Pierre Gaume. Le premier, Martin, était un réfugié bonapartiste que Philéas Vanier engagea comme tuteur et directeur d'étude pour son fils aîné. C'est lui qui inculqua à son protégé son intense appréciation de la langue, de la littérature et de l'histoire de la culture françaises.

---

1. Georges Vanier à Lester B. Pearson, 31 décembre 1953, BAC, M.G. 32. A2.
2. *Le Petit Journal*, Montréal, 12 septembre 1948.
3. *Le Droit*, Ottawa, 7 novembre 1951.

Le second, le père Gaume, était un scholastique jésuite français expulsé de France par les lois Jules Ferry, et professeur de français au Loyola College de Montréal. Il devint son guide spirituel. Georges Vanier resta en contact avec ces deux amis pour prendre conseil jusqu'à la fin de leurs jours, en mars 1919 pour le premier et en septembre 1951 pour le second. En apprenant la mort de Camille Martin, Georges, qui était toujours en service outre-mer, écrivit à sa mère :

> *He was above all a large-hearted man. His love for France was almost a religion. And it is to him I owe to a large extent my own love and pride in this most wonderful of nations*[4].

Quelques semaines plus tard, alors qu'il faisait parvenir à ses parents l'uniforme et les bottes qu'il portait lorsqu'il fut blessé à Chérisy le 27 août 1918, Vanier renchérissait : « *Do not clean the boots. I wish to keep the soil of France which clings to them and to sprinkle some of it over the grave of M. Martin*[5]. » Deux ans plus tard, au moment de ses fiançailles à Pauline Archer en 1921, il lui présenta une fiole de ce même sol français.

Une autre influence francophile non négligeable fut celle de son ami d'enfance Paul Morin (1889-1963) avec qui, comme avec Camille Martin et Pierre Gaume, il aimait entreprendre de longues conversations sur la philosophie, l'histoire et la littérature françaises. En février 1912, durant un premier séjour de Vanier en France, ce fut Paul Morin qui lui servit de guide à Paris où, étudiant au doctorat en littérature, Morin venait de publier son premier recueil de poèmes, *Le Paon d'émail*. C'est alors que Vanier ressentit ce qu'il appellera plus tard « le frisson sacré au contact de la vie intellectuelle de Paris[6] ».

---

4. Lettre de Georges Vanier à sa mère, 28 mars 1919, BAC, M.G. 32, A2.
5. Lettre de Georges Vanier à sa mère, 13 mai 1919, BAC, M.G. 32, A2.
6. Robert Speight, *Georges P. Vanier. Soldat, diplomate, gouverneur général.* Montréal, Fides, 1972, p. 27.

C'est aussi par amour de la France qu'il s'enrôla en octobre 1914, et moins d'un an plus tard, le 17 septembre 1915, qu'il put écrire, encore à sa mère :

> *All our training and hard work and drudgery were worth going through for the wonderful experiences that will mark our lives in such an indelible manner. Never in my wildest flights of imagination could I have foretold that one day I would march through the country I love so much in order to fight in its defence ; perhaps I should not say in its defence because it is really in defence of human rights not of French rights solely... We are leading a very full and splendid life... The French are splendid, their dash and determination are wonderful and I feel like saluting every man and woman I meet from the most gallant and boldest nation in the world*[7].

~

L'amour de Georges Vanier pour la France ne faiblit jamais. Et cet amour donna une empreinte particulière à chacune de ses activités durant la quinzaine d'années de sa représentation du Canada auprès des Français. Mais elle se manifesta particulièrement à la fois dans la sincère amitié, toute marquée d'admiration, qu'il voua au général de Gaulle et, deuxièmement, dans l'extraordinaire action humanitaire qu'il entreprit à la Libération pour aider les victimes françaises de la guerre.

Vanier fit la connaissance du général de Gaulle à Londres dès la fin du mois de juin 1940 grâce à un ami commun, l'homme d'affaires René Pleven. De Gaulle et Vanier se sont plu immédiatement, même si Vanier trouvait difficile la hauteur du Général, son intransigeance et son orgueil. Ce qui l'attirait vers de Gaulle, c'était évidemment son engagement à sauver l'honneur de la France. Plus tard, en septembre 1944, rentrant à Paris, il confiera à un journaliste français : «J'ai pour le général de Gaulle une admiration infinie. Avec lui, votre pays reprendra sa marche sur des destinées aussi belles et grandes que dans le passé[8]. »

Au fil des premiers mois à Londres, Vanier, ministre auprès des chefs alliés en exil, accorda à de Gaulle son soutien indéfectible dans toutes ses prétentions à représenter la France. Puis, après le

---

7. Lettre de Georges Vanier à sa mère, 17 septembre 1915, BAC, M.G. 32, A2.
8. *L'Écho d'Alger*, 12 septembre 1944.

déménagement du Général à Alger, véritable pétaudière d'intrigues et de rivalités entre les Américains, les Britanniques et les Français, entre les gaullistes de Londres, les résistants de l'intérieur et les pétainistes de Vichy, entre les généraux français de Gaulle et Giraud, Leclerc et de Lattre, c'est Vanier qui joua le rôle clé dans la prise de deux décisions qui ont changé pour la France le cours de la guerre et de l'après-guerre. La première, en avril 1944, fut celle de faire reconnaître, surtout par les Américains, l'autorité du général de Gaulle à la tête du Comité français de libération nationale. La deuxième fut celle de faire accepter par les alliés l'inclusion, au cours de la bataille de Normandie, d'une division française, la 2ᵉ division blindée, commandée par le général Philippe Leclerc. Alors que les Américains refusaient et que les Britanniques hésitaient, c'est Vanier qui engagea le Canada à assurer le ravitaillement pour cette unité. Et c'est à celle-ci que le général von Choltitz remit la reddition de la garnison allemande de Paris le 25 août 1944. C'est aussi l'influence de Vanier auprès des autorités militaires du Canada qui leur fit mettre à la disposition du général de Gaulle la plage de Juno qu'ils avaient libérée et dont ils étaient les administrateurs. C'est ce qui permit au Général de fouler enfin le sol français le 21 juin, quinze jours après le débarquement.

Après la libération de Paris par la division Leclerc, de Gaulle écrivit à Vanier :

> Je n'oublie pas que vous avez été dès le premier jour l'ami fidèle des Français Libres et le défenseur ardent et convaincu de leur cause. Chaque nouvelle preuve que donne la France de sa vitalité est un hommage rendu à votre clairvoyance[9].

De même à l'automne 1945, ce sont encore les pressions de Vanier, agissant de concert avec le ministre résident britannique, Harold Macmillan, sur Churchill et surtout sur le général américain Dwight Eisenhower, commandant du corps expéditionnaire allié, et ainsi que sur les Américains, qui réussirent à accélérer les négociations faisant reconnaître officiellement le général de Gaulle comme chef du gouvernement provisoire de la France[10].

---

9. Lettre de Charles de Gaulle à Georges Vanier, 6 novembre 1945, BAC, M.G. 32, A2.

10. Qui aurait pu prédire en 1945 que quinze ans plus tard chacun de ces personnages se retrouverait à la tête de son État ? En 1960, Charles de Gaulle et Dwight

~

La compassion humanitaire de Georges Vanier se manifesta
dès qu'il entra en poste à Paris en 1938. C'est alors qu'il suivit
attentivement le périple du *Saint-Louis*, navire-refuge des Juifs,
victimes du racisme nazi[11]. Il multiplia les démarches en leur
faveur auprès du gouvernement canadien et du premier ministre
Mackenzie King en personne, sans succès. Plus tard, dès son
retour à Paris au moment de la Libération, Vanier se fit le défenseur et l'avocat des déportés, des prisonniers de guerre et des
réfugiés tandis que son épouse, Pauline, qui s'était autoproclamée
directrice en France de la Croix-Rouge canadienne, s'employa à
la distribution d'aides aux orphelins ainsi qu'aux familles victimes
de l'Occupation. Vanier réserva même un temps d'antenne à
Radio-Canada pour faire appel au *Canadian Save the Children
Fund*, Pauline s'étant constituée le point de contact entre ce fonds
d'assistance canadien et le Comité français de Secours aux
Enfants. Elle put ainsi obtenir et distribuer chaussures et layette,
nourriture, vêtements et produits pharmaceutiques. Un seul
exemple entre des centaines durant les années 1944-1947 : à la fin
de 1944, les diocèses d'Ottawa, de Montréal et de Peterborough
lui firent parvenir 5600 caisses de nourriture ; en juin 1945, ils
envoyèrent 1035 gallons d'huile de foie de morue.

Après la reddition des Allemands à Reims le 7 septembre 1945,
c'est l'arrivée à Paris, par centaines de milliers, d'internés des camps
de concentration, de 1 830 000 prisonniers de guerre, de 723 000
ouvriers du Service du travail obligatoire (STO) et de 75 000
déportés raciaux. Pauline se fit un devoir d'aller à la rencontre de
ces trains de réfugiés aux gares du Nord et de l'Est. Pierre-Henri
Teitgen, vieil ami des Vanier et maintenant garde des Sceaux dans
le gouvernement de Gaulle, l'a souvent vu faire :

Eisenhower étaient respectivement présidents de la France et des États-Unis,
Harold Macmillan premier ministre du Royaume-Uni et Georges Vanier
gouverneur général du Canada.
11. Les historiens Irving Abella et Harold Martin ont raconté le travail de Vanier
à ce sujet dans leur *None Is Too Many : Canada and the Jews of Europe, 1933-1948*,
Toronto, Lester and O. Dennys, 1983.

Elle se rendait aux gares des chemins de fer rencontrer les prisonniers [...] en vue de les aider et leur apporter secours. Elle faisait des choses que les autres épouses d'ambassadeur ne faisaient pas. Oui elle a fait cela, car si elle voyait – c'est la même chose pour le général Vanier – si elle voyait une bonne action à accomplir, elle franchissait les obstacles les plus infranchissables[12].

De même, une des secrétaires à l'ambassade du Canada, Annette Rivard, rappelait son action :

Je l'ai accompagnée à la gare en quelques occasions. C'était épouvantable à voir les gens qui avaient voyagé dans des wagons à bestiaux. Ils étaient sales, affamés, épuisés. C'était affreux à voir. Or Madame allait à eux. Elle leur disait un bon mot, elle essayait de les aider. Elle offrait des vêtements, du savon, et autres choses. Elle allait régulièrement à la rencontre de ces trains spéciaux. Elle était la seule femme d'ambassadeur à faire ce travail[13].

Et très souvent, surtout au début, Pauline accueillait plusieurs de ces malheureux – surtout s'ils étaient d'anciens maquisards – à l'appartement du couple à l'hôtel Vendôme où elle savait si bien les recevoir avec un large sourire et le cœur sur la main.

En fait, les Vanier sont passés dans la légende française de l'après-guerre pour leur compassion autant que pour leur action diplomatique.

On pourrait aussi en dire long – ce serait un autre des grands thèmes de l'ambassade Vanier – sur les liens du couple Vanier avec la Résistance. À Alger, leur résidence, la Villa Simian à Chéraga dans la banlieue, avait obtenu le titre de « Maison de la Résistance » parce que l'ambassadeur Vanier y accueillait dans la clandestinité les chefs du maquis et d'autres résistants, tels l'abbé Pierre et l'amiral Thierry d'Argenlieu, ou encore les généraux Leclerc et de Lattre de Tassigny, qui s'étaient échappés de France pour rejoindre les troupes de la France libre. Il avait aussi repris contact avec son ancien guide spirituel, le père Pierre Gaume, qui servit aussi de liaison avec les jésuites de Lyon qui publiaient dans la clandestinité la revue *Témoignage chrétien* en dénonciation de

---

12. Entrevue de Pierre-Henri Teitgen par l'abbé Roger Quesnel, 25 juin 1993, dans Roger Quesnel, « Dossier sur Madame Pauline Vanier », vol. I, p. 57. Manuscrit déposé aux Archives de l'Archidiocèse d'Ottawa, 1997.
13. Entrevue d'Annette Rivard par l'abbé Roger Quesnel, 17 septembre 1993. *loc. cit.*

l'antisémitisme du régime Pétain. Le père Gaume s'est même rendu au moins deux fois à la Villa Simian pour lui faire rapport sur les liens entre l'Église catholique et le maquis.

~

C'est tout cela qui assura un immense prestige à l'ambassadeur du Canada. On le savait influent par tout un éventail de connaissances et d'amitiés. Il était lié aux plus hautes personnalités du pays, surtout les gaullistes des années d'Alger, étant le seul diplomate étranger à avoir partagé leur exil. Pour les héros du maquis, il était l'ancien hôte de la Villa Simian où ils avaient trouvé aide, encouragement et secours. Parmi les militaires, il était l'intime du général Leclerc, ami et cousin de sa femme Pauline, et du général de Lattre qui l'invita à accompagner les troupes de la France libre en sol allemand et à y voir arborer le tricolore victorieux – le seul officier allié auquel on accorda cet honneur. Dans les groupes d'intellectuels, Vanier se retrouvait parent ou ami ou encore correspondant de longue date avec, entre autres, Jacques et Raïssa Maritain, Paul Claudel, Maurice Blondel dont la fille était amie d'enfance de Pauline. Enfin, au milieu d'ecclésiastiques d'envergure, il échangeait aisément avec l'artiste dominicain Marie-Alain Couturier, le théologien jésuite Henri de Lubac et surtout le nonce apostolique Angelo Roncalli.

De plus, Vanier était partout. Il tenait à cœur son devoir de représentation. Toujours avec Pauline, il voyageait régulièrement dans les provinces françaises, dans la Loire, par exemple, pour visiter les sites d'atrocités nazies; ou à Lyon, un des principaux centres de la Résistance dont il aimait vanter le courage; ou encore en Normandie, et en Flandre où il savait bien retrouver les traits de ses ancêtres et revisiter avec les anciens combattants les hauts lieux commémoratifs à la fois de la Grande Guerre et de la bravoure du débarquement de 1944.

Jusqu'à l'automne 1946, ces visites hors de Paris étaient d'autant plus remarquables – et remarquées – qu'elles étaient interdites pour raison de sécurité. Les routes et la campagne françaises étaient toujours possiblement à la merci de maraudeurs nazis, de maquisards armés cherchant vengeance ou de miliciens pétainistes en quête de règlements de compte.

~

Son ancienneté contribuait aussi au prestige de l'ambassadeur Vanier. Entre 1945 et 1953, Paris était la plaque tournante de la construction de la nouvelle Europe : la Conférence de la paix en 1946 ; les procès de Nuremberg ; le plan Marshall ; les grèves sauvages suscitées par les communistes ; les débuts de la Guerre froide, de celle d'Indochine, puis de celle d'Algérie ; le Conseil de l'Europe ; l'OTAN et les bases militaires étrangères en France ; le traité sur la production du charbon et de l'acier. Vanier était un conseiller écouté au confluent de tout cela. Son action et sa parole y furent toujours bénéfiques… toujours au service du Canada, et pour l'honneur de la France.

Pour Georges Vanier, l'un n'allait pas sans l'autre. Dès le début de la guerre, en 1939, il déclarait dans une interview au *Petit Journal* de Montréal :

> La France ne peut pas périr ! Car elle possède, en soi, la puissance créatrice, et elle a dans le ciel une légion de saints qui la protègent, des saints jaillis de cette génération qui, au XVIIe siècle, fondèrent le Canada avec du sang de France[14] !

Quatre ans plus tard, en arrivant à Alger, il reprit le même thème :

> Je viens à vous en débiteur. En effet l'humanité entière est débitrice de la France dont la culture depuis des siècles éclaire et enrichit le monde. Quel que soit le concours, quel que soit le secours que nous apportons, à la fin, nous n'aurons pas encore payé notre dette[15].

Et de même dans la plus émouvante de ses allocutions, celle du 22 mai 1944, il évoque l'amitié franco-canadienne pour exhorter son auditoire à se rallier à l'histoire de France et au général de Gaulle. Le commentaire du chroniqueur de la presse le lendemain matin décrit bien les sentiments de Vanier :

> L'accent de sincérité totale de l'ambassadeur, d'où tout effet oratoire était tel que le plus réfractaire à l'argument sentimental devait

---

14. *Le Petit Journal*, Montréal, 12 septembre 1939.
15. Message radiodiffusé depuis Alger, 16 janvier 1944, cité *in* Roger Quesnel, « Dossier biographique de Georges Vanier », vol. I, p. 122. Manuscrit déposé aux Archives de l'Archidiocèse d'Ottawa, 2002.

s'incliner bien bas devant une conviction émue, profondément éprouvée et profondément exprimée[16].

∽

Quelques mois après le retour de Vanier à Paris en septembre 1944, lors d'une conférence près de Lyon, le ministre français des Affaires étrangères, Georges Bidault, accueille Vanier en disant : « Vous êtes, pour notre joie, non seulement l'ambassadeur du Canada en France, mais l'ambassadeur de la France au Canada, gratuit par-dessus le marché[17]. »

Georges Bidault ne pensait jamais si bien dire. Au printemps 1951, Vanier accompagna le président Vincent Auriol en visite au Canada, où il fut partout accueilli avec une chaleur et un empressement qui le touchèrent beaucoup. Et qui firent la fierté de Vanier. « La présence sur notre sol », écrivit Vanier en rentrant à Paris,

> pour la première fois de son histoire, la visite du chef de l'État français eut un grand retentissement chez tous les Canadiens qui, sans distinction d'origine, ont rendu un hommage à la France. Mais pour les nôtres de langue française, la visite du président a eu une signification particulière [...] Ils sont plus de quatre millions qui ont senti leur cœur battre à l'unisson du cœur maternel[18].

Pour Vanier, le service du Canada resta toujours intimement lié à l'honneur de la France... ou c'est l'inverse.

Ce qui était vrai en 1939, en 1944 et en 1951 l'était toujours en 1953. Georges Vanier n'était rien s'il n'était pas exemplairement fidèle à ses convictions qui mariaient son amour de la France à son service envers le Canada. La dernière phrase de sa dernière dépêche au ministre des Affaires extérieures le dit bien : « *As the end of my mission to France coincides with retirement from Government Services I would like the last words of this dispatch to give thanks to God for the privilege of serving Canada for almost forty years[19].* »

16. Jacques Des Roches, « Chronique diplomatique d'Alger », 23 mai 1944, p. 123.
17. Cité dans Robert Speight, *op.cit.*, p. 363-364.
18. Cité dans *La Presse* de Montréal, 21 avril 1951.
19. Lettre de Georges Vanier à Lester B. Pearson, 31 décembre 1953, BAC, MG 32 A2.

CHAPITRE III

Pierre Dupuy et la guerre d'Algérie : diplomatie extrême?

Magali Deleuze[1]

Pierre Dupuy est bien connu pour son rôle dans l'Exposition universelle de 1967 à Montréal où il fut Commissaire général, le patron en d'autres mots, de cet événement grandiose et si important pour le Québec des années 1960. Cependant, la carrière de Pierre Dupuy ne se résume pas uniquement à Expo 67. Il se lance dans l'écriture dans les années 1920 et son manuscrit *Le Mage de l'Occident* reçoit en 1924 le prix David de la Province de Québec. Il est publié chez Plon (Paris) en 1930 sous le titre *André Laurence*[2]. Cependant, ce sera la diplomatie qui occupera la plus grande place dans sa vie.

Pierre Dupuy est né en 1896 à Montréal, il étudie le droit à l'Université de Montréal et à la Sorbonne à Paris, avant de devenir avocat en 1920. Après son mariage, il entre en 1922 au jeune ministère des Affaires extérieures du Canada (créé en 1909) dans le Commissariat général à Paris. Il est ensuite chargé d'affaires, notamment en Belgique, en Hollande, en France, en Norvège, en Pologne et en Yougoslavie, puis est envoyé en mission à

---

1. Je remercie pour sa collaboration à cette recherche mon assistant Frédéric Cyr (Département d'Histoire, Université de Montréal), le Collège militaire royal du Canada pour ses fonds de recherche (ARP/PRU) et M. Michel Dupuy pour sa collaboration.
2. «Les mauvaises fréquentations. Les réseaux littéraires France-Québec de 1900 à 1940» (s.a), *Études littéraires*, vol. 36, nº 2, 2004, p. 7-16. Voir aussi David M. Hayne, «Lorne Pierce et la littérature québécoise», *Voix et images*, vol. 17, nº 2 (50), 1992, p. 236.

Londres avant d'être affecté à Vichy pendant la Seconde Guerre mondiale. Après la guerre, il est nommé ambassadeur du Canada en Hollande (1947), en Italie (1952) et en France à partir de 1958. Il prend sa retraite de la diplomatie en 1963 et accepte en 1967 d'organiser Expo 67. Il meurt en France en 1969 à l'âge de 73 ans.

Les débuts diplomatiques de Pierre Dupuy : le francophile[3]

Pierre Dupuy prend le chemin de Paris après des études en droit à l'Université de Montréal, alors qu'il profite d'une bourse octroyée par le secrétaire général de l'Université, Édouard Montpetit. À la Sorbonne (1920-1922), il obtient sa licence en études classiques (latin-grec) et est le président des étudiants canadiens à Paris. C'est à ce titre qu'il aurait rencontré Philippe Roy, alors commissaire général du Canada à Paris, qui lui permettra de faire le saut dans la diplomatie.

Pierre Dupuy est basé à Londres pendant les premières années de la Seconde Guerre mondiale, alors que le régime de Vichy dirige la France non occupée. Le premier ministre britannique, Winston Churchill, aurait demandé à son homologue canadien, William Lyon Mackenzie King, d'envoyer quelqu'un en France pour y collecter des renseignements et, jusqu'en 1942, Dupuy a servi comme informateur pour les Alliés[4].

C'est à cette époque qu'il fait la connaissance de Charles de Gaulle. Celui-ci était contre l'idée que le Canada continue d'entretenir des relations diplomatiques avec le régime de Vichy, même pour satisfaire le désir des Britanniques de s'en servir comme source de renseignements. Il faut attendre 1942 pour que le Canada rompe ses relations avec ce gouvernement. Cela n'empêcha pas de Gaulle de rencontrer à de nombreuses reprises Dupuy. Ces rencontres étaient surtout reliées aux informations inédites que Dupuy obtenait régulièrement en se rendant dans la zone non occupée. Les deux hommes semblaient partager une vision semblable du danger

---

3. Les informations figurant dans cette partie ont été fournies par le fils de Pierre Dupuy (Michel Dupuy, ancien député et diplomate) lors d'une entrevue téléphonique le 8 octobre 2008.
4. Ces informations ont été rapportées par Michel Dupuy, lors de l'entrevue citée plus haut.

que posait la montée des fascismes, surtout en Allemagne. À cette époque, il semble que Pierre Dupuy ait aussi joué un rôle important pour établir une bonne entente entre de Gaulle et le général Henri Giraud, qui se disputaient la succession d'une éventuelle France libre. Enfin, fait peu connu, Dupuy aurait été nommé, lors de son passage en Angleterre, comme médiateur pour tous les gouvernements en exil à Londres: France, Tchécoslovaquie, Norvège, Belgique, Hollande, Yougoslavie, Pologne. Dupuy jouissait alors d'un poste relativement important dans le déroulement de la guerre. De cette expérience, deux choses ressortirent: une très bonne connaissance de la France et des liens privilégiés avec plusieurs hommes politiques et futurs dirigeants français.

Pierre Dupuy et la guerre d'Algérie (1958-1960) : « Ménager la France »

Pierre Dupuy est enfin nommé ambassadeur du Canada à Paris en 1958, après avoir été en poste en Hollande et en Italie. Ce sera pour lui une source de grand bonheur, mais aussi de grandes difficultés en particulier lorsqu'il sera confronté à ce que l'on pourrait appeler « la diplomatie extrême », c'est-à-dire l'art de ne pas être d'accord avec la politique envisagée par le Canada par rapport à la France. Sur le plan des relations canado-françaises, il semble que Dupuy se soit parfois retrouvé dans une position précaire, entre Ottawa et Paris. À plusieurs reprises, Dupuy crut nécessaire de rappeler à Ottawa que le Canada ne pouvait pas se permettre de se mêler des affaires internes de la France et que malgré les positions ambiguës de celle-ci en Algérie, le Canada ne pouvait pas se permettre de critiquer, voire de donner l'impression à la France qu'il n'appuyait pas sa politique en Algérie.

En effet, la position du Canada par rapport à la guerre d'Algérie n'a pas été facile depuis 1954[5]. Au début du conflit, le Canada

---

5. Je résume ici les grandes étapes analysées par Robin S. Gendron dans son mémoire de maîtrise: *A Question of North Atlantic Security: Canada's Reaction to the Independence Movement in Algeria, 1954-1962.* Université de Calgary (Histoire), 1996, et résumé dans « Tempered Sympathy: Canada's Reaction to the Independance Movement in Algeria, 1954-1962 », *Revue de la Société historique du Canada,* nouvelle série, vol. 9, 1998, p. 225-241.

soutient la politique française, comme le fait aussi le Royaume-Uni espérant que la France réglerait rapidement son problème. De 1956 à 1958, le conflit en Algérie se régionalise et s'éternise. Le Canada décide de rompre avec sa politique d'attentisme et essaye de faire pression sur la France pour l'encourager à négocier avec les Algériens et, même si on ne le dit pas clairement, à encourager la France à leur accorder l'indépendance. Ce revirement de la position canadienne est dicté par le danger que fait peser la guerre d'Algérie sur la cohésion de l'OTAN. Le Canada n'a pas apprécié le retrait de troupes françaises d'Allemagne en mai 1955 pour les envoyer en Afrique du Nord. La guerre d'Algérie est analysée par plusieurs diplomates comme un gouffre pour les ressources militaires et financières françaises normalement dévolues à l'OTAN. Les tentatives canadiennes n'ont aucun effet et encouragent même la France à faire planer la possibilité de son retrait de l'Alliance atlantique si ses alliés et l'ONU continuent de vouloir se mêler d'un problème «franco-français».

La crise de Suez en 1956 détourne, un moment, l'attention du Canada de la guerre d'Algérie. Pearson préfère donc lâcher prise et tempérer les ardeurs de son ambassadeur en France, Jean Désy, et, surtout, de Jules Léger, alors sous-secrétaire d'État aux Affaires extérieures, qui aimerait encore, en 1957, faire pression sur la France pour un règlement négocié et acceptable pour les Algériens.

Le gouvernement libéral de Louis Saint-Laurent est remplacé en juin 1957 par celui dirigé par le premier ministre conservateur John Diefenbaker. Les conservateurs, sans grande expérience sur la scène internationale, ne semblent pas prêts à prendre de grands risques. L'année suivante, Charles de Gaulle est appelé à diriger une France aux prises avec une crise politique sans précédent. C'est dans ce contexte que Pierre Dupuy est nommé ambassadeur du Canada en France en 1958.

Pierre Dupuy se familiarise pendant l'année 1958 avec la situation explosive en Algérie, avec l'arrivée au pouvoir du général de Gaulle, considéré par plusieurs comme un véritable sauveur, et aussi avec la philosophie d'Ottawa et de son nouveau premier ministre John Diefenbaker concernant les relations franco-canadiennes. Les premiers rapports de Dupuy témoignent de sa difficulté à comprendre ce que de Gaulle a véritablement en tête.

« *I am convinced that de Gaulle wants first to have the results of the referendum in Algeria before turning his attention to the substantive political questions*[6]. » De Gaulle mettra en effet plus d'un an avant de proposer officiellement sa nouvelle politique pour l'Algérie (une politique officiellement en faveur de l'autodétermination). Dupuy estime cependant que le simple fait que le Général souhaite tenir un référendum en Algérie, dès 1958, est positif. Malgré une situation compliquée, et la possibilité que son gouvernement tombe, Dupuy croit que de Gaulle a de meilleures chances que quiconque de faire progresser la situation en Algérie. L'ambassadeur canadien rencontre, en septembre 1958, le général qui lui fait bonne impression « *energetic, objective and with the serene approach of a man who has seen his time and the world in an historic perspective*[7]. » La situation en Algérie semble s'éclaircir à la fin de 1958 ; les Français votent à 79 % pour la nouvelle constitution proposée par de Gaulle (qui permet la création de la Vᵉ République), pour la mise au pas de l'armée française en Algérie et pour l'ouverture de la France à un cessez-le-feu avec le FLN, principal mouvement indépendantiste algérien, créé en 1954, ayant pour but l'établissement d'un État socialiste en Algérie. Il semble que les rapports de Dupuy aient porté fruit puisque l'ambassadeur note, en novembre 1958, que sa discussion avec Diefenbaker lui a confirmé qu'ils avaient la même analyse au sujet de la France et du Général (sans préciser laquelle…)[8]. Dans ses mémoires, Diefenbaker consacre plusieurs pages à de Gaulle et à ses rencontres avec lui, notamment en 1958 lors de son voyage autour du monde. Il se dit impressionné et sympathique envers le dirigeant français qui se montre chaleureux et empressé lors de leurs échanges[9].

Après cette année de « formation », Dupuy doit faire face à deux événements concernant la guerre d'Algérie, et qui ressortent

---

6. *Algeria-Political situation*, Partie 8, 5 septembre 1958, télégramme n° 739 au bureau des Affaires extérieures à Ottawa, BAC, RG 25, vol. 7724, dossier 12177-40.

7. *Algeria-Political Situation*, Partie 8, 10 septembre 1958, télégramme de Dupuy à Ottawa, BAC, RG 25, vol. 7724, dossier 12177-40.

8. *Algeria-Political Situation*, Partie 8, 6 novembre 1958, BAC, RG 25, vol. 7724, dossier 12177-40.

9. John G. Diefenbaker, *One Canada, Memoirs of the Right Honorable J.G. Diefenbaker*, Toronto, Macmillan, 1976, p.86-99.

particulièrement des rapports du ministère des Affaires extérieures du Canada. Le premier est l'affaire de la CBC (Canadian Broadcasting Corporation). L'ambassadeur tente toujours de convaincre le gouvernement canadien de continuer à faire confiance à de Gaulle et d'éviter de faire pression sur la France, car suggérer un compromis au sujet de l'Algérie pourrait vexer Paris. Cela aurait comme effet de compliquer l'ensemble des relations franco-canadiennes – et non pas seulement au sujet de l'Algérie – ce qui pourrait donner des armes au FLN, augmentant sans doute son intransigeance. Avec une réunion de l'Assemblée générale des Nations Unies qui approche, Dupuy suggère que le Canada doit s'abstenir de critiquer la France. Au contraire, en public comme dans les corridors, le Canada devrait tenter de convaincre les sceptiques que critiquer la France contribue à donner des armes au FLN[10]. Puis l'affaire de la CBC éclate. À la suite d'une interview à la CBC d'Abdelkader Chanderli, le représentant du FLN aux Nations Unies à la CBC, de passage à Toronto pour donner une conférence au Canadian Institute of International Affairs, le Quai d'Orsay est furieux[11].

À Paris, Dupuy, fort embarrassé, ne sait que dire aux Français. Le 26 mai 1959, il envoie un télégramme à Ottawa pour demander comment il devrait expliquer aux Français que le Canada ait pu tolérer un tel reportage sur une chaîne de télévision nationale. Dupuy écrit que même s'il a tenté d'expliquer à ses interlocuteurs que la CBC était indépendante, ceux-ci ne semblent pas vouloir comprendre. Entre-temps, Dupuy recommande au ministère des Affaires extérieures à Ottawa de s'entretenir avec la CBC pour faire cesser ce genre de reportages. Tout comme au Québec, de nombreux appuis aux Algériens commençaient à se manifester au Canada et les médias en faisaient écho[12]. L'affaire dura plusieurs

10. *Algeria-Political Situation,* Partie 10. Rapport du 19 mai 1959, BAC, RG 25, vol. 7724, dossier 12177-40.

11. *Algeria-Political Situation,* Partie 10. Télégramme du 26 mai 1959, BAC, RG 25, vol. 7724, dossier 12177-40.

12. Selon un article de Randy Boswell, paru dans *The Montreal Gazette* le 5 novembre 2003, Dupuy aurait coopéré avec le Quai d'Orsay pour s'assurer que René Lévesque ne soit pas en mesure de se rendre en Algérie en 1958 afin de documenter le conflit pour Radio-Canada. Les diplomates français auraient demandé à Dupuy d'agir ainsi, car ils s'attendaient à ce que les analyses de

mois et Dupuy commença à réaliser que son soutien inconditionnel à la France devenait de plus en plus difficile à maintenir.

Un second événement occupe l'ambassadeur canadien. En décembre 1959 devait avoir lieu l'Assemblée générale de l'ONU où la question algérienne serait au programme. Dupuy redouble d'efforts pour envoyer télégrammes et rapports afin que le Canada soutienne l'action de Paris et ne se mêle pas de l'agenda politique de la France en Algérie au sujet de futurs «pourparlers» franco-algériens. Une position neutre, à défaut d'être profrançaise, est encouragée par Dupuy. Lors de l'Assemblée générale, alors que les membres tentent d'émettre un communiqué officiel au sujet de l'Algérie, Dupuy met en garde les représentants canadiens contre une position qui pourrait mettre trop de pression sur la France. Selon lui, la formulation proposée, qui souhaite « *the holdings of pourparlers [between France and Algerian representatives] with a view to arranging a peaceful solution on the basis of the right to self-determination, in accordance with the charter of the UNO*», n'est guère souhaitable. Le mot «pourparlers» est trop vague, et peut mener à une mauvaise interprétation de la part des Français, qui n'ont pas évolué beaucoup sur la question de l'Algérie. Une telle prise de position va au-delà de la simple question d'un cessez-le-feu qui fait alors l'unanimité. Dupuy appelle à la retenue, pour ne pas bousculer les Français[13]. Il semble qu'il soit parvenu à convaincre son supérieur, Howard Green, secrétaire d'État aux Affaires extérieures, puisque, après la conclusion de la réunion de l'Assemblée générale de l'ONU en décembre 1959, un communiqué provenant d'Ottawa indique que le Canada s'est rangé du côté de la France durant l'Assemblée générale. Le Canada a même recommandé que l'ONU ne se mêle pas du conflit entre l'Algérie et la France. Il semble aussi que pour faire oublier son vote contre les essais nucléaires français dans le Sahara (1959), le Canada ait décidé de soutenir la France sur la question algérienne à l'ONU[14].

Lévesque soient favorables aux Algériens. Voir aussi Magali Deleuze, *L'une et l'autre indépendance. Les médias au Québec et la guerre d'Algérie*, Montréal, Point de fuite, 2001.

13. *Algeria Political Situation*, Partie 12, 11 décembre 1959. Télégramme de Dupuy à Ottawa, BAC, RG 25, vol. 7725, dossier 12177-40.

14. Voir, en particulier pour les relations Canada-OTAN-guerre d'Algérie, Robin S. Gendron, «Tempered Sympathy: Canada's Reaction to the Independence

L'anticommunisme de Pierre Dupuy est peut-être à l'origine de sa difficulté, à l'inverse de plusieurs autres politiciens ou intellectuels, à soutenir les revendications teintées de socialisme du FLN. Dupuy était tout autant anticommuniste et antisoviétique qu'il avait été antifasciste. Cette conviction provenait de ses années à Londres et de ses contacts avec les gouvernements de la Pologne et de la Tchécoslovaquie en exil. Si plusieurs, comme le président des États-Unis Franklin D. Roosevelt, pensaient que la paix mondiale pouvait dépendre d'une bonne entente entre les trois puissances mondiales en 1945, les États-Unis, le Royaume-Uni et l'Union soviétique, Dupuy croyait connaître les intentions réelles de l'URSS : se forger une sphère d'influence en Europe de l'Est, sur l'Europe entière, voire sur le monde. Ses contacts avec les dirigeants de l'Europe de l'Est, qui lui avaient permis de comprendre la politique des Soviétiques lors de la libération de 1944-1945, l'avaient convaincu du danger de l'idéologie communiste[15].

Pierre Dupuy et la guerre d'Algérie (1960-1962) : l'Algérie devant un « général du XIXe siècle »

Alors que la situation se détériore en Algérie au début de 1960, Dupuy, même s'il continue à prendre position en faveur de la France et de soutenir ainsi la position officielle du Canada, se montre néanmoins de plus en plus critique à l'endroit de la politique française vis-à-vis de l'Algérie. Cela paraît surtout dans son évaluation du général de Gaulle, qui est devenu président de la République en 1958. De prime abord, il faut dire que Dupuy avait un profond respect pour le Général, qu'il avait intimement connu lorsqu'il se trouvait à Londres au début des années 1940. Or, à partir de 1960, Dupuy se montre de plus en plus critique envers la politique de de Gaulle. Le 22 janvier 1960, Dupuy croit que le président n'est plus en phase avec le désir de la population fran-

Movement in Algeria (1954-1962)», *loc. cit.*, p. 225-241. Voir aussi Robin S. Gendron, *Towards a Francophone Community, Canada's Relations with France and French Africa (1945-1968)*, Montréal et Kingston, McGill-Queen's University Press, 2006.
15. Entrevue avec Michel Dupuy, *loc. cit.*

çaise qui souhaitait mettre fin le plus vite possible au conflit en Algérie[16]. Selon l'ambassadeur canadien, les positions du Général étaient dépassées et ne répondaient plus aux besoins de plus en plus criants des Algériens et des troupes de jeunes soldats français conscrits. Dupuy constate surtout que malgré les préférences du Général pour un cessez-le-feu, l'armée française continuait de faire environ cinq cents victimes par semaine en Algérie, tandis que les attaques terroristes des rebelles continuaient. Dupuy interprète d'ailleurs la recrudescence de la violence au début de 1960 comme une double réaction à la politique de de Gaulle. D'abord, les manifestants violents agissaient pour montrer au président qu'ils n'abandonneraient jamais. Ensuite, les manifestants non violents, de par leur grand nombre, voulaient faire comprendre à de Gaulle que sa politique n'était pas la bonne ; qu'un cessez-le-feu devait d'abord passer par la négociation avec le FLN. Enfin, Dupuy explique que de Gaulle réfléchissait « plus comme un général du XIXe siècle que comme un homme politique du XXe[17]. » Alors qu'en septembre 1960, l'ONU semblait être la seule nouvelle solution pour amener la France et le FLN à négocier et que le GPRA (gouvernement provisoire de la République algérienne) avait demandé qu'un référendum soit tenu en Algérie sous la supervision des Nations Unies, de Gaulle réitéra le fait que l'ONU, selon sa propre charte, n'avait pas le droit d'interférer dans les affaires qui étaient pleinement de compétence française. Selon Dupuy, de Gaulle maintenait sa stratégie, énoncée une année plus tôt, et voyait d'un mauvais œil toute intervention des Nations Unies[18].

Un long rapport de décembre 1960 résume certains événements marquants de la guerre d'Algérie. La conclusion est très intéressante, puisqu'elle donne une bonne idée de la pensée de Dupuy à l'égard de la politique française. Il semble croire que l'effort militaire français en Algérie est illusoire et ne sera jamais en

---

16. *Algeria Political Situation*, Partie 12. Télégramme du 22 janvier 1960, BAC, RG 25, vol. 7725, dossier 12177-40.

17. *Algeria Political Situation*, Partie 15. Télégramme du 19 octobre 1960, BAC, RG 25, vol. 5492, dossier 12177-40.

18. *Algeria Political Situation*, Partie 14. Télégramme du 7 septembre 1960, BAC, RG 25, vol. 5492, dossier 12177-40.

mesure de mener à une véritable victoire. Il cite un article paru dans le journal *Le Monde*.

> *The gravest events are the indecisive ones, such as those horrible days in Algeria which all Frenchmen, whatever their opinion, have followed with shame and pain. It is precisely because each may draw the conclusions which fit his own prejudices that those days may bring about more violent ones yet. "I told you so"! They all had told us so, but in opposite terms… At the very moment when this war seems the more absurd, true peace becomes the more improbable… It is not sufficient to be victorious to win. The French Army is master of the battlefield but we have never been so close to losing the battle. It is not a question of being victorious but of being loved*[19].

Les violences de l'Organisation armée secrète (OAS – une organisation française clandestine créée en 1961 et utilisant la violence pour maintenir l'Algérie française) en Algérie et en France occupent une place importante dans les derniers rapports de Pierre Dupuy de l'année 1961. Ainsi, au début de 1962, alors qu'un accord paraît imminent entre le FLN et le gouvernement français (on parle même d'un cessez-le-feu pour le 25 février), Dupuy craint que l'OAS ne prépare une « action spectaculaire » pour faire avorter un tel dénouement. Malgré cela, Dupuy poursuit en écrivant qu'après un cessez-le-feu, la prochaine étape sera la nomination d'un corps exécutif avec juridiction interne pour l'Algérie. Il n'est cependant pas question pour l'instant pour les Français de reconnaître le GPRA[20]. Finalement, à la demande d'Ottawa, Dupuy laisse savoir qu'il est désormais acceptable pour le Canada d'établir « *discreet contacts… as the occasion arises between our permanent mission in New York and the Algerian Office* ». Dupuy croit que le gouvernement français, compte tenu des accords d'Évian de mars 1962, ne sera pas opposé à des contacts non officiels. Cependant, il n'est pas question d'établir des liens officiels, ou encore de reconnaître le GPRA pour le Canada[21].

---

19. *Algeria Political Situation*, Partie 16. 22 décembre 1960, BAC, RG 25, vol. 5493, dossier 12177-40.
20. *Algeria Political Situation*, Partie 21. Télégramme du 22 février 1962, BAC, RG 25, vol. 5494, dossier 12177-40.
21. *Algeria Political Situation*, Partie 22. Télégramme du 29 mars 1962, BAC, RG 25 vol. 5494, dossier 12177-40.

Conclusion

Pierre Dupuy a tenté, lors de la guerre d'Algérie, de resserrer les liens entre le Canada et la France. Sa tâche était difficile, à cause de la situation tendue en France mais aussi à cause de la politique canadienne du double langage en matière de politique étrangère, ce que plusieurs politicologues appellent poliment le fonctionnalisme. Le Canada a soutenu militairement la France durant toute la guerre d'Algérie[22]. Mais, souvent pressés par les Américains de limiter les velléités d'indépendance du général de Gaulle sur la scène internationale, les Canadiens durent tenir officiellement un langage au mieux de sympathie limitée, au pire de neutralité devant la politique française. Dupuy a tenté, souvent avec succès, de faire valoir son point de vue, même si pour un diplomate averti, certains de ses rapports sont parfois teintés de naïveté bienveillante. Dupuy était un grand démocrate et tout ce qui pouvait entraver l'exercice de la démocratie était périlleux à ses yeux. Quand il s'aperçut du peu de chance que la démocratie s'installe en Algérie avec de Gaulle, il n'eut pas de difficulté à critiquer la France et à comprendre les revendications du peuple algérien. L'accueil très chaleureux et les bonnes conditions financières réservées aux pays du Maghreb[23] (dont l'Algérie) à l'Exposition universelle de Montréal par le Commissaire général, Pierre Dupuy, montrent bien que la page était tournée et que l'ancien diplomate n'avait pas gardé un si mauvais souvenir de son passage à l'ambassade canadienne en France lors de la guerre d'Algérie.

---

22. Voir Robin S. Gendron, *loc. cit.* Entre 1950 et 1960, le Canada donna à la France pour 128 millions de dollars d'équipement militaire à travers les accords d'aide mutuelle de l'OTAN, p. 239.

23. Magali Deleuze, «Le Maghreb à l'Expo 67», *Bulletin d'histoire politique*, vol. 17, n° 1, automne 2008, p. 49-61.

CHAPITRE IV

La vague des nationalismes :
Jules Léger et l'échec de la diplomatie discrète

David Meren

À l'automne 1964, quelques mois après le début de son affectation comme ambassadeur du Canada à Paris, Jules Léger fait parvenir au sous-secrétaire d'État aux Affaires extérieures, son ami et collègue Marcel Cadieux, son évaluation de l'état des relations entre Ottawa et Paris. En dépit de l'inquiétude grandissante que suscitent au gouvernement fédéral les implications intérieures et internationales des relations naissantes et privilégiées entre la France et le Québec, l'ambassadeur a l'esprit à la nostalgie et à la plaisanterie. Il compare la situation à l'instrument de l'église dans le village de son enfance, Saint-Anicet : l'organiste se débarrassait régulièrement de sa gomme à mâcher en la jetant dans l'un des tuyaux de l'instrument, qui nécessitait ainsi un nettoyage minutieux et régulier. Léger trouve un réconfort dans cette métaphore simple, qui laissait présager que l'action concertée du fédéral pour renforcer les liens avec Paris allait éventuellement « nettoyer les tuyaux » de la relation franco-canadienne[1].

Toutefois, Léger se retrouve dans une situation de plus en plus épineuse, alors qu'il s'emploie, dans la capitale française, à assurer l'harmonie du triangle Canada-Québec-France. Les tensions et les confrontations qui marquent ces relations trilatérales complexes,

---

1. Lettre de Léger à Cadieux, 6 octobre 1964, BAC RG25, Ministère des Affaires étrangères (ci-après MAE) A-3-c, v. 10098, 20-1-2-FR, p. 3.1.

dans les années 1960, sont la résultante de trois courants nationalistes antagonistes : le nationalisme français renaissant, qui concorde
avec l'ascension de Charles de Gaulle ; le nationalisme associé à la
Révolution tranquille ; un nouveau nationalisme virulent dans le
Canada d'après-guerre. Chaque courant est alimenté par l'effet
conjugué de la situation intérieure et de l'accélération des échanges
transnationaux et de l'interdépendance découlant de l'hégémonie
américaine après 1945. À cela s'ajoute l'accélération de la mondialisation[2]. Présent en France comme ambassadeur de 1964 à 1968,
Léger se trouve à la confluence de ces trois courants. Sa réponse se
fonde sur un ensemble de dispositions culturelles, notamment un
pancanadianisme qui sous-tend sa vision canadienne-française du
monde. Son appartenance aux institutions de politique étrangère
canadienne, ses fonctions d'ambassadeur et sa présence à Paris
influent également sur son action. Ses prédispositions personnelles,
conjuguées au contexte institutionnel, l'amènent à défendre et à
poursuivre une politique d'engagement sous le signe de la conciliation. Au cours de sa mission diplomatique, cela le met en porte-
à-faux non seulement avec les partisans du gaullisme et du
nationalisme québécois, mais aussi avec le nationalisme canadien.
Les éléments les plus radicaux au ministère des Affaires extérieures,
dont Marcel Cadieux, craignent que les efforts de Léger pour naviguer entre ces trois nationalismes entrecroisés soient préjudiciables
aux intérêts fédéraux, aux politiques biculturelles du gouvernement
et, à terme, à l'unité du Canada[3].

Un choix idéal

Léger était cependant un choix judicieux pour une mission qui
risquait d'être difficile. En fait, son prédécesseur immédiat au poste
d'ambassadeur, Pierre Dupuy, le décrit comme le seul diplomate
canadien ayant les compétences et l'autorité nécessaires pour
s'acquitter de cette affectation difficile[4]. Dupuy ne s'y trompe pas :

---

2. David Meren, *Strange Allies: Canada-Quebec-France Triangular Relations,
1944-1970*, thèse de doctorat, Montréal, Université McGill, 2007.
3. Peter Jackson, « Pierre Bourdieu, the "cultural turn" and the practice of international history », *Review of International Studies*, vol. 34, 2008, p. 156.
4. Lettre de Dupuy à Léger, 2 avril 1964, BAC, Fonds Jules Léger (ci-après JL),
v. 2(10).

l'étoile de Léger brille au firmament de la politique étrangère canadienne. Cet atlantiste convaincu, qui servit en tant qu'ambassadeur
et représentant permanent du Canada auprès de l'OTAN de 1958
à 1962, souscrit aux liens et aux institutions qui unissent l'Amérique
et l'Europe occidentale. Aimé et respecté à Paris, il est le candidat
tout désigné pour servir dans une capitale française de plus en plus
à couteaux tirés avec ses partenaires de l'Alliance, tandis qu'Ottawa
veille à préserver le cadre transatlantique au cœur de la politique
étrangère canadienne depuis la fin des années 1940.

De façon plus fondamentale, Jules Léger est le porte-étendard
parfait pour le gouvernement du premier ministre Lester B.
Pearson, arrivé au pouvoir en avril 1963, et très désireux de prouver
son attachement au biculturalisme. Il a étudié à Paris et obtenu
un doctorat de la Sorbonne dans les années 1930. Il est ainsi l'in-
carnation vivante de l'intensification des échanges culturels entre
la France et le Canada tout au long du XXe siècle. En 1940, à son
retour de Paris, il entre au ministère des Affaires extérieures. Il
fait partie de cette génération de Canadiens français qui réalisent
des percées dans une capitale dominée par les anglophones, à
l'époque où le contexte de la guerre et, surtout, la fermeture des
missions du Canada à Paris et à Bruxelles renforcent l'orientation
anglophone du ministère. Avec en toile de fond cette dynamique
interculturelle, sa nomination au poste de sous-secrétaire d'État
aux Affaires extérieures, en 1954, est d'autant plus remarquable.
En plus d'une solide réputation d'agent du service extérieur,
acquise à Santiago, à Londres, à Mexico et lors de deux détache-
ments au cabinet du premier ministre, sa nomination, plutôt que
celle de fonctionnaires plus anciens, tient à ce que Pearson et
Saint-Laurent reconnaissaient qu'un Canadien français devait être
nommé à ce poste[5].

Jules Léger tire parti de son nouveau poste pour renforcer
l'influence canadienne-française dans le milieu diplomatique
canadien, avec l'espoir de combler un « vide » concernant le
Canada français, vide qu'il attribuait à Pearson et à d'autres hauts

---

5. John Hilliker et Donald Barry, *Canada's Department of External Affairs, Volume II: Coming of Age, 1946-1968*, Montréal et Kingston, McGill-Queen's University Press, 1995, p. 90.

dirigeants du ministère[6]. Cela n'est pas sans difficultés cependant : le ministère fonctionne en anglais et Léger est agacé lorsque le Conseil du Trésor refuse de rembourser les droits de scolarité d'agents du service extérieur qui étudiaient le français ou l'anglais comme langue seconde[7]. Il veille néanmoins à favoriser l'usage du français comme langue de travail et à stimuler le recrutement au Québec. Il nomme des chefs de mission francophones, venant soit du service extérieur, soit d'un bassin de candidats de l'extérieur, qu'il recrutait activement. Il embauche personnellement plusieurs agents du Québec, rencontre des étudiants francophones pour les convaincre d'entrer au service extérieur et s'assure que le ministère prenne contact avec les universités du Québec, pour qu'elles encouragent leurs étudiants à passer l'examen d'admission[8]. Ce faisant, il fait montre d'un pancanadianisme semblable à celui du nationaliste canadien Henri Bourassa, c'est-à-dire fondé sur la promotion d'un biculturalisme non territorial. Cette approche « canadienne-française » de la vie nationale implique une solidarité entre francophones, au-delà des frontières provinciales, et englobe l'égalité des droits et des possibilités entre les deux principaux groupes linguistiques du pays et, surtout, dans la capitale fédérale[9].

La montée des nationalismes

Jules Léger semblait un choix tout naturel comme ambassadeur à Paris, mais il a vite été malmené par les trois grands courants nationalistes : gaulliste, québécois et canadien. Dans l'après-guerre, sous l'effet des progrès des moyens de transport et de communication, les peuples du monde entier entretiennent des contacts beaucoup plus étroits que jamais auparavant. Toutes les populations, et celles de l'Occident en particulier, doivent se faire

6. John English, *The Worldly Years : The Life of Lester Pearson. Vol. II 1949-1972*, Toronto, Knopf Canada, 1992, p. 84.
7. John Hilliker et Donald Barry, *op. cit.*, (1995), p. 99 ; Correspondance entre D.M. Watters et Léger, 28 novembre 1956, JL, v. 2(8).
8. Interview avec le Très Honorable Jules Léger par H.H. Carter, le 24 septembre 1980, à Ottawa, JL, v. 1(1).
9. Marcel Martel, *Le Canada français : récit de sa formulation et de son éclatement, 1850-1967*, Ottawa, Société historique du Canada, 1998, p. 6-9.

à l'idée de la prépondérance américaine et, plus généralement, à la prolifération des échanges transnationaux et à l'incidence d'une interdépendance économique grandissante. Conjuguée à la remise en question de la composante fondamentale du système international, c'est-à-dire l'État, et des fondements des identités nationales, religieuses et ethniques, l'accélération de la mondialisation provoque des tensions entre les acteurs locaux et mondiaux. Cela alimente aussi le sentiment nationaliste, surtout dans le triangle Canada-Québec-France. S'y ajoute la décolonisation, avec son vibrant plaidoyer en faveur d'un nationalisme de libération, qui suscite l'adhésion de mouvements de résistance au colonialisme dans le monde entier.

Un gaullisme résolu à protéger la souveraineté française et à affirmer la grandeur de la France, qui conteste alors l'ordre international de l'après-guerre et l'hégémonie américaine en Occident, est la première mouvance nationaliste à laquelle Léger doit se frotter. Dans une perspective canadienne, notamment par suite des démêlés récents de la France avec le nationalisme anticolonial, cela signifie que Paris adopte une approche plus ouvertement axée sur les «deux nations» dans ses rapports avec le Canada et le Québec, tout au long des années 1960. Cette position est confortée par le sentiment de plus en plus marqué dans les milieux français que, dans sa configuration d'alors, le Canada est un satellite des États-Unis et que l'accélération de la vie politique québécoise, sous l'impulsion modernisatrice de la Révolution tranquille, appelle à un changement fondamental de l'ordre politique canadien: d'un fédéralisme réformé à l'indépendance du Québec[10].

Pour des raisons culturelles, Léger est enclin à s'opposer à la vision du monde gaulliste et à la politique qu'elle inspire au Québec. Internationaliste libéral convaincu, il trouve le nationalisme intransigeant de de Gaulle inacceptable et dépassé. Outre les divergences de politique étrangère, force est de constater une différence de style. Léger participe d'une culture diplomatique qui s'attache à changer les choses avec discrétion et pragmatisme, à l'intérieur du cadre établi, tandis que de Gaulle cherche très

---

10. David Meren, *op. cit.* (2007), chapitres 8-9.

ouvertement à induire un changement fondamental[11]. L'ambassadeur était certes conscient que l'émancipation du Canada français était essentielle à l'avenir du Canada et qu'elle passait par une transformation des attitudes anglo-canadiennes. Il a cependant averti Ottawa du scepticisme gaulliste concernant la viabilité et la légitimité du projet de nation biculturelle proposé par le gouvernement Pearson[12].

Le deuxième courant nationaliste auquel Léger se heurte vient du Québec, confronté aux défis socioéconomiques de son urbanisation et de son industrialisation. En tant que principal défenseur de la place du Canada français dans un pancanadianisme biculturel, il est aux premières loges de la «rupture» canadienne-française[13]. Le réseau institutionnel national du Canada français préconise une diplomatie discrète, convaincu que la manière douce s'avère en définitive plus efficace que la mobilisation populaire pour garantir les droits des francophones. Cependant, la nature même de cette approche implique des progrès graduels, sans résultats spectaculaires pouvant être célébrés, de sorte qu'elle paraît souvent faible et inefficace. La frustration grandissante à l'égard de cette approche et les critiques qu'elle suscite se traduisent par l'éloignement inéluctable du nationalisme canadien-français de l'idéal pancanadien, en faveur d'un nationalisme dans lequel le Québec est considéré comme l'expression politique de la nation canadienne-française, c'est-à-dire d'un État-nation franco-canadien. De même, on demande de plus en plus que le gouvernement du Québec détienne tous les pouvoirs et toutes les ressources nécessaires pour protéger et promouvoir le fait français en Amérique du Nord[14].

---

11. Note de Cadieux à Martin, 30 mars 1967, article de J. Léger pour l'*International Journal*, MAE, A-3-c, v. 10045, 20-1-2-FR, p. 5.

12. Note de Léger au MAE, «De Gaulle et les relations franco-canadiennes», 8 septembre 1965, MAE, A-3-c, v. 10098, 20-1-2-FR, p. 3.1.

13. Marcel Martel, *op. cit.* (1998).

14. Dominique Foisy-Geoffroy, «Le rapport de la commission Tremblay (1953-1956): testament politique de la pensée traditionaliste canadienne-française», *Revue d'histoire de l'Amérique française*, 2007, vol. 60, n° 3, p. 257-294; Xavier Gélinas, *La droite intellectuelle québécoise et la Révolution tranquille*, Sainte-Foy, Les Presses de l'Université Laval, 2007; Marcel Martel, *op. cit.*, p. 14; Michael D. Behiels, *Prelude to Quebec's Quiet Revolution: Liberalism versus Neo-Nationalism*, 1945-1960, Montréal et Kingston, McGill-Queen's University Press, 1985.

L'essor de ce nationalisme centré sur le Québec a des ramifications internationales. En dépit des efforts de personnes comme Léger, la marginalisation persistante des francophones au ministère des Affaires extérieures et l'orientation anglocentrique de la politique étrangère canadienne suscitent du ressentiment et amènent certains à demander que le Québec cultive ses propres relations avec la France et la francophonie. Cela est particulièrement vrai de la génération montante des « néonationalistes » québécois. Celle-ci est en faveur d'un gouvernement plus interventionniste à Québec, qui se fait le porte-parole du Canada français sur la scène internationale et poursuit la coopération avec la France, jugée essentielle pour maintenir l'identité francophone de la majorité québécoise[15]. C'est ce qui conduit à l'ouverture à Paris de la Maison du Québec (rebaptisée depuis la Délégation générale) et à la déclaration du ministre de l'Éducation du Québec, Paul Gérin-Lajoie, souvent cité comme le père de la présence internationale du Québec, selon laquelle les compétences constitutionnelles du Québec s'étendent au-delà du Canada. Le conflit entre les positions « canadiennes-françaises » et « québécoises » est manifeste dans les divergences qui opposent Marcel Cadieux et son collègue diplomate Jean Chapdelaine, qui quitte le ministère des Affaires extérieures en 1964 pour devenir le délégué général du Québec à Paris. En dépit des efforts de Cadieux et Léger pour le convaincre de rester, Chapdelaine ne se pas laisse pas dissuader, ce qui, de l'aveu même de Léger, est « une bien triste histoire » pour les trois collègues[16]. Ce genre de divergence au sein du contingent francophone du ministère témoigne de divisions plus profondes au sein de la société québécoise sur la question nationale. Claude Morin et André Patry, des figures dominantes de la contestation néonationaliste de la mainmise fédérale sur les

---

15. Article du 24 mars paru dans *Le Devoir* 1960, MAE, G-2, v. 7666, 11562-126-40, p. 1 – Note au ministre, 7 avril 1960, « Ottawa et le président de la République française », *Le Devoir*, 6 avril 1960, p. 1.
16. Chapdelaine a démissionné surtout parce qu'il estimait que Paul Martin et Marcel Cadieux ralentissaient son avancement professionnel, une situation qu'il croyait symptomatique du statut de seconde classe des francophones à Ottawa. Lettre de Cadieux à Léger, 16 octobre 1964, JL, v. 56(4) – Lettre de Léger à Cadieux, 2 octobre 1964, JL, v. 56(4) – Lettre de Cadieux à Léger, 28 septembre 1964, JL, v. 56(4) – Lettre de Chapdelaine à Léger, 15 juin 1964.

affaires étrangères, disent des fonctionnaires francophones des Affaires extérieures qu'ils sont des vassaux de l'élite anglophone et « des Canadiens français dénués d'amour-propre[17] ». Chapdelaine n'est pas épargné et finit par essuyer les critiques de ses collègues de la Délégation générale et du journaliste indépendantiste Jean-Marc Léger, selon qui il ne défend pas avec assez de conviction la cause du nationalisme québécois à Paris[18].

Enfin, Jules Léger doit tenir compte du nationalisme canadien. Étant donné la crainte que l'intégration de plus en plus poussée de l'Amérique du Nord menace l'autonomie et l'identité du Canada, tout ce qui est perçu comme une menace pour l'unité du pays et, par là même, accroît sa vulnérabilité exacerbe les susceptibilités nationalistes. Les questions toujours plus nombreuses suscitées par l'identité du pays, au moment où celui-ci s'écarte résolument de la sphère d'influence britannique au profit de la sphère américaine, confortent aussi le sentiment nationaliste anglo-canadien. Entre autres conséquences, le Canada anglais prend de plus en plus conscience de l'importance de la population francophone du Canada comme élément distinct par rapport aux États-Unis[19]. Des préoccupations nationalistes inspirent au gouvernement Pearson ses tentatives illusoires pour réconcilier la France gaulliste à l'atlantisme, afin de préserver le contrepoids européen du Canada et contrebalancer le géant américain. Ces aspirations atlantistes cèdent cependant de plus en plus le pas au souci de préserver l'unité canadienne et de réagir à la Révolution tranquille. Pour cela, il faut, d'une part, se montrer plus généreux envers le Québec et le Canada français et, d'autre part, s'opposer résolument à la contestation de l'autorité fédérale par les nationalistes québécois. En conséquence, Ottawa veille à améliorer le bilinguisme au ministère des Affaires

---

17. Dale Thomson, *Vive le Québec libre*, Toronto, Deneau, 1988, p. 150 ; Claude Morin, *L'art de l'impossible : la diplomatie québécoise depuis 1960*, Montréal, Boréal, 1987, p. 45-46.
18. Note de Frégault à M. le ministre des Affaires culturelles, confidentiel, 14 juillet 1965, ANQ, E6, 1976-00-066, v. 4 ; Lettre de Patry à Johnson, 12 juillet 1966, ANQ, P422, S2, 1995-01-008, v. 2, 6 ; Extrait d'une lettre de M. Clément Saint-Germain, 29 septembre 1966, ANQ, P422, S2, 1995-01-008, v. 3, 9 ; Note sur la D.G. du Québec à Paris par J.-M. Léger, non datée, ANQ, P422, S2, 1995-01-008, v. 3, 9.
19. José Igartua, *The Other Quiet Revolution : National Identities in English Canada, 1945-1971*, Vancouver, University of British Columbia Press, 2006.

extérieures et favorise une politique étrangère canadienne biculturelle, assortie d'efforts concertés pour approfondir les rapports avec
la France et le monde francophone dans son ensemble[20]. Du fait
de sa position dans les institutions responsables de la politique
étrangère et de sa vision du monde canadienne-française, Jules
Léger est l'un des principaux artisans de cette orientation. Dans
l'espoir de voir les liens du Canada avec la France s'épanouir autant
que ceux avec les États-Unis et la Grande-Bretagne, il maintient
que l'établissement de rapports avec la France est essentiel pour les
politiques de bilinguisme et de biculturalisme du gouvernement,
d'autant que la France jouit d'un rayonnement culturel auquel le
Québec ne peut aspirer à lui seul. Si Ottawa ne réussit pas à renforcer les échanges avec la France, soutient-il, les liens du Canada
avec les États-Unis continueront de se resserrer jusqu'à ce qu'ils
éclipsent les relations privilégiées nouées jusque-là entre la France
et le Québec[21].

Dans le vortex

Sous l'effet conjugué de ces trois courants nationalistes, l'affectation de Jules Léger est mouvementée. À mesure que les liens entre
le Québec et la France se resserrent, Paris marginalise Ottawa,
ce qui constitue le rejet implicite (mais de plus en plus explicite)
d'un *statu quo* canadien selon lequel il est impossible de favoriser
l'épanouissement du Québec. Même avant l'arrivée de Léger dans
la capitale française, de Gaulle fait connaître clairement l'importance prioritaire qu'il accorde à la coopération directe entre la
France et le Québec. En septembre 1963, alors qu'Ottawa cherche
à inscrire ses relations avec la France dans une perspective pancanadienne, il fait savoir à ses conseillers que Paris ne peut permettre que les relations avec le Québec s'enlisent « dans une affaire
concernant l'ensemble des deux Canadas[22] ». Peu de temps après
avoir pris ses nouvelles fonctions, Léger dit craindre que, même

---

20. David Meren, *op. cit.* (2007), chapitre 11.
21. Relations franco-canadiennes – ébauche d'article par Jules Léger, MAE,
A-3-c, v. 10045, 20-1-2-FR, p. 5.
22. Charles de Gaulle, « Note pour Étienne Burin des Roziers, Secrétaire général
de la Présidence de la République, 4 septembre 1963 », dans *Lettres, notes et carnets,
volume 9, Janvier 1961-Décembre 1963*, Paris, Plon, 1986.

dans la perspective d'un rapprochement facile entre la France et
le Québec, du fait de leur attachement commun à une coopération
culturelle, on ne puisse en espérer autant de la France et du
Canada dans son ensemble, étant donné que cette dernière s'intéresse beaucoup moins aux domaines relevant de la compétence
exclusive du fédéral[23]. Par la suite, l'ambassadeur déplore que
l'approfondissement des liens entre les deux pays, consécutif à la
visite de Pearson à Paris, en 1964, soit presque entièrement le fruit
de l'initiative d'Ottawa. Il dit aussi regretter que les fonctionnaires
français semblent ne pas payer de retour l'effort du gouvernement
fédéral pour formuler une «politique à l'égard de la France[24]».

La baisse marquée des visites de ministres français à Ottawa,
comme les difficultés auxquelles Léger se heurte ultérieurement
pour obtenir que le centenaire du Canada soit mentionné dans le
communiqué annonçant la visite au Canada du général de Gaulle,
en 1967[25], est un signe évident que la position du fédéral se détériore. Paris met également Ottawa sur la touche en snobant les
Canadiens français actifs au gouvernement fédéral. Par exemple,
en privé, de Gaulle qualifie les anciens premiers ministres Wilfrid
Laurier et Louis Saint-Laurent de «marionnettes» aux mains du
Canada anglais[26]. Lorsque le ministre fédéral de la Main-d'œuvre
et de l'Immigration (et un héritier potentiel de Pearson), Jean
Marchand, se voit refuser une rencontre avec de Gaulle, lors d'une
visite à Paris, en 1966 (après que l'Élysée a reçu plusieurs dignitaires du Québec), Léger déplore que l'accueil réservé aux ministres canadiens semble dépendre du palier de gouvernement qu'ils
représentent[27].

23. Lettre de Léger à Cadieux, 8 juillet 1964, MAE, A-3-c, v. 10098, 20-1-2-FR,
p. 2.2.
24. Lettre de Léger à Cadieux, 2 novembre 1965, MAE, A-3-c, v. 10098,
20-1-2-FR, p. 3.2.
25. Note de Cadieux à Martin, 28 février 1966, MAE, A-3-C, v. 10077, 20-FR-9,
p. 1.1; Le général de Gaulle en visite au Canada, MAE, non daté, A-4, v. 9568,
p. 54.
26. Alain Peyrefitte, *De Gaulle et le Québec*, Montréal, Stanké, 2000, p. 83.
27. Lettre de Léger à Cadieux, 2 décembre 1966, MAE, A-3-c, v. 10098,
20-1-2-FR, p. 4.2; Note de Martin au premier ministre, «Le Canada et le
président de Gaulle», 8 décembre 1966, MAE, A-3-c, v. 10098, 20-1-2-FR,
p. 4.2.

De Gaulle et ses alliés marginalisent délibérément Léger lui-même. En fait, la trajectoire de sa mise au ban diplomatique montre bien l'évolution de l'attitude française. Trois mois après le début de son affectation, Léger fait preuve d'un optimisme prudent, convaincu que de Gaulle va communiquer à Paris la nécessité de lui prêter main-forte dans ses efforts pour cultiver les relations entre le Canada et la France. Marcel Cadieux est du même avis, lorsqu'il déclare que la mission de son collègue a pris un « bon départ[28] ». En fait, la position de Léger dans la capitale française est déjà fragile. L'ambassadeur contrarie de Gaulle au moment de présenter ses lettres de créance à l'Élysée en laissant entendre que le développement du Canada peut se faire sans la France, et cela alors qu'il tente ainsi, paradoxalement, d'amener celle-ci à jouer un plus grand rôle[29]. Un mois plus tard, lorsque Léger n'est pas invité à un déjeuner donné à l'Élysée pour le premier ministre du Québec, Jean Lesage, les milieux fédéraux voient là une preuve très claire que Léger a offensé de Gaulle. C'est ainsi qu'il est demandé au secrétaire d'État aux Affaires extérieures, Paul Martin, de saisir l'occasion d'une réunion avec son homologue français, Maurice Couve de Murville, pour réaffirmer la confiance d'Ottawa à l'endroit de son ambassadeur[30].

L'incident des lettres de créance est certes important, mais il ne faut pas exagérer son rôle. En définitive, cette atteinte au statut de Léger avait davantage à voir avec le fait qu'il représentait l'autorité fédérale, et à la préférence du général de Gaulle pour le Québec. À la fin de 1964, Léger se montre optimiste. Après trois années de négociations longues, voire parfois pénibles, les questions relatives aux privilèges et au statut juridique de la Délégation générale du Québec à Paris sont enfin réglées. De plus, la France et le Québec sont à la veille de conclure un accord sur la

---

28. Lettre de Cadieux à Léger, 28 septembre 1964, MAE, A-3-c, v. 10098, 20-1-2-FR, p. 2.2.

29. Télex de Léger au MAE, 4 juin 1964, MAE, A-3-c, v. 10098, 20-1-2-FR, p. 2.1 ; Lettre de Halstead, ambassade du Canada, Paris, au sous-secrétaire d'État des Affaires extérieures, « Ambassador's presentation of credentials : Public & Press Reaction », 5 juin 1964, MAE, A-3-c, v. 10098, 20-1-2-FR, p. 2.1.

30. Lettre de Martin à Léger, 25 novembre 1964, MAE, A-4, v. 3497, 19-1-BA-FRA-1964/3 ; Note de Cadieux au ministre, 10 décembre 1964, MAE, A-4, v. 3497, 19-1-BA-FRA-1964/3.

coopération en matière d'éducation, avec la bénédiction du gouvernement fédéral. Enfin, Ottawa entame des pourparlers avec Paris pour conclure un accord de coopération culturelle qui favoriserait l'établissement de relations culturelles avec la France sur une base pancanadienne et garantirait que la coopération entre la France et le Québec s'inscrive dans un cadre sanctionné par le gouvernement fédéral. Tout cela laisse augurer des relations plus harmonieuses entre l'ambassade et les autorités françaises, et des différends triangulaires éventuels moins explosifs d'un point de vue constitutionnel[31]. Léger se trompe dans les deux cas : en plus de l'intensification des tensions triangulaires, il se trouve isolé pour le reste de cette malheureuse affectation. Quand Daniel Johnson visite la capitale française en mai 1967, Pearson en est réduit à demander au nouveau premier ministre du Québec d'intercéder auprès des autorités françaises pour que l'ambassadeur du Canada soit « inclus, si possible[32] ».

Devant la marginalisation imposée par de Gaulle, Léger mène une politique de dialogue et de conciliation à des échelons inférieurs à l'Élysée, craignant que le déséquilibre grandissant de la dynamique triangulaire galvanise les nationalistes québécois et mine l'action fédérale en faveur du biculturalisme[33]. Même si le Quai d'Orsay est favorable à l'établissement de relations plus directes avec le Québec, certains diplomates français souhaitent réduire le plus possible les frictions avec Ottawa, par contraste avec l'indifférence relative de l'Élysée[34]. En ce sens, Léger, qui s'inscrit dans la tradition de la diplomatie discrète, trouve un certain réconfort dans ses relations avec les autres diplomates, eux aussi disposés au compromis.

La démarche de Léger est évidente dans le domaine multilatéral. Tandis que les rapports entre la France et le Canada se dété-

---

31. Lettre de Léger à Cadieux, 25 novembre 1964, JL, v. 1 (12).
32. Note de Paul Martin à l'intention du premier ministre, 14 avril 1967, MAE, A-3-c, v. 10045, 20-1-2-FR, p. 5.
33. Lettre de Léger à Cadieux, 8 juillet 1964, MAE, A-3-c, v. 10098, 20-1-2-FR, p. 2.2.
34. Maurice Vaïsse, *La grandeur : politique étrangère du général de Gaulle, 1958-1969*, Paris, Fayard, 1998, p. 306 et 309 ; Paul-André Comeau et Jean-Pierre Fournier, *Le lobby du Québec à Paris : les précurseurs du général de Gaulle*, Montréal, Québec-Amérique, 2002, p. 72-73.

riorent, et que la France s'éloigne de l'OTAN, de sorte que l'idéal atlantiste au cœur de l'Alliance constitue une source grandissante de discorde entre Ottawa et Paris, Léger plaide en faveur d'une politique canadienne plus proche de la position gaulliste, à laquelle s'opposent les éléments supranationaux et intégrationnistes de l'Alliance. À l'automne 1965, Léger doute de l'efficacité des efforts d'Ottawa pour réconcilier Paris avec l'atlantisme. Selon lui, il est plus réaliste de chercher une solution pragmatique qui réponde aux préoccupations françaises, de façon à assouplir les liens transatlantiques, et à préserver ce qui reste de l'OTAN[35]. Il propose même qu'Ottawa mette de l'avant une version modifiée du projet présenté par de Gaulle en 1958, en vue de créer un directorat États-Unis-Grande-Bretagne-France. Même si ce projet revient à renoncer au principe d'une voix égale (en théorie) pour chaque membre de l'OTAN, il répond à l'objectif plus général du Canada, à savoir maintenir l'Alliance[36]. De crainte que les divergences multilatérales entre la France et le Canada ne nuisent à leurs relations bilatérales, Léger déplore que l'atlantisme canadien soit le reflet de la tendance d'Ottawa à situer le Canada dans le monde anglophone, en contradiction avec les priorités gaullistes[37].

Devant les divergences multilatérales, Léger exhorte le ministère des Affaires extérieures à resserrer les liens bilatéraux avec la France. Une fois encore, cependant, les courants nationalistes au Canada, au Québec et en France compliquent les choses[38]. Par exemple, un an après son entrée en fonction, l'ambassadeur prie Ottawa de revoir les conditions envisagées en vue de la vente éventuelle d'uranium à la France pour son programme d'énergie

---

35. Il est révélateur que, au moment où de Gaulle propose au départ de créer le directorat, Léger affirme que le dirigeant français avait bien cerné le défi représenté par l'influence prépondérante des États-Unis au sein de l'OTAN, mais que «le remède pourrait bien tuer le patient». Télex de l'ambassade du Canada, Paris, au sous-secrétaire d'État des Affaires extérieures (SSEAE), «France and NATO», 8 octobre 1965; MAE, A-3-c, v. 10295, 27-4-NATO-3-1-FR, p. 1; Note de Léger à l'intention du ministre, «Lettre du général de Gaulle au sujet de l'OTAN», 16 octobre 1958, MAE, G-2, v. 4881, 50115-1-40, p. 1.
36. Télex de l'ambassade du Canada, Paris, au SSEAE, «France and NATO», 8 octobre 1965, MAE, A-3-c, v. 10295, 27-4-NATO-3-1-FR, p. 1.
37. Lettre de Léger à Cadieux, «Rapport des relations franco-canadiennes multilatérales et bilatérales», 12 juillet 1966, MAE, A-3-c, v. 10098, 20-1-2-FR, p. 4.1.
38. *Ibid.*

nucléaire. Léger estime que, étant donné que la France est
devenue une puissance nucléaire, Ottawa doit traiter Paris comme
Washington et Londres, pour ne pas compromettre ses relations
bilatérales avec la France. Toutefois, en raison de la politique de
non-prolifération du Canada et de l'opposition nationaliste et
gaulliste aux conditions fixées par Ottawa, aucun marché ne sera
conclu[39].

Léger fait pression en faveur de la création d'un programme
d'échange de jeunes, mais Paris se montre réticent du fait de sa
participation à un programme similaire avec Québec. C'est ainsi
que, lorsque la Commission permanente de coopération franco-
québécoise discute d'un programme d'échanges qui aboutit à la
création de l'Office franco-québécois pour la jeunesse, en 1968, il
n'est pas tenu compte du souhait d'Ottawa[40]. De même, Léger
subit une déconvenue sur le terrain de l'immigration, qu'il considère comme l'un des enjeux bilatéraux les plus importants à long
terme, étant donné la nécessité pour Ottawa de renforcer la dualité culturelle du Canada. Il est donc profondément déçu lorsque
les autorités françaises réservent un accueil mitigé à la proposition
fédérale de stimuler l'immigration française, parce qu'elles accordent une plus grande priorité aux efforts du Québec en matière
d'immigration. Pour Léger, cette réaction porte un dur coup à la
campagne du gouvernement Pearson en faveur du biculturalisme
et constitue une nouvelle preuve, s'il en est besoin, de la marginalisation d'Ottawa[41].

---

39. Lettre de Léger à Martin, 3 février 1965, JL, v. 4(10); Note de Léger au MAE,
«De Gaulle et les relations franco-canadiennes», 8 septembre 1965, MAE, A-3-c,
v. 10098, 20-1-2-FR, p. 3.1; Lettre de Yalden à Léger, «Personnel et confidentiel»,
25 octobre 1967, MAE, A-3-c, v. 10046, 20-1-2-FR, p. 9.

40. Bilan des échanges entre la France et le Canada depuis la signature de
l'Accord culturel, auteur non précisé, non daté, MAE, A-3-c, v. 10046, 20-1-2-FR,
p. 11; Procès-verbal d'une réunion interministérielle sur les échanges de jeunes
avec la France, 27 avril 1967, MAE, A-3-c, v. 10045, 20-1-2-FR, p. 6; Note de
Jurgensen à Couve de Murville, «Conversations avec le premier ministre du
Québec», 2 mai 1967, MAE, v. 199.

41. Lettre de Leduc à Couve de Murville, 27 octobre 1966, MAE, Conventions
administratives et des affaires consulaires, Conventions MAE, v. 199; MAE,
v. 199 – Note de Jurgensen à Couve de Murville, «Conversations avec le premier
ministre du Québec», 2 mai 1967; Lettre de Léger à Cadieux, 2 décembre 1966,
MAE, A-3-c, v. 10098, 20-1-2-FR, p. 4.2.

Cette série de controverses montre que Léger est particulièrement actif dans le domaine culturel, conséquence logique de
son appui à un Canada biculturel. Au milieu de 1965, l'ambassade
signale à Ottawa que Québec est sur le point de supplanter le
Canada en France. Devant cette situation, il recommande de
mieux cultiver les relations avec les médias français et de faciliter
la visite en France de personnalités des milieux culturels et intellectuels canadiens. En appelant à une présence canadienne en
France qui aille au-delà des cimetières militaires, Léger mène la
charge en faveur d'une diplomatie culturelle canadienne plus
énergique. En plus d'obliger le ministère des Affaires extérieures
à mieux comprendre l'importance de cet aspect des relations
étrangères, cela devrait avoir pour effet de renforcer le volet francophone de la politique étrangère du Canada[42].

En conséquence, un programme de relations culturelles avec
l'Europe francophone, créé par Ottawa en 1964, voit rapidement
son budget quadrupler en un an, à hauteur d'un million de dollars[43]. La création du Centre culturel canadien à Paris s'avère plus
ambitieuse encore. Léger et le conseiller culturel de l'ambassade,
Pierre Trottier, militent activement en faveur d'un tel établissement, témoignage de la volonté d'Ottawa d'entretenir des relations privilégiées, y compris de consolider et d'élargir les initiatives
culturelles fédérales en France. Jules Léger convainc Marcel
Cadieux de donner son appui au Centre, qui ouvre finalement ses
portes en 1970. Cadieux fait figure d'exception au ministère des
Affaires extérieures, car il mesure bien l'importance de la culture
comme outil diplomatique[44].

---

42. Télex de l'ambassade du Canada, Paris, au MAE, 7 juillet 1965, MAE, A-3-c,
v. 10935, 56-1-2-FR, p. 1.1; Relations franco-canadiennes – ébauche d'un article
par Jules Léger, MAE, A-3-c, v. 10045, 20-1-2-FR, p. 5.
43. Note pour le ministre, « Relations culturelles », 31 mai 1965, MAE, v. 327.
44. Lettre de Léger à Cadieux, 12 juillet 1966, JL, v. 1(12); Lettre de l'ambassade
du Canada, Paris, au MAE, « Relations franco-canadiennes », 21 octobre 1963,
MAE, A-3-c, v. 10046, 20-1-2-FR, p. 1.1; Lettre de Martin à MM. Favreau,
Sauvé, Pépin, Côté, Cardin, L. Cadieux, Marchand, 12 janvier 1964, MAE,
A-3-c, v. 10935, 56-1-2-FR, p. 1.1; Note de la Division européenne à la Division
de l'information, « Programme d'information et de manifestations culturelles
en France », 7 juillet 1965, MAE, A-3-c, v. 10935, 56-1-2-FR, p. 1.1; Note de
Cadieux à Martin, « Centre culturel canadien à Paris », 22 décembre 1966, MAE,
A-3-c, v. 10935, 56-1-2-FR, p. 1.1; Note de Bellemare au chef de la Division de

Toutefois, la politique d'engagement culturel de Léger attise le conflit de compétence entre Ottawa et Québec au sujet des relations étrangères, et leur rivalité en ce qui concerne les affaires culturelles. Au Québec, les nationalistes ne peuvent souscrire aux activités culturelles fédérales, au pays ou à l'étranger, ni aux arguments qui les sous-tendent. Ils soutiennent que, selon l'esprit, sinon le texte même de la Constitution, la culture relève de la compétence exclusive des provinces. Par ailleurs, ils insistent pour que les Canadiens français confient la préservation et la promotion de leur culture à leur gouvernement national, qui serait situé à Québec et non à Ottawa. Cependant, les nationalistes canadiens répliquent que le Québec et le Canada français ne sont pas synonymes, d'où la nécessité d'un gouvernement fédéral attaché à promouvoir le biculturalisme canadien, au profit de l'unité nationale et comme rempart contre l'américanisation[45]. Le rapprochement culturel de la France et du Québec devient indissociable de la rivalité entre Ottawa et Québec en matière de compétence. Alors que les deux paliers de gouvernement sont engagés dans une course pour conclure des accords de coopération culturelle avec Paris, les nationalistes québécois se plaignent de ce que Léger et l'ambassade soient désormais très « présents », par une multiplication des activités fédérales et en se faisant les « apôtres fiévreux » de l'élargissement des échanges culturels[46].

Conformément à sa vision du Canada et à son penchant pour le pragmatisme et le compromis, Léger tente de rapprocher les positions nationalistes québécoises et canadiennes à l'origine du conflit de compétence. Ses relations avec Jean Chapdelaine l'encouragent dans cette voie. Après le départ de Chapdelaine du ministère des Affaires extérieures, Léger insiste sur la nécessité de pouvoir compter sur le nouveau délégué général du Québec pour aplanir des divergences éventuelles entre la nouvelle

l'information, « Projet de centre culturel canadien à Paris », 17 janvier 1967, MAE, A-3-c, v. 10935, 56-1-2-FR, p. 1.1 ; Ambassade du Canada, Paris, *Centre culturel canadien, 25 ans d'activité, 1970-1995*, Gouvernement du Canada, 1995, p. 22-23.
45. Michael D. Behiels, *op. cit.*, non daté [vers 1965], p. 207-208 ; Mémoire à l'intention de M. Guy Frégault, sous-ministre des Affaires culturelles, de Jacques-Yvan Morin, ANQ, P422, S2, 1995-01-008, v. 2, 2.
46. Note sur la D.G. du Québec à Paris, J.-M. Léger, non datée [probablement à l'automne 1966], ANQ, P422, S2, 1995-01-008, v. 3, 9.

Délégation et la mission du Canada à Paris. Réservant un accueil chaleureux à Chapdelaine à Paris, son empressement à coopérer est tel qu'il utilise ses privilèges diplomatiques pour circonvenir les douanes françaises, afin que la Délégation générale soit bien approvisionnée en alcool et en cigarettes importés en franchise de droits. Les deux hommes s'entendent pour collaborer et se tenir au courant, tout en respectant leurs prérogatives particulières[47].

La relation Léger-Chapdelaine suscite des préoccupations à Québec. Guy Frégault, sous-ministre des Affaires culturelles, est particulièrement inquiet, craignant que Chapdelaine ne communique trop d'informations à Ottawa. Robert Élie et André Giroux, hauts fonctionnaires à la Délégation générale, se font l'écho de ces préoccupations en reprochant à Chapdelaine d'être au service de l'ambassade du Canada[48].

Toutefois, les mesures prises par Léger vis-à-vis du nationalisme québécois suscitent également des craintes dans l'édifice de l'Est, l'Administration centrale du ministère des Affaires extérieures. Bien entendu, Cadieux souhaite que la politique étrangère du Canada prenne en compte la nature biculturelle du pays. Il a d'ailleurs publié *Le diplomate canadien* pour encourager les francophones à entrer au service extérieur. De même, il plaide pour que l'activité du Québec sur la scène mondiale s'inscrive dans une approche canadienne globale des affaires internationales. Le sous-secrétaire s'oppose cependant catégoriquement à toute idée que le Québec ait un rôle «national» à jouer sur la scène internationale ou qu'il doit être responsable des relations du Canada avec le monde francophone[49]. À ce titre, Cadieux et Paul Martin, son ministre, se disent préoccupés par les appels de Léger en faveur d'une «dépolitisation» des questions touchant à l'action du Québec à l'étranger, afin d'en arriver à un compromis intergouvernemental. En conséquence, les deux

47. Lettre de Léger à Cadieux, 2 octobre 1964, JL, v. 56(4); Lettre de Léger à Chapdelaine, 20 octobre 1964, JL, v. 2(3); Thomson, *op. cit.* (1988), p. 139-140.
48. Lettre de Patry à Johnson, 12 juillet 1966, ANQ, P422, S2, 1995-01-008, v. 2, 6.
49. Note de Cadieux au SEAE (Secrétaire d'État aux Affaires extérieures), « *The Provinces and International Relations*», renvoie à une note du SEAE (Secrétaire d'État aux Affaires extérieures), 17 décembre 1965, 4 février 1966, MAE, A-3-c, v. 10141, 30-12-QUE, p. 3; Marcel Cadieux, *Le diplomate canadien, éléments d'une définition*, Montréal, Fides, 1962.

hommes font obstacle à la publication d'un article rédigé par Léger, dans lequel il fait valoir cette idée[50].

Les divergences d'opinions au sujet de l'article montrent la difficulté, pour Léger, de manœuvrer entre, d'une part, un nationalisme canadien de plus en plus affirmé et, d'autre part, une problématique plus générale pour Ottawa, qui doit réagir aux mesures prises par la France tout en évitant de renforcer la coopération nationaliste entre le gouvernement gaulliste et le Québec. Dans les années précédant le « Vive le Québec libre ! », lancé par de Gaulle depuis le balcon de l'hôtel de ville de Montréal, Léger et Ottawa s'entendent de façon générale sur une démarche diplomatique discrète et conciliante, avec pour objet d'éviter des affrontements avec la France susceptibles de se reproduire au Québec et de nuire ainsi à l'unité du Canada.

La fixation du gouvernement fédéral sur de Gaulle facilite ce choix. Dans la mesure où Ottawa blâme la France pour les tensions triangulaires, il peut en imputer la responsabilité au président français. C'est là une tendance à laquelle Léger contribue. À l'automne 1964, devant les premiers signes d'une détérioration de la position d'Ottawa, l'ambassadeur dit de de Gaulle qu'il ne vit pas dans « notre monde » et qu'il a quelque chose d'un prophète. Il se dit peu surpris que le dirigeant français croie que le processus d'autodétermination du Québec soit irréversible et qu'il soit appelé à aider le Canada français dans cette voie. Pour Léger, le point de vue de de Gaulle concorde avec une vision du monde « arrogante et splendide ». L'ambassadeur opte néanmoins pour l'optimisme, au motif que le dirigeant français a jusque-là été utile à la cause fédérale. Il a réservé un accueil chaleureux à un Québec en métamorphose, qui se cherchait des amis à l'étranger, et a donné pour consigne à ses ministres d'éliminer les obstacles à la coopération franco-canadienne. De manière plus générale, l'opposition gaulliste à l'ordre bipolaire issue de la Guerre froide, y

50. Relations franco-canadiennes – Ébauche d'un article par Jules Léger, MAE, A-3-c, v. 10045, 20-1-2-FR, p. 5 ; Note au dossier d'A.E. Gotlieb, « Article de M. Léger pour l'*International Journal on Franco-Canadian Relations* », 21 avril 1967, MAE, A-3-c, v. 10045, 20-1-2-FR, p. 5 ; Note de Cadieux à l'intention du ministre, « Article de M. Léger pour l'*International Journal* », 30 mars 1967, MAE, A-3-c, v. 10045, 20-1-2-FR, p. 5.

compris à l'hégémonie américaine en Occident, est une excellente occasion pour Ottawa de s'attaquer aux difficultés internes du Canada et au problème plus général de l'américanisation et des rapports avec les États-Unis. Léger concède que son analyse changerait si de Gaulle devait devenir ouvertement séparatiste, mais se dit convaincu que cela ne se produira pas[51].

À mesure que les tensions triangulaires s'intensifient, au cours des années qui suivent, Léger exhorte Ottawa à éviter de «prendre le taureau par les cornes». Il croit plutôt qu'il faut attendre le départ de l'occupant vieillissant de l'Élysée, en poursuivant un dialogue neutre et constructif aux échelons supérieurs, tout en défendant la position fédérale aux échelons inférieurs. Selon l'ambassadeur, une grande partie des difficultés d'Ottawa s'aplaniront suffisamment tôt; la politique de de Gaulle à l'égard du Québec est un phénomène passager qui, comme le Général lui-même, approche de sa fin naturelle, étant entendu qu'aucun successeur ne pourrait le raviver[52].

Le constat de Léger repose sur l'importance qu'il accorde aux relations de Martin avec le ministre français des Affaires étrangères, Maurice Couve de Murville, sur qui il serait possible de compter «assez complètement». Couve de Murville, insiste Léger, se comporte très correctement et aime bien son homologue canadien. L'analyse de Léger n'est pas sans faille. Couve de Murville, du fait de sa nature prudente et de son expérience diplomatique, n'a aucune inclination pour les aspects plus provocateurs de la politique à l'égard du Québec. Léger lui-même admet que le ministre français exerce une influence limitée sur l'Élysée. Mais surtout, l'analyse de Léger tend à sous-estimer le soutien dont jouit le Québec au Quai d'Orsay[53].

51. Lettre de Léger à Cadieux, 25 novembre 1964, JL, v. 1(12).
52. Note de Léger au MAE, « De Gaulle et les relations franco-canadiennes », 8 septembre 1965, MAE, A-3-c, v. 10098, 20-1-2-FR, p. 3.1; Télex de l'ambassade du Canada, Paris, au MAE, «Relations France-Canada et France-Québec», 16 janvier 1967, MAE, A-3-c, v. 10098, 20-1-2-FR, p. 4.2; Lettre de George à Halstead, 17 janvier 1967, MAE, A-3-c, v. 10045, 20-1-2-FR, p. 5; Note de Martin à Pearson, 24 janvier 1967, MAE, A-3-c, v. 10045, 20-1-2-FR, p. 5.
53. Léger reconnaît que si, dans l'ensemble, le Quai respecte l'approche nuancée de Couve, certains membres ne sont pas aussi discrets et il est possible d'affirmer

L'esprit de conciliation de Léger se heurte à la volonté d'Ottawa de sauvegarder ses prérogatives devant la poussée nationaliste gaulliste et québécoise. Un signe annonciateur des divergences de plus en plus profondes entre l'ambassadeur et le ministère apparaît en 1964, au cours des négociations en vue d'une entente France-Québec sur l'éducation. Il est demandé à Léger de faire connaître les réserves fédérales sur le libellé du texte, qui semble impliquer que Québec jouit d'une personnalité internationale. L'ambassadeur reçoit pour consigne de dire à l'Élysée qu'Ottawa considère le projet d'accord comme purement technique et provisoire, en attendant un éventuel accord France-Canada qui le remplacerait. C'est une démarche dont Léger s'acquitte à contrecœur, de crainte qu'elle ne montre la réticence du gouvernement fédéral à l'égard des liens entre la France et le Québec, et qu'elle agace l'Élysée, en le mêlant aux querelles constitutionnelles canadiennes. L'ambassadeur juge que ses craintes étaient fondées lorsqu'il n'est pas invité au déjeuner que de Gaulle donne en l'honneur du premier ministre du Québec, Jean Lesage[54]. Dans le même ordre d'idées, au cœur des pourparlers en vue de la conclusion de l'accord culturel France-Canada, en 1965, Léger conseille de ne pas demander à la France de tenir Ottawa au courant d'éventuels accords France-Québec. Sa position concorde avec celle de hauts responsables du Quai d'Orsay, convaincus que, pour éviter que le gouvernement français soit forcé d'agir comme l'agent *de facto* d'Ottawa, il incombe avant tout à Québec d'informer Ottawa[55]. Léger exprime ses inquiétudes au début de 1967 vis-à-vis de ce durcissement apparent de l'attitude fédérale. Il demande à ses collègues de ne pas s'appesantir sur les aspects négatifs et de ne pas perdre de vue les progrès réalisés dans l'établissement de relations avec la France[56].

qu'un ou deux des plus jeunes membres ont des idées séparatistes. Lettre de Léger à Cadieux, 25 novembre 1964, JL, v. 1(12).

54. Lettre de Martin à Léger, 25 novembre 1964, MAE, A-4, v. 3497, 19-1-BA-FRA-1964/3 ; Lettre personnelle de Léger à Martin, 13 novembre 1964, MAE, A-4, v. 3497, 19-1-BA-FRA-1964/3.

55. Note de Jurgensen pour le MAE, Affaires culturelles et techniques, 11 juin 1965, MAE, v. 328 ; Lettre de Léger à Cadieux, 25 novembre 1964, JL, v. 1 (12).

56. Télex de l'ambassade du Canada, Paris, au MAE, « Relations France-Canada et France-Québec », 16 janvier 1967, MAE, A-3-c, v. 10098, 20-1-2-FR, p. 4.2.

Dans le sillage de la visite mouvementée de de Gaulle et de son «cri du balcon», Léger continue de plaider pour le pragmatisme et la conciliation, qui s'inscrivent dans une perspective plus large à long terme. Il est devenu l'un des plus grands partisans du «faire comme si de rien n'était», avec pour objectif d'éviter une détérioration accrue des relations entre la France et le Canada. Il croit aussi que, malgré les gestes du président français, les efforts d'Ottawa depuis 1964 et la coopération avec des fonctionnaires français aux échelons inférieurs se traduisent par des progrès importants dans l'établissement de liens[57]. Résolu à maintenir la distinction entre «de Gaulle» et «la France», Léger appelle à un dialogue fédéral tous azimuts avec Paris. Il demande au ministère des Affaires extérieures de se préparer à l'après-de Gaulle, de peur qu'Ottawa n'acquière un complexe à l'égard de la France qui, le cas échéant, devrait se limiter strictement au Général lui-même. Léger garde espoir de convaincre les responsables aux échelons inférieurs, en dehors de l'Élysée, d'appuyer la cause fédéraliste. Aussi propose-t-il d'effectuer une démarche auprès de Couve de Murville et du premier ministre Georges Pompidou, pour les informer des efforts de réforme du gouvernement fédéral et expliquer en privé les dangers inhérents à la politique de Paris à l'égard du Québec[58].

Force est de souligner que le rôle d'ambassadeur et les difficultés rencontrées à Paris, comme la crainte que la situation dégénère, influent sur l'approche de Léger. Après l'amertume provoquée par l'affaire du Gabon, en février 1968, lorsque Paris

---

57. Note de Halstead, Division européenne, au SSEAE, 1er août 1967, MAE, A-3-c, v. 10078, 20-FR-9, p. 6; Note de Gotlieb au sous-secrétaire par intérim, 3 août 1967, MAE, A-3-c, v. 10045, 20-1-2-FR, p. 7; Projet de note à l'intention du premier ministre, «Visite du général de Gaulle au Canada: une analyse», 14 août 1967, MAE, A-3-c, v. 10045, 20-1-2-FR, p. 7; Lettre de Yalden à Léger, «Personnel et confidentiel», 25 octobre 1967, MAE, A-3-c, v. 10046, 20-1-2-FR, p. 9; Thomson (1988), *op. cit.*, p. 231.
58. Lettre de Léger à Cadieux, 20 septembre 1967, MAE, A-3-c, v. 10045, 20-1-2-FR, p. 9; Lettre de Léger à Cadieux, 22 septembre 1967, MAE, A-3-c, v. 10045, 20-1-2-FR, p. 9; Lettre de Léger à Cadieux, 17 octobre 1967, MAE, A-3-c, v. 10046, 20-1-2-FR, p. 9; Télex de l'ambassade du Canada, Paris, au MAE, 28 novembre 1967, MAE, A-3-c, v. 10046, 20-1-2-FR, p. 10; Lettre de Léger à Cadieux, 14 décembre 1967, JL, v. 1(11); Lettre de Léger à Cadieux, 22 mars 1968, JL, v. 1(11).

ourdit la participation indépendante du Québec à une réunion des ministres francophones de l'Éducation, il craint une rupture des relations avec la France et son rappel de Paris. Il attire l'attention sur un tel risque, qui se traduirait *de facto* par des relations directes et exclusives entre la France et le Québec, au grand détriment de la position canadienne[59].

Divergence dans les milieux fédéraux

La crise que connaît le triangle Canada-Québec-France suscite cependant une dissension dans les milieux fédéraux: d'une part, entre ceux qui, comme Léger, recommandent de «garder le cap» et, d'autre part, ceux qui privilégient une réaction plus énergique. Les divergences grandissantes entre Léger et Cadieux, sans doute le partisan de la réponse la plus musclée aux Affaires extérieures, sont l'exemple qui illustre le mieux cette dynamique. Tout à la fois rivaux et amis, les deux hommes, en raison de leur expérience, de leurs rôles et de leur situation géographique différente, étaient prédestinés à s'opposer en ce qui concerne l'orientation à suivre devant les problématiques intimement liées que représentaient le néonationalisme et le gaullisme, ainsi que leurs conséquences pour le nationalisme canadien.

Les divergences entre les deux diplomates francophones les plus hauts placés sont perceptibles dès 1964, au cours des négociations sur l'entente France-Québec en matière d'éducation. Même si, comme Cadieux, Léger convient que Paris doit bien se garder d'agir de façon à encourager les éléments séparatistes, il prévient que toute tentative d'exporter les difficultés internes du Canada nuira à la position fédérale. Cadieux est d'accord en théorie, mais il soutient que, étant donné la controverse entourant les activités internationales du Québec, il est raisonnable de demander discrètement à Paris de ne pas traiter directement avec Québec. Conscient du contexte plus général dans lequel s'inscrivait leur action, Cadieux évoque la nécessité de tenir compte de l'opinion du Canada anglais, qui n'est pas aussi disposé que Léger

59. Lettre de Léger à Cadieux, 23 février 1968, JL, v. 1(11); Lettre de Léger à Cadieux, 22 mars 1968, JL, v. 1(11); Lettre de Léger à Cadieux, 23 février 1968, JL, v. 1(11).

à donner à la France le bénéfice du doute. Qui plus est, en cas de provocation, la réaction anglo-canadienne sapera les efforts du gouvernement Pearson pour promouvoir le biculturalisme à l'échelle du pays[60].

Au début de 1967, Cadieux s'alarme de l'incidence des gestes faits par la France, en s'appuyant sur l'argument d'Ottawa selon lequel la Constitution confère au gouvernement fédéral une compétence exclusive sur la conduite des affaires étrangères. Selon le sous-secrétaire, il est plus important de s'attaquer à ce problème, et à ses conséquences générales pour l'unité canadienne, que d'entretenir de bonnes relations avec Paris[61]. L'atmosphère de crise qui règne dans la dernière moitié de l'année exacerbe les divergences entre les deux hommes. Léger exprime des craintes au sujet des consignes reçues après la visite au Québec du ministre français de l'Éducation nationale, Alain Peyrefitte, qui donne lieu à un vaste programme de coopération France-Québec. Sans doute l'expression de la frustration suscitée par sa position difficile à Paris, Léger redoute qu'une plainte à ce sujet ne fasse qu'agacer de Gaulle et compliquer encore davantage les choses pour l'ambassade. Il propose plutôt de rencontrer des membres du cabinet français et de les prier de se rendre à Ottawa s'ils visitent le Québec. Pour sa part, le ministère des Affaires extérieures doit aborder directement la question avec l'ambassadeur de France à Ottawa. Léger laisse aussi entendre que les autorités fédérales doivent laisser plus de latitude en ce qui concerne les visites de ministres français et se résigner à ce que certains d'entre eux se rendent à Québec sans passer par Ottawa[62].

L'attitude pragmatique et conciliante de Léger ne plaît pas à Cadieux, qui est convaincu que Paris doit être informé de

---

60. Lettre de Léger à Cadieux, 25 novembre 1964, JL, v. 1(12); Lettre de Cadieux à Léger, 3 décembre 1964, JL, v. 1(12).

61. Télex de Cadieux à Léger, 28 février 1967, MAE, A-3-c, v. 10045, 20-1-2-FR, p. 5.

62. Télégramme de l'ambassade du Canada, Paris, au MAE, «Visite de M. Peyrefitte», 12 septembre 1967, MAE, A-3-c, v. 10078, 20-FR-9, p. 8.1; Télex de l'ambassade du Canada, Paris, au MAE, 15 septembre 1967, MAE, A-3-c, v. 10045, 20-1-2-FR, p. 9; Lettre de Léger à Cadieux, 20 septembre 1967, MAE, A-3-c, v. 10045, 20-1-2-FR, p. 9; Lettre de Léger à Cadieux, 29 septembre 1967, JL, v. 1(12).

l'opposition d'Ottawa et de sa volonté d'agir en conséquence. Il affirme que la solution proposée par Léger est inacceptable, étant donné les enjeux constitutionnels et juridiques en présence. De même, il déplore que son collègue semble écarter la possibilité d'une plainte, même pour la forme. Cadieux met aussi en doute le raisonnement de Léger, soulignant que si Ottawa se plaint par l'intermédiaire de l'ambassade de France, plutôt qu'à Paris, l'Élysée en sera tout aussi informé, et contrarié[63].

D'autres divergences opposent également les deux hommes. Évoquant le resserrement des liens directs entre la France et le Québec, Léger estime qu'il est faux de prétendre que les relations franco-canadiennes se détériorent en dépit des événements récents. Selon lui, il est naturel que les progrès se soient limités au Québec et cela ouvre tout de même la porte à un élargissement à d'autres provinces. Certes, Léger reconnaît que les relations ont été houleuses ces dernières années. Toutefois, c'en est trop pour Cadieux lorsque l'ambassadeur conseille d'éviter une réaction strictement légaliste qui n'avantagerait que Québec. Le sous-secrétaire, exaspéré, s'emporte. Il tempête contre Léger, au motif que ce dernier «demeurerait aveugle aux répercussions constitu-tionnelles et politiques» des rapports entre la France et le Québec. Il rejette également le caractère anodin de la coopération franco-québécoise. Il soutient plutôt que Paris menace l'unité canadienne en traitant Québec comme une entité internationale distincte et que de Gaulle sape délibérément l'action fédérale en faveur du biculturalisme et du bilinguisme[64].

Les deux hommes ont ultérieurement, à Paris, une discus-sion qualifiée de «difficile» et d'«animée» par Cadieux. Le sous-secrétaire est résolu à faire comprendre à Léger qu'Ottawa ne peut passer sous silence que Paris traite Québec comme un État indépendant dans les faits et qu'il ne fait manifestement aucun cas

63. Télégramme de l'ambassade du Canada, Paris, au MAE, «Visite de M. Peyrefitte», 12 septembre 1967, MAE, A-3-c, v. 10078, 20-FR-9, p. 8.1; Note de Cadieux à Pearson, «Cultural Relations with France», 18 septembre 1967, MAE, A-3-c, v. 10045, 20-1-2-FR, p. 9.
64. Télex de l'ambassade du Canada, Paris, au SSEAE, 13 octobre 1967, MAE, A-3-c, v. 10046, 20-1-2-FR, p. 9; Télex de Cadieux à Léger, 17 octobre 1967, MAE, A-3-c, v. 10046, 20-1-2-FR, p. 9.

de la souveraineté du Canada. Cadieux quitte la capitale française en croyant avoir convaincu Léger que l'approche d'Ottawa n'est pas entièrement négative et que, loin d'empêcher l'épanouissement des relations entre la France et le Québec, Ottawa cherche à les inscrire dans un cadre qui respecte la souveraineté canadienne[65].

Malgré des divergences très nettes entre Léger et Cadieux, il ne faut pas exagérer leur désaccord sur la façon de remédier à la crise dans la relation triangulaire Canada-Québec-France. En fait, au lendemain immédiat de la visite controversée de de Gaulle, Cadieux se console d'abord à la lecture des rapports que Léger envoie de Paris. Il s'appuie sur eux pour évoquer la possibilité de contenir la crise et affirmer qu'Ottawa aura le temps nécessaire pour stabiliser la situation au pays, en prélude à une normalisation des relations. Cadieux tend un rameau d'olivier à son collègue peu de temps après leur échange à Paris et déclare que leurs divergences vont de soi et qu'elles les forcent tous deux à trouver ensemble une réponse mieux adaptée à la situation. Il est vrai que les deux hommes ont un effet modérateur l'un sur l'autre : outre les efforts de Cadieux pour convaincre Léger du bien-fondé d'une démarche plus énergique, il se montre très désireux d'attirer l'attention de son collègue diplomate sur les efforts d'Ottawa pour maintenir les communications avec Québec et en arriver à un compromis concernant la participation du Québec à la francophonie[66]. En définitive, les deux hommes s'entendent sur l'objectif final, même si leur opinion diverge sur la façon d'y parvenir. Leurs divergences sont imputables tout autant à l'atmosphère de crise qui règne dans les milieux fédéraux et à des différences d'attributions dans la hiérarchie diplomatique, qu'à un désaccord sur les aspects tactiques. En ce sens, elles sont l'expression d'une tourmente plus générale dans le Canada français et le Canada de l'époque. Elles montrent également comment les relations avec la France ont la propriété exceptionnelle d'aggraver les divisions internes au Canada, comme Léger l'a déjà souligné.

---

65. Note à l'intention du ministre, 11 novembre 1967, MAE, A-3-c, v. 10046, 20-1-2-FR, p. 10.
66. Lettre de Cadieux à Léger, 25 septembre 1967, JL, v. 1(12) ; Lettre de Cadieux à Léger, 14 novembre 1967, JL, v. 1(12) ; Lettre de Cadieux à Léger, 10 janvier 1968, JL, v. 1(11) ; Lettre de Cadieux à Léger, 28 février 1968, JL, v. 1(11).

Conclusion

À l'été 1968, Léger est impatient de rentrer au Canada après une décennie passée à l'étranger et une période pour le moins tumultueuse à Paris[67]. Au terme de son affectation, à la fin d'octobre, il revient à Ottawa, qui avait tant fait pour façonner son approche des tensions triangulaires. Il occupe successivement le poste de sous-secrétaire au ministère du Secrétaire d'État, d'ambassadeur à Bruxelles et de gouverneur général, continuant d'œuvrer en faveur d'un Canada biculturel conforme à sa vision canadienne-française du monde. Il se souvient de la visite de de Gaulle comme d'un coup dur qu'il ne souhaite à personne[68]. Certes, l'obligation de naviguer entre trois courants nationalistes à Paris l'avait mis en porte-à-faux avec les gaullistes, les nationalistes québécois et même ses collègues à Ottawa. Toutefois, peu après son départ de Paris, et c'est là un témoignage de sa contribution comme ambassadeur, Claude Morin, l'un des artisans de la présence internationale du Québec, déclare qu'il a laissé un grand vide à l'ambassade du Canada[69]. Nul doute que, par son approche des tensions, Léger s'est aliéné des acteurs aux trois extrémités du triangle Canada-Québec-France. Et sa réponse, inspirée en partie par les conditions difficiles dans lesquelles il s'est retrouvé à Paris, n'est pas sans problème. En dernière analyse, cependant, son sens du compromis a eu pour avantage la poursuite du dialogue entre Ottawa et Paris, et évité une rupture des relations bilatérales en période de crise. Au milieu de la tourmente provoquée par la visite de de Gaulle en 1967, Léger maintient qu'Ottawa ne peut en aucun cas revenir au *statu quo ante*. Par sa politique du dialogue, à Paris, il s'emploie plutôt à créer les conditions propices à des relations normalisées et harmonieuses dans le triangle Canada-Québec-France, et il invite le ministère des Affaires extérieures à œuvrer dans le même sens.

---

67. Lettre de Léger à Cadieux, 5 juin 1968, JL, v. 1(11).
68. Entrevue avec le Très Honorable Jules Léger par H.H. Carter, le 24 septembre 1980, à Ottawa, JL, v. 1(1).
69. Mémoires aux premiers ministres/Memos de Claude Morin aux premiers ministres, 1962-1976 – Note de Claude Morin à Bertrand, « L'attitude du nouveau gouvernement français par rapport au Québec – Résumé de mes conclusions », 15 juillet 1969, ANQ, P762, 1999-10-011, v. 60.

CHAPITRE V

De la mystique au politique :
Gérard Pelletier et la vie d'un ambassadeur à Paris

Jean-Philippe Warren

Ce texte ne porte pas sur les relations France-Canada au sens strict. Il y aurait bien des choses à dire sur une période ayant vu se dresser l'un contre l'autre les deux «frères ennemis», Pierre Trudeau et René Lévesque, lesquels tentaient de se servir de leurs contacts en France pour marquer des points politiques. Ce texte ne vise donc pas à faire le bilan de ces tensions et de ces luttes, ni à décrire ce qu'a accompli Gérard Pelletier pendant ses années de service dans la Ville lumière, mais se penche plutôt sur la figure qu'il a incarnée comme diplomate. Il s'agit, autrement dit, de cerner sa personnalité derrière l'image glacée et trompeuse qu'en proposent les notices officielles. En analysant sa position intellectuelle, en étudiant sa manière d'aborder les exigences de son métier, il est possible de faire mieux ressortir ses qualités propres. Parce qu'elles s'inscrivent dans le temps long et s'insèrent dans des traditions institutionnelles contraignantes, on suppose trop souvent que les relations diplomatiques ne sont guère susceptibles d'être influencées par le tempérament des hauts dignitaires de l'État. Ce parti pris est regrettable, dans la mesure où les espoirs et les ambitions des diplomates forment la toile de fond de leur action politique et qu'ils mettent toujours un peu de leur âme, même dans les plus sèches des directives.

Dans les années 1950, Pelletier se faisait remarquer beaucoup plus que son collègue Pierre Elliott Trudeau. Certains collaborateurs de la revue *Liberté* voyaient en lui la véritable figure

dominante de sa génération[1]. À converser avec quelques hauts
fonctionnaires de la diplomatie canadienne au moment de préparer ce chapitre[2], il se dégage le portrait d'un homme toujours
respectueux des opinions d'autrui, cultivé comme pas un, dont la
vivacité d'esprit rivalisait avec une profonde humilité et qui n'a
cessé de servir son pays avec tout le patriotisme et toute l'honnêteté dont une personne d'aussi grande envergure est capable. Mais
alors qu'on a évoqué, au moment de son décès, son passage
remarqué au *Devoir*, à *Cité libre* et à *La Presse*, ou son action en
tant que ministre dans le cabinet fédéral de Trudeau, sa carrière
comme diplomate fut passée sous silence par la plupart des com-
mentateurs, elle qui pourtant couvre une décennie (1975-1984) et
clôt le chapitre de son engagement politique. Ambassadeur canadien à Paris, il fut confronté, entre autres, aux défis énormes
qu'ont représenté l'élection du PQ en 1976 et le premier référendum de 1980. Il a présidé avec tact et compréhension au rapprochement entre la France et le Canada pendant une période
pour le moins tumultueuse. Cet effort de conciliation et de dialogue mérite davantage qu'une note de bas de page.

Pourtant, d'un certain point de vue, sa carrière politique a
semblé, à maints observateurs, encombrée d'échecs. De son élection comme membre du Parlement fédéral en 1965 à sa démission
comme ambassadeur canadien à l'ONU en 1985, Gérard Pelletier
fut habité par une constante insatisfaction, par un inconfort pal-

---

1. André Belleau, « Les souvenirs de Gérard Pelletier: une mémoire hors du
temps », *Liberté*, juin 1985, vol. 27, n° 3, p. 88-92. Né à Victoriaville le 21 juin 1919,
Pelletier fit ses études classiques aux séminaires de Nicolet et de Mont-Laurier,
puis des études en lettres à l'Université de Montréal. En 1939, il devint secrétaire
général de la Jeunesse étudiante catholique (JEC), et assura ce leadership jusqu'en
1943. En 1945, il visitait l'Amérique du Sud en tant que représentant de l'Action
catholique canadienne. Un an plus tard, il était nommé secrétaire itinérant du
Fonds mondial de secours aux étudiants, organisme d'aide aux universitaires
victimes de la guerre. À l'automne 1947, il acceptait un poste de reporter au
journal *Le Devoir*, puis de directeur du journal *Le Travail* (organe officiel de la
centrale syndicale CTCC, devenue la CSN), avant de passer, de juin 1961 à mars
1965, au journal *La Presse* en tant que rédacteur en chef. Il fut élu en 1965 sous la
bannière du Parti libéral du Canada dans la circonscription d'Hochelaga et
occupa le poste de secrétaire d'État (de 1968 à 1972) et de ministre des Communications (de 1972 à 1975).
2. Afin de préserver l'intégrité de ces informateurs, il a été entendu que les
entrevues resteraient anonymes.

pable, qui tenaient, selon moi, à une conception particulière du politique. En affirmant cela, je n'ai nulle intention de dénigrer une personnalité ayant peu d'équivalent dans l'histoire du service public. Pelletier a incarné avec une telle probité morale l'idéal du politicien, qu'il a su sans cesse se gagner l'estime de ses adversaires les plus farouches. Il a également mené à bon port des réformes sociales nécessaires qui, sans sa patience et sa détermination, n'auraient sans doute pas abouti. Toutefois, ce n'est pas rabaisser le personnage de rappeler que partout où il s'est trouvé – que ce soit comme rédacteur en chef d'un grand quotidien, ministre ou ambassadeur – sa vision de la gouvernance est entrée en conflit avec une manière plus partisane d'envisager l'action politique. C'est qu'il concevait son mandat public moins comme celui d'un meneur d'hommes et plus comme celui d'un pédagogue, moins comme celui d'un faiseur d'opinions et plus comme celui d'un éveilleur d'esprits. L'écrivain Charles Péguy, dont Pelletier avouait qu'il avait marqué à jamais sa pensée, aurait dit que ce dernier préférait la mystique à la politique! Certes, en 1965, les bombes posées par le Front de libération du Québec (FLQ) explosant dans Montréal et la vague indépendantiste enflant de manière menaçante, il avait accepté d'accompagner à Ottawa ses amis Jean Marchand et Pierre Trudeau afin d'y défendre l'unité nationale, mais cette décision, il la prit sans joie; il se l'imposa comme un devoir, et ce fut, des «trois colombes[3]», celui qu'il fut le plus difficile de convaincre et celui, d'ailleurs, qui démissionna le premier de son poste de député (par contraste, quand Jean Marchand quitta le gouvernement fédéral, un an plus tard, ce fut pour briguer un siège à l'Assemblée nationale du Québec).

Une conception aporétique du politique

Ce paradoxal manque d'intérêt pour le jeu électoral de la part d'un homme ayant occupé une place si importante en politique canadienne s'explique, selon moi, par son éducation. Né en 1919, Gérard Pelletier a grandi dans l'atmosphère intellectuelle de l'entre-deux-guerres, une période pendant laquelle a été repensée,

---

3. On ne saura jamais si cette étiquette, créée par le journaliste Jean-V. Dufresne, devait souligner la sagesse ou la naïveté des trois candidats.

et retraduite dans le contexte du monde moderne, la doctrine
chrétienne. Or, parmi les lectures obligées de ceux qui aspiraient
alors à rompre avec les dogmes traditionalistes canadiens-français,
il y avait celles d'Emmanuel Mounier, un auteur que vénérait tout
particulièrement le jeune Pelletier. En visite à Paris durant l'après-
guerre, ce dernier n'osera cogner à la porte du grand intellectuel
catholique pour lui demander une entrevue, arrêté dans son élan
par une vénération trop intense. Le fondateur de la célèbre revue
française *Esprit* représentait à ses yeux une figure trop idéale, trop
noble de l'engagement chrétien, et Gérard Pelletier, toujours un
peu honteux de ses origines canadiennes-françaises, craignait de
s'y mesurer. Les influences de Mounier sur Pelletier – le seul
auteur qu'il reconnaissait comme un maître à penser – vont
s'exercer longtemps. Il fit sienne sa philosophie personnaliste de
la troisième voie, située à mi-chemin entre le collectivisme étatique ou totalitaire et l'individualisme libéral, et basée sur la
défense des droits inaliénables de la personne[4]. Pour comprendre
les positions de l'un, il n'est pas inutile par conséquent de revenir
aux positions de l'autre[5].

---

4. Dans un texte commun, deux des colombes écrivaient: «Nous avons depuis
quinze ans prêché une conception personnaliste de la société, la primauté du social
sur le national et une technique fonctionnelle en politique; nous tenons toujours
ces objectifs pour fondamentaux contre tous ceux qui refusent le dialogue et qui
se cantonnent dans l'absolu, qui s'enferment dans le nationalisme et qui combattent
pour des symboles. C'est le combat pour ces mêmes objectifs que nous voulons
maintenant livrer dans l'action politique.» (Gérard Pelletier et Pierre Elliott
Trudeau, «Pelletier et Trudeau s'expliquent», *Cité libre*, n° 80, 1965, p. 1-3.) Pour
un excellent survol du terreau dans lequel a pris naissance le courant personnaliste, lire Jean-Louis Loubet del Bayle, *Les non-conformistes des années 30. Une
tentative de renouvellement de la pensée politique française*, Paris, Seuil, 2001.
5. Sur l'influence du personnalisme sur la pensée de Gérard Pelletier, lire Jean-
Philippe Warren, «Gérard Pelletier et *Cité libre:* la mystique personnaliste de
la Révolution tranquille», *Société*, n° 20-21, 1999, p. 313-346; ainsi que Bernard
Fournier, *Mouvements de jeunes et socialisation politique. La dynamique de la J.É.C.
à l'époque de Gérard Pelletier*, Mémoire de maîtrise, Université Laval, mars 1988.
Sur le personnalisme de la revue *Cité libre*, lire André Carrier, «L'idéologie
politique de la revue *Cité libre*», *Revue canadienne de science politique*, vol. 1, n° 4,
décembre 1968, p. 414-428. Sur le personnalisme de la génération de l'après-
guerre, lire E.-Martin Meunier et Jean-Philippe Warren, *Sortir de la Grande
Noirceur. L'horizon personnaliste de la Révolution tranquille*, Sillery, Septentrion,
2002, ainsi que Michael Gauvreau, *The Catholic Origins of Quebec's Quiet Revolution*, 1931-1970, Montreal et Kingston, McGill-Queen's University Press, 2005.

Emmanuel Mounier entretenait une méfiance spontanée envers la politique partisane. Il la trouvait toujours trop cynique, trop machiavélique et trop intéressée. Pour lui, l'action véritablement positive devait s'exercer en quelque sorte de biais, en cultivant chez ses compatriotes les vertus civiques qui les amèneraient à s'engager intelligemment dans les débats de leur temps. Il ne s'agissait pas tant de diriger un gouvernement que d'éduquer les consciences populaires. Cette scolarisation politique passait par la publication d'articles dans les journaux et les revues, bien entendu, mais aussi par une élévation morale suscitée dans les familles et les associations populaires. Voulant préserver le souffle mystique de la charité, de la foi et de l'espérance, Mounier a entretenu une crainte vivace des déviations et des compromissions imposées par le jeu partisan et n'a jamais voulu ravaler sa philosophie dans un programme, serait-il celui de la social-démocratie dont il se sentait néanmoins très proche. Il préférait prendre appui sur une conception transcendante de l'histoire.

L'idée à retenir n'est pas qu'Emmanuel Mounier n'a jamais fondé de parti, mais que, tout engagé fût-il envers la justice et la liberté, il n'a jamais vraiment pris parti. Sa pensée laisse place au nationalisme, à la social-démocratie, à l'anarchisme, à l'existentialisme et au socialisme. Même s'il se plaçait immanquablement du côté des ouvriers, il invitait davantage à un dialogue avec l'opposition qu'à une revendication partisane. On disait de lui que, même sur la charrette qui le mènerait à l'échafaud, il continuerait de discuter avec son bourreau. En fondant la philosophie personnaliste sur le refus des oppressions institutionnelles et des systèmes, Mounier révélait sa méfiance des autorités, des idéologies et des partis, tout en appelant à un engagement total des personnes humaines, lesquelles, selon lui, ne pouvaient être vraiment elles-mêmes qu'en assumant consciemment et volontairement ce que leur milieu avait fait d'elles. Ce paradoxe fait la richesse de la pensée développée par Mounier, à la fois farouchement antitotalitaire et sans cesse en quête d'absolu, de même qu'antipartisane et profondément engagée[6].

6. Emmanuel Mounier, *Révolution personnaliste et communautaire* (1934), *Œuvres*, *Tome 1*, Paris, Seuil, 1961, et, du même auteur, *L'Affrontement chrétien*, Neuchastel, Édition de la Baconnière, 1945.

Gérard Pelletier plaçait lui aussi au-dessus de tous les principes l'impératif du dialogue. Converser représentait pour ce grand croyant un art véritable, une manière de s'appartenir en s'ouvrant aux autres, un peu comme dans la parole chrétienne, souvent citée par Mounier, qui suppose que c'est en se donnant qu'on se trouve. Son premier engagement consistait toujours, par conséquent, à engager la conversation. Voulant s'adresser aux autres avec confiance, en dehors des statuts et des artifices, il se révélait davantage dans les discussions privées. « *Gérard Pelletier was a reserved man. He had little or no flamboyance about him. He was good at quiet listening, reflection, analysis and thoughtful advice. [...] He endured with unfailing courtesy the drearier side of diplomatic entertaining, but came to life when, in private conversations, an intellectual challenge presented itself*[7]. » Pelletier ne cherchait pas, comme certains démagogues ou technocrates, à imaginer des systèmes ou ériger des structures, mais à communiquer avec les personnes humaines pour dégager, dans un effort commun, les lieux possibles de convergence et de communion. Cette attitude conciliatrice paraissait aux yeux de beaucoup de gens trop timorée à une époque de radicalisme politique. Nombreux furent ceux qui accusèrent Pelletier d'idéalisme, sinon d'irréalisme. Il y eut même, à la fin des années 1960, une pièce de théâtre où celui-ci était ridiculisé sous le déguisement d'un Hamlet québécois, toujours trop indécis, raisonneur et subtil. Le dramaturge, peut-être sans s'en rendre compte, se moquait de ce qui chez son modèle relevait d'abord de l'introspection et de la franchise.

Il existe maints exemples de cette posture dialogique chez Pelletier, qui vont d'anecdotes personnelles à des prises de position dans les journaux sur les grands enjeux du siècle. Entre autres, sa condamnation du nationalisme, contrairement à celle de Trudeau, n'allait pas jusqu'à l'anathème, mais reprenait patiemment et respectueusement les raisons avancées par ses adversaires pour mieux affirmer ses idées politiques. « Sans prétendre jamais au rôle d'arbitre (encore moins de pontife), écrivait-il, j'ai toujours fait état de mes partis pris : contre la violence, le fanatisme, le

---

7. J. H. Taylor, « Gérard Pelletier, 1919-1997 », *Bout de papier*, vol. 14, n° 3, août 1997, p. 32.

monolithisme de la pensée, les simplifications dangereuses; en faveur d'un débat où la raison ait préséance sur l'émotivité, où les adversaires s'accordent les uns aux autres un minimum de respect, où la réalité tienne à tout le moins autant de place que le rêve[8].» Toujours, Pelletier visait la réconciliation, non pas tant la confrontation. Il avait l'âme d'un pacifiste. Comme ambassadeur à Paris, il fit preuve d'une même probité, continuant contre vents et marées son action démystificatrice et cherchant sans cesse à dédramatiser des situations qu'il jugeait trop polémiques. «J'explique que l'option défendue par le gouvernement du Québec en est une fort respectable, à laquelle je ne souscris pas, mais que je respecte[9].» Il avait peu d'espoir de convaincre un certain nombre de Français surexcités, plus séparatistes que les séparatistes québécois eux-mêmes, qui s'imaginaient pouvoir reconquérir l'ancienne colonie perdue en faisant revivre une «nouvelle» France en Amérique. Néanmoins, il demeurait confiant de pouvoir provoquer, chez la vaste majorité, un débat rationnel, posé, informé, sans campagne de dénigrement ni persiflage.

L'action parlementaire, faite à moitié de ligne de parti et à moitié de populisme, ne pouvait donc pas intéresser fortement un tel homme. Sans aller jusqu'à croire que les partis avilissent forcément l'action, Pelletier s'était tenu aussi loin que possible de l'engagement partisan avant de suivre Marchand et Trudeau sur la scène fédérale, préférant investir ses énergies dans un parti qui n'en était pas un, le Rassemblement (un regroupement qui tentait de démocratiser les mœurs politiques sans chercher à faire élire de députés), ou dans le journalisme, un mode d'action qu'il pratiquait à la condition justement de pouvoir le faire en dehors de toute partisannerie. En fait, ce qui frappe quand on regarde la carrière de Pelletier jusqu'à son entrée en politique active, en 1965, c'est le peu d'attention qu'il aura prêté jusque-là à la politique. Des années 1930 aux années 1950, son ambition n'avait pas d'abord consisté à renverser un régime corrompu, dont pourtant il dénonçait les mensonges et la corruption, mais, plutôt, à modifier les valeurs fondamentales de la société canadienne-française, selon

---

8. Gérard Pelletier, *La Crise d'octobre*, Montréal, Éditions du jour, 1971, p. 217.
9. Gérard Pelletier, cité dans [Anonyme], «Pelletier s'efforce de "dédramatiser" le référendum à Paris», *La Presse*, 29 octobre 1979, p. D-11.

le programme personnaliste tracé par la Jeunesse étudiante catholique. Ainsi, quand Simonne Monet-Chartrand l'avait rencontré pour la première fois, en novembre 1939, elle avait été frappée par son indifférence politique[10]. La démocratie libérale était jugée par les jécistes par nature corrompue par la vénalité et asservie par les puissances d'argent. La vie parlementaire leur semblait trop désincarnée, trop faite de combines, trop soumise à l'ambition et la vanité des députés pour permettre à l'intellectuel de donner la pleine mesure de son talent.

> Destinés à être des instruments de libre éducation politique, ils [les partis politiques] se sont organisés sur des méthodes d'irresponsabilité systématique, sur des masses où chacun s'honore des succès de l'ensemble et rejette les échecs sur un voisinage diffus; au lieu de s'adresser à l'homme tout entier, ils ne demandent au militant que la récitation d'un formulaire souvent vidé de sa foi première, une agitation illusoire, souvent détachée de toute volonté profonde d'aboutir; le mot d'ordre y remplace la vérité, le triomphe du parti s'y est substitué au service social[11].

Au début des années 1960, dans ses éditoriaux publiés dans *La Presse* à titre de rédacteur en chef, Pelletier s'était moqué du manque de grandeur des formations partisanes fédérales et provinciales et n'avait pas hésité à afficher ses couleurs néodémocrates. Ayant traité le Parti libéral de Lester B. Pearson de «poubelle» peu de temps avant d'en devenir candidat, il a la mauvaise surprise d'entendre Daniel Johnson, alors chef de l'Union nationale, déclarer: «M. Pelletier avait parlé de poubelle libérale, aujourd'hui il est dedans[12]!» Jusque-là, Pelletier s'était peu intéressé aux débats parlementaires parce qu'il poursuivait un objectif différent. Il voulait influencer la société québécoise en proposant un vaste programme d'éducation populaire dont les ramifications englobaient le cinéma, les journaux, la radio, l'école, la télévision ou les conférences universitaires. Cette stratégie militante sortait tout droit du programme personnaliste. N'était-ce pas Mounier qui écrivait:

---

10. Dorval Brunelle, *Les Trois Colombes*, Montréal, VLB, 1985, p. 75.

11. Emmanuel Mounier, *Manifeste au service du personnalisme* [1936], Paris, Seuil, 1961, p. 140.

12. *La Presse*, 13 septembre 1965, p. 19. Cité par Dorval Brunelle, *op. cit*, p. 259.

Les uns et les autres, nous croyons à une vérité, humaine ou surhumaine, et nous pensons qu'elle ne peut rester « affaire privée », qu'elle doit pénétrer les institutions comme les individus. Seulement, elle doit les pénétrer par influence directe ; le rôle de l'État se limite d'une part à garantir le statut fondamental de la personne, de l'autre à ne point mettre d'entraves à la libre concurrence des communautés spirituelles[13].

Cette « influence directe », que Pelletier avait exercée, avant son élection, par la voie des journaux, il l'a assumée une fois porté au pouvoir par son action comme secrétaire d'État (ce qui lui permit, entre autres, de superviser les activités de Radio-Canada et de l'Office national du film) et comme ministre des Communications. Il l'assuma aussi bien en tant qu'ambassadeur canadien à Paris, lui qui avait accueilli cette nomination en pensant pouvoir y continuer le rôle de communicateur et d'éducateur qui le disposait naturellement au journalisme. Il avait saisi cette nouvelle affectation comme une occasion de clarifier, dans la mesure du possible, des relations internationales encore embrouillées par de « vieux mythes ». Dans des interviews accordées peu après son arrivée à Paris, il disait concevoir son rôle comme celui d'un pédagogue, ayant pour tâche d'expliquer devant un public généralement plein de préjugés et d'idées préconçues le système fédéral, les compétences constitutionnelles ou la francophonie canadienne. Il s'agissait de dissiper la « naïveté » et l'« ignorance » (ce sont les mots de Trudeau) qui continuaient à empoisonner les relations entre le Canada et la France. Le temps de l'ambassadeur se passait donc à analyser la situation au quotidien afin de trouver les moyens de transmettre une information pertinente au petit cercle des décideurs français et au plus vaste public. Par exemple, les fréquentes visites de Pelletier en province s'expliquent par la plus grande facilité d'y obtenir des entrevues radiophoniques ou télévisées et de rencontrer des notables locaux. À Paris, une conférence de presse d'un haut diplomate étranger ne retenait guère l'attention des médias, alors que dans les villes régionales le passage de l'ambassadeur canadien était un événement remarqué. En bref, Pelletier aimait sa vie « en poste », à la condition de pouvoir

---

13. Emmanuel Mounier, *Manifeste au service du personnalisme, op. cit.*, p. 137.

y poursuivre en quelque sorte le métier de journaliste et ce, en aiguisant la curiosité des gens pour le Canada, en les interrogeant sur les réalités de leur propre pays, en faisant connaître différents points de vue, en tâchant de réaliser de précaires synthèses.

On le sait, le passage en politique active de Gérard Pelletier ne fut pas de tout repos. Il confiait sans amertume n'être pas taillé pour la lutte parlementaire. De Pierre Loranger, son organisateur dans Hochelaga, à Pierre Elliott Trudeau, les témoignages abondent qui confirment l'image d'un homme malheureux en politique[14]. Cela ne veut certes pas dire que Gérard Pelletier fut un ministre incompétent. Au contraire, l'ensemble des gens qui l'ont connu s'entendent pour louer ses qualités de député; même s'il en attribuait le principal mérite à ses bureaucrates, il fut derrière le lancement de projets novateurs comme Perspective-Jeunesse, ou les nouvelles politiques du film, de l'édition et des musées du gouvernement central. Cela veut seulement dire que le genre d'attitude nécessaire à la réussite politique ne lui venait pas aisément. Il en était conscient. «Je n'étais pas un bon parlementaire, dira-t-il. Et je n'ai compris qu'à la toute fin pourquoi. J'essayais de convaincre les gens et, au Parlement, les gens sont convaincus d'avance. Dans ce métier, il n'y a pas la condition préalable de l'honnêteté intellectuelle[15].»

Il faut dire qu'il entrait dans l'arène fédérale à un moment où les tensions entre anglophones et francophones atteignaient leur paroxysme. Il avouera avoir voté l'adoption de la Loi sur les mesures de guerre, après l'enlèvement de James Cross et Pierre Laporte, la «mort dans l'âme». C'était assez pour que les zélotes indépendantistes le qualifient de traître, lui qui sera par la suite mêlé aux controverses dans les domaines délicats de la culture et de l'éducation (dont celles sur la câblodistribution). Par ailleurs, lors de sa tournée nationale pour promouvoir la dualité linguistique au Canada et la Loi sur les langues officielles, il sera meurtri

---

14. André Pratte, «Gérard Pelletier. La politique avec un grand P», *La Presse*, 28 juin 1997, p. B1.
15. Gérard Pelletier, cité dans «L'exil doré de Gérard Pelletier», *Châtelaine*, septembre 1976, p. 56.

par les « profonds préjugés anti-français des Albertains[16] ». « On a fait de lui, constatait en 1971 le journaliste John Gray, presque l'Antéchrist, le symbole de tous les maux supposés de ce gouvernement. N'est-il pas Canadien français, Québécois, anti-parlement, intellectuel, réformateur, destructeur des traditions britanniques, républicain[17] ? » De plus en plus détesté à la fois par les nationalistes québécois et *canadian*, Pelletier voyait se confirmer ses pires appréhensions devant le cirque parlementaire. Il n'y avait pas de place, constatait-il, pour une pensée nuancée et hardie comme la sienne. Il est dès lors facile de comprendre pourquoi Pierre Émond, qui fut son chef de cabinet de 1970 à 1973, a pu garder le souvenir d'un homme d'honneur qui endura « par conviction » et par devoir « une vie politique qu'il exécrait[18] ». Qu'était-ce pour lui que la vie publique, sinon une sorte de corrida, une foire d'empoigne ? Le « pacifiste qui sommeill[ait] en [lui] s'hériss[ait] à la seule pensée d'entrer dans ce monde où tous les coups ne sont peut-être pas permis mais tous, ou presque, pratiqués dans scrupule[19] ».

On sait que Pelletier avait arrêté sa décision de se retirer de la politique après avoir passé au maximum dix ans au Parlement. Il avait été élu en 1965. Une décennie plus tard, presque jour pour jour, il présentait sa démission à Trudeau avec la ferme intention de retourner au journalisme afin de poursuivre de manière, à ses yeux, plus efficace son travail d'éducation populaire[20]. « Je me rends compte que j'en savais davantage, que j'étais mieux informé des affaires de l'État quand j'étais à *La Presse*. Nos ministres, pour des raisons de stratégie, se confient plus volontiers aux correspondants des grands journaux qu'aux simples membres du Parlement.

---

16. Lisa Balfour Bowen, « Pelletier : A prisoner of his ties with Trudeau », *The Globe and Mail*, 9 avril 1980, p. 7.
17. John Gray, cité par André Pratte, *op. cit.*, p. B1.
18. André Pratte, *op. cit.* Lire aussi Louis-Bernard Robitaille, « Entrevue avec Gérard Pelletier à Paris. Hamlet sait ce qu'il veut », *La Presse*, 6 janvier 1979, p. A-7 ; Louis-Bernard Robitaille, « Entrevue avec Gérard Pelletier à Paris. Le politicien-diplomate », *La Presse*, 9 janvier 1979, p. A-9.
19. Gérard Pelletier, « Une option difficile », *Le Devoir*, 14 septembre 1965, p. 4.
20. Ce n'était pas la première fois qu'il songeait à quitter la Chambre des communes. En 1968, déjà, il avait pensé se retirer, mais la course à la direction du Parti libéral du « camarade » Trudeau avait chamboulé ses plans.

Il en résulte que l'influence d'un directeur de journal est par nature infiniment plus importante que celle d'un député aux communes[21].» Pourtant, devant l'offre de s'installer pour quelque temps à Paris, Pelletier ne put refuser et accepta d'être nommé ambassadeur extraordinaire et plénipotentiaire le 30 août 1975. Pourquoi cet attrait irrésistible ? Connaissant la relation intime qui unissait Pelletier et Trudeau, il est probable que le premier aurait pu demander d'être assigné à peu près où il le souhaitait, que ce soit Londres, Pékin ou Washington. Il y a fort à croire pourtant que ses sensibilités personnelles l'incitaient à choisir Paris, où il séjourna de 1975 à 1981. La décision de s'envoler pour la France était loin d'être anodine.

A Canadian in Paris

Le choix de Pelletier comme ambassadeur canadien à Paris s'est imposé pour quatre raisons principales. En premier lieu, il avait une certaine expérience des exigences diplomatiques, ayant été mêlé à des conférences en Afrique, en Amérique latine et en Europe. À partir d'avril 1967, en effet, soit à partir de sa nomination en tant que secrétaire parlementaire du secrétaire d'État aux Affaires extérieures, Pelletier fut appelé à sillonner la planète pour y représenter le Canada. En deuxième lieu, on espérait que ses relations privilégiées avec le premier ministre du Canada, dont il était un proche depuis trente ans, pourraient faciliter les échanges au plus haut niveau politique. En troisième lieu, Pelletier avait su cultiver depuis la fin de la guerre de nombreuses amitiés intellectuelles en France, surtout du côté des milieux catholiques progressistes. Claude Julien, le directeur du *Monde diplomatique*, fréquentait les Pelletier depuis longtemps, ainsi que bien d'autres personnalités connues de l'Hexagone. Enfin, et surtout, Pelletier possédait les qualités caractéristiques des bons ambassadeurs : homme de nuances, rompu aux débats politiques, doté d'une plume élégante et d'un esprit supérieur, il saurait, assurait-on, accroître l'efficacité des services canadiens en France métropoli-

---

21. Gérard Pelletier, cité par Pierre Vernat, «Colombe un peu malgré lui», *La Presse*, 25 juin 1997, p. B1; Bluma Appel, «Enigmatic Shadow. The Imperatives of a Quebec Federalist», *Weekend Magazine*, 13 septembre 1975.

taine après plusieurs années de négligence. Il poursuivrait ainsi outre-mer la même bataille qui l'avait mené à Ottawa en 1965 : exercer un contrepoids vis-à-vis des forces québécoises devenues trop ambitieuses et trop visibles afin d'établir une représentation plus équilibrée des positions fédérales. En bref, mettre un peu de *French Power* dans les relations franco-canadiennes.

> Pour accentuer sa politique de réconciliation et de rapprochement avec la France, il fallait au Canada un ambassadeur de grand prestige à Paris, préférablement un intellectuel, doublé d'un homme d'action, ministre de surcroît, cultivé et attentif aux grands courants de la pensée contemporaine, naturellement diplomate, humaniste et familier avec tous les dossiers de la politique canadienne. Il fallait, au surplus, que le candidat, bien qu'il se situât à l'opposé des mouvements nationalistes et souverainistes qu'affectionne encore une fraction de la France officielle depuis le général de Gaulle, fût en tout cas respecté par toutes les tendances (ou presque) au Québec.
> On aura reconnu M. Gérard Pelletier [...][22].

Paris fascinait les intellectuels de l'après-guerre. Elle les obsédait. Tout – ou presque – se mesurait à partir de la Ville lumière. La plupart des écrivains québécois concevaient la France comme un phare intellectuel insurpassable. « Comment dire en peu de mots, s'exclame Pelletier dans son autobiographie en parlant de sa génération, le désir lancinant qui nous obséda presque tous depuis la première enfance : quitter le Québec, quitter le Canada, l'Amérique elle-même : partir. Pour nous, la destination ne faisait pas l'objet de la moindre hésitation. [...] notre pôle intellectuel se situait au-delà de l'Atlantique, en France[23]. » Sa femme, Alec Pelletier, ne cachait pas, elle non plus, son amour profond de la France. Arpenter les rues de Paris, pour elle, c'était comme renaître spirituellement, comme elle le déclara en 1979 à un journaliste lors de son retour de l'autre côté de l'Atlantique. « *Coming back was kind of like being born anew, a kind of reincarnation. Molière, you know, is as much a part of us as of France, we have the*

22. Michel Roy, « De Gérard Pelletier à Pierre Juneau », *Le Devoir*, 29 août 1975, p. 4.
23. Gérard Pelletier, *Les années d'impatience : 1950-1960*, Montréal, Stanké, 1983, p. 37.

same songs, it's a kind of memory that is beyond memory[24]. » Ayant parcouru les vieux pays étant jeunes, juste après la guerre, le couple Pelletier rêvait d'y revenir habiter pour quelques années maintenant que leurs enfants étaient grands. Quand, après sa démission du cabinet Trudeau, le premier ministre offrit à Pelletier le choix d'une destination où exercer le métier d'ambassadeur, la décision ne fut pas difficile. Il allait rejoindre Paris, le Paris du Quartier latin et de la rive gauche, celui des bons cafés, des théâtres et des musées, où il avait passé tant de fins de semaine agréables alors qu'il était membre du Fonds mondial de secours aux étudiants[25].

Bien que Pelletier ait insisté à quelques reprises sur le vaste marché économique que représentait la France pour le Canada, de même que sur les réseaux qui devaient être resserrés entre les hommes d'affaires de part et d'autre de l'Atlantique[26], et bien qu'il ne fût pas étranger, il faut le dire, parmi quelques autres réalisations, aux négociations qui menèrent à l'association entre le Canada et le Marché commun, sa fascination pour l'ancienne mère patrie avait davantage à voir avec le Panthéon qu'avec la place de la Bourse. L'avenir de la francophonie l'intéressait davantage que les discussions autour des enjeux économiques ou la constitution du Groupe des 7 pays les plus industrialisés. La France de Pelletier n'était ni celle des scientifiques, ni des juristes, ni des hommes politiques, ni des hommes d'affaires, mais d'abord celle des littérateurs et des artistes, comme le montrent, dans un autre registre, les mentions faites dans ses discours et ses écrits aux œuvres de Paul Valéry, Marcel Proust ou André Gide. Une de ses inspirations, dans les années 1960, n'était-elle pas André Malraux, l'écrivain, le militant, le ministre de la Culture de 1959 à 1969? Pelletier le citait comme l'un des hommes ayant le plus marqué sa pensée. Cet ancien résistant devenu membre de l'establishment, cet homme de gauche rallié à de Gaulle, cet écrivain célèbre qui aura cherché à développer la culture française dans

---

24. Joyce Carter, « For diplomat's wife, posting nourishes "roots" », *The Globe and Mail*, 26 avril 1979, p. T1.

25. Gérard Pelletier, cité dans « L'exil doré », *op. cit.*, p. 54.

26. John van der Feyst, « Pelletier on Franco-Canadian relations », *Canadian Business*, vol. 49, mars 1976, p. 60-62.

toutes les branches de l'expression intellectuelle et artistique, avait de quoi servir de modèle à un Gérard Pelletier qui pouvait se flatter d'avoir suivi, à certains égards, un parcours semblable.

Le ministre Malraux avait incarné une politique de grandeur, située au-dessus des mesquineries des coteries partisanes. Il avait appuyé un rayonnement culturel basé sur l'émulation et le prestige. C'est d'une telle approche, noble et généreuse, que Pelletier voulait s'inspirer en débarquant à Paris. À son arrivée, il pouvait en effet se réjouir que les relations franco-canadiennes soient au beau fixe et qu'il ne s'agisse pour lui que d'aider à consolider les tendances positives dans les domaines culturels et commerciaux. «Nous sommes sortis, heureusement, de l'ère de la méfiance et de la coquetterie protocolaire[27]», déclarait-il en 1975. Au moment où Pelletier avait été nommé ambassadeur, la poussière était retombée depuis la déclaration fracassante du général de Gaulle du haut du balcon de l'hôtel de ville de Montréal en 1967[28]. On était loin des remous créés lors de la visite officielle de Pelletier à Paris en 1969, alors que, venu inaugurer une exposition artistique, les gaullistes avaient montré les dents. «Je pense, écrivait un de Gaulle convaincu que Trudeau incarnait une menace réelle pour les Canadiens de langue française, qu'il n'était pas opportun de recevoir M. Pelletier, ministre du gouvernement d'Ottawa, gouvernement avec lequel le gouvernement français a toutes raisons de garder de grandes distances[29].» D'une part, la mort de Georges Pompidou et l'élection à la présidence de Valéry Giscard d'Estaing avaient permis d'assainir les relations France-Canada – même si le faible empressement à recevoir le nouvel ambassadeur canadien à l'Élysée en 1975 indiquait le peu de cas que la France faisait encore des relations avec le Canada. D'autre part, Trudeau, dans la lignée de sa vision d'un pays bilingue, voulait montrer que le Canada *a mari usque ad mare* pouvait être tout aussi intéressé que

---

27. Gérard Pelletier, cité par Cyrille Felteau, «Pelletier: intensifier des relations déjà normalisées», *La Presse*, 22 septembre 1975.

28. Eldon Black, *Direct Intervention. Canada-France Relations, 1967-1974*, Ottawa, Carleton University Press, 1996.

29. Cité par David Meren, *Strange Allies: Canada-Quebec-France Triangular Relations, 1944-1970*, Thèse de doctorat, Département d'histoire, Montréal, Université McGill, 2007, p. 233.

le Québec par la France. Il s'était ainsi permis une visite officielle dans ce pays en 1976, la première d'un premier ministre canadien en plus de dix ans, et il comptait bien profiter de chaque occasion pour consolider les liens entre les deux États. D'ailleurs, au début des années 1970, le premier ministre québécois Robert Bourassa courtisait davantage les relations américaines, en particulier new-yorkaises, ce qui laissait en quelque sorte le champ libre au gouvernement fédéral.

L'optimisme de Pelletier n'allait pas faire long feu. La détérioration des rapports personnels entre Trudeau et Giscard d'Estaing fut rapide. «La "réconciliation", qui se profilait avec l'élection d'un président "libéral" et qui lui ressemblait tellement [à Trudeau], ne se concrétisa jamais. Bien au contraire, les relations entre les deux hommes furent particulièrement exécrables[30].» S'il n'y avait eu, pour nuire à Trudeau, que sa réputation d'être anti-Québécois, acquise alors qu'il faisait partie du gouvernement Pearson, le climat aurait sans doute pu s'éclaircir. Mais ce premier différend était envenimé par les visées canadiennes dans les pays africains francophones, que la France considérait comme sa chasse gardée. Connaissant l'intransigeance des deux chefs d'État, il n'était guère possible d'espérer une quelconque amitié dans un tel climat, et les antipathies entre les deux hommes éclatèrent au grand jour quand Giscard d'Estaing tenta de bloquer l'entrée du Canada dans le club du G6.

Surtout, bien entendu, la bataille autour de la reconnaissance du Québec allait faire rage pendant le passage de Pelletier à Paris. L'élection du PQ en 1976 vint tout chambarder. Les membres du PQ ne cachaient pas leur volonté de renforcer le sérieux de leur proposition indépendantiste en gagnant des appuis, même symboliques, à Paris. Les électeurs hésitants auraient pu pencher du côté des forces souverainistes, à constater l'accueil «présidentiel» accordé en France à leur premier ministre. Déjà, *Le Matin*, *Le Point*, *Le Nouvel Observateur* et *Le Figaro* laissaient paraître dans leurs pages un certain enthousiasme pour les visées autonomistes du gouvernement provincial. C'est dans ce contexte fébrile

---

30. Louis-Bernard Robitaille, «Rapports chaotiques avec la France», *La Presse*, 30 septembre 2000, p. A8.

que Pelletier dut se préparer aux conséquences politiques poten-
tielles d'un premier voyage officiel de René Lévesque en France.
En fédéraliste convaincu, il craignait que des électeurs hésitants de Montréal, Trois-Rivières ou Sherbrooke ne penchent
davantage du côté des forces souverainistes à constater l'accueil
« présidentiel » accordé au premier ministre québécois par les
représentants de la République.

Même si, sur le fond, le Quai d'Orsay, toujours soucieux de
ne point brusquer et embarrasser le gouvernement canadien, se
garda d'endosser formellement l'option indépendantiste, certaines
des inquiétudes de Pelletier furent confirmées. René Lévesque
fut non seulement accueilli en grande pompe sur les Champs
Élysées, recevant des mains du président la Légion d'honneur
avec rang de Grand Officier, distinction d'ordinaire réservée aux
chefs de gouvernement, et prononçant un discours remarqué à
l'Hôtel de Lassay, la résidence du président de l'Assemblée nationale, mais Pelletier fut tenu à l'écart de certaines cérémonies,
geste qui représentait un affront diplomatique sérieux. En outre,
Lévesque fut salué par une ovation debout des membres de l'Assemblée nationale. La chaleur des embrassades avec les membres
du régime giscardo-gaullien trahissait certaines complicités politiques. Au cours de cette visite officielle qui se tenait dans l'horizon d'un référendum sur la séparation du Québec, Giscard
d'Estaing déclara que « la France accompagnera le Québec au long
du chemin qu'il aura librement choisi[31] ». Edgar Faure, le président
de l'Assemblée nationale, évoqua pour sa part les efforts déployés
par le Québec pour s'émanciper de la tutelle anglaise. Quant à
Raymond Barre, il conclut avec Lévesque une entente qui offi-
cialisait les visites alternées entre les premiers ministres québécois
et français. La réactivation de l'accord intervenu entre Daniel
Johnson et le ministre français de l'Éducation Alain Peyrefitte
– et invalidé à l'époque par Ottawa comme inacceptable – promettait de créer bien des frictions. L'institution d'un sommet
politique de la coopération franco-québécoise ne pouvait agréer
aux fonctionnaires fédéraux qui ne concevaient de relations

---

31. Duart Farquharson, « Quebec Separatists Gain International Credibility »,
Ottawa Citizen, 9 novembre 1977, p. 7.

bilatérales de ce genre qu'entre chefs de gouvernements souverains. Le lendemain matin, à l'hôtel de ville de Paris, les passants pouvaient admirer des drapeaux fleurdelisés flottant au vent. Au total, Lévesque avait marqué des points.

N'ayant pas reçu d'invitation pour les événements prévus lors du passage de Lévesque à Paris, Pelletier s'était pour ainsi dire invité lui-même afin de s'assurer que le projet péquiste ne puisse pas compter sur un appui explicite de la France. Lévesque, ayant prétendu n'avoir pas le temps de rendre visite à Pelletier à l'ambassade canadienne, ce dernier se déplaça à son hôtel pour déjeuner avec lui. La position de Pelletier était claire (et ressemble à s'y méprendre à celle adoptée par Nicolas Sarkozy lors de son passage à Québec, en 2008) : pour la France, le Québec doit être considéré comme la famille, et le Canada, comme un ami. Pelletier n'acceptait pas que l'on puisse remettre en question la souveraineté « indivisible » du Canada dans ses rapports avec l'étranger. Il en allait selon lui de l'unité, de la crédibilité et de l'efficacité des relations internationales. N'étant pas une association de dix États souverains mais un regroupement fédératif, le Canada aurait tout à perdre à laisser l'une ou l'autre province signer des ententes qui ressortent clairement du gouvernement central. Il fallait continuer à respecter les champs de compétences constitutionnelles, selon un principe qui permettait en revanche aux provinces d'user de leurs pouvoirs juridictionnels exclusifs pour provoquer des échanges, en coordination avec le gouvernement fédéral, avec l'étranger. Entre autres, les discussions autour d'un « Commonwealth des pays francophones » (ce qui deviendra la Francophonie) achoppaient sur le statut à accorder au Québec au sein d'un tel regroupement : le gouvernement québécois ainsi que le gouvernement français tenaient à ce que la province obtienne une représentation politique alors que le gouvernement canadien insistait sur la nécessité de respecter les compétences dévolues aux paliers provincial et fédéral[32]. Pelletier n'était pas

---

32. Ces discussions reprenaient l'essentiel du différend ayant opposé, en la présence de Pelletier, le Canada, le Québec et la France lors de la conférence de Niamey au Niger, en 1969. Sur cet épisode qui a fait couler beaucoup d'encre, lire Claude Morin, *L'art de l'impossible : la diplomatie québécoise depuis 1960*, Montréal, Boréal, 1987, p. 219-230 ; Eldon Black, *op. cit.*, p. 133-142.

dépaysé dans ce genre de négociations, puisqu'il reprenait là, d'une certaine façon, les âpres discussions qu'il avait menées naguère avec le Québec comme secrétaire d'État, puis ministre des Communications.

Pelletier aura tout fait pour réchauffer les relations franco-canadiennes. Il refusa d'adopter une approche conflictuelle avec la délégation québécoise à Paris, insistant au contraire sur leurs actions complémentaires. Il pratiqua la politique de la main tendue avec Yves Michaud, alors délégué général du Québec en France, sans rien céder des prérogatives canadiennes. C'était, selon lui, parce que le Canada n'avait jamais voulu profiter des occasions de rapprochement qui lui avaient été offertes que le Québec avait su occuper une place qui ne lui était pas naturellement réservée. Cette position tout en nuances laissait la porte ouverte à bien des malentendus et bien des abus. En fait, cette ligne politique le plaçait dans une situation qui ressemblait fort à celle dans laquelle il s'était retrouvé à Ottawa. Trop francophile aux yeux des fédéralistes les plus endurcis, il paraissait toujours trop dogmatique aux yeux des fonctionnaires québécois qui tentaient d'établir des relations paradiplomatiques avec la France. Lui qui incarnait le *French Power* à Ottawa, voilà qu'il représentait le *Canadian Power* à Paris. René Lévesque, reçu comme un chef d'État par le gouvernement français en 1977, ne s'était-il pas permis, à l'aéroport, d'apostropher Pelletier par ses mots : « Salut, espèce de chialeux[33] ! »

Pelletier aurait voulu mener autre chose que des guerres de drapeaux. Il ne voulait point s'engager dans une surenchère de prestige et de présence avec la délégation du Québec à Paris. Les querelles étaient toutefois incessantes. Pour un Pelletier initialement convaincu que les malentendus entre la France et le Canada pourraient se dissiper avec davantage de transparence et de communication, il fallait désenchanter. Lui qui se targuait, lors de sa

33. Graham Fraser, « Le continentaliste », *Le Devoir*, 17 août 2000, p. A7. Sur les visées du Québec, lire Philippe Poulin, « Les relations franco-québécoises sous Lévesque, 1976-1985 », dans Stéphane Paquin (avec la coll. de Louise Beaudoin), dir., *Histoire des relations internationales du Québec*, Montréal, VLB, 2006, p. 129-140 ; et Frédéric Bastien, *Le poids de la coopération : le rapport France-Québec*, Montréal, Québec Amérique, 2006.

nomination, de pouvoir rapprocher les deux pays en éduquant les politiciens, les bureaucrates et les journalistes français, peu avertis, selon lui, des réalités canadiennes, il s'apercevait que les arguments rationnels ne portaient pas toujours. Lui qui rêvait de parler aux gens d'esprit à esprit, de cœur à cœur, au-delà des préjugés et des intérêts immédiats, il constatait à son grand dam que les querelles symboliques prenaient une grande part de son temps. La diplomatie, même dans un pays qui comptait une tradition intellectuelle prestigieuse, ressemblait étrangement à la politicaillerie parlementaire que Pelletier avait quittée en 1975. Or, les discours acrimonieux et les manœuvres de couloir ne l'intéressaient guère. Il n'était pas taillé pour les «longs et ennuyeux efforts de rhétorique». À cela s'ajoutait un handicap : Pelletier ne pouvait plus vraiment, pour faire avancer certains dossiers qui lui tenaient à cœur, faire jouer son amitié avec le premier ministre, qu'il ne voyait presque plus, ou ses connaissances parisiennes. D'une part, ayant quitté le cabinet, il avait glissé lentement hors des sphères d'influence du pouvoir fédéral; d'autre part, les amitiés que Pelletier avait nouées à Paris au sortir de la guerre ne reflétaient plus les sphères d'influences contemporaines. Le *Monde diplomatique* comptait dorénavant moins que *L'Express*, l'École normale supérieure moins que l'École nationale d'administration et les cercles progressistes catholiques beaucoup moins désormais que les milieux gaullistes ou socialistes.

Pelletier mesurait mal les appuis souverainistes en France. En 1979, après avoir évoqué les noms de Raymond Barre et Jacques Chirac, il déclarait : «Je crois que pas un seul membre du gouvernement français actuel – je pèse mes mots – ne souhaite la séparation du Québec[34].» Il fut surpris lorsque Michel Rocard, vice-président du Parti socialiste, approuva en 1980 l'idée d'une souveraineté-association. Mais par ailleurs, il avait raison de croire que le sens du réalisme français aurait le dessus sur des sympathies qui reposaient d'abord sur des passions et des sentiments. La décision d'instaurer des «sommets franco-québécois annuels» entre les premiers ministres québécois et français eut une histoire bien

---

34. Louis-Bernard Robitaille, «Entrevue avec Gérard Pelletier à Paris. Le politicien-diplomate», *La Presse*, 9 janvier 1979, p. A9.

courte. Lors de la visite canadienne de Raymond Barre pendant l'hiver 1979, ce dernier passa plus de temps dans la capitale fédérale que dans la capitale provinciale. Les efforts déployés par Pelletier avaient porté fruit, même si, au moment de son départ de la résidence du Faubourg-Saint-Honoré, il pouvait regretter que le Canada ne se soit jamais doté d'une politique étrangère structurée et cohérente vis-à-vis de la France. Satisfait de ses réalisations et se préparant à tirer sa révérence, Pelletier eut à rester plus longtemps que prévu à Paris, Joe Clark lui demandant en juin 1979 d'étirer son séjour outre-mer, une demandé réitérée quelques mois plus tard par Trudeau, nouvellement réélu, qui voulait assurer une présence canadienne forte en France pendant les débats référendaires et arranger un sommet Trudeau-Mitterrand. Pelletier se résigna donc à prolonger son mandat même si, de son propre aveu, il ne voyait plus pour lui de grands défis à Paris[35]. L'ingénieuse politique de «non-ingérence mais non-indifférence» préconisée par le Quai d'Orsay pour qualifier les relations de la France et du Québec semblait désormais satisfaire tout le monde.

Une sinécure, vraiment?

Pelletier eut souvent le sentiment d'être mal taillé pour les exigences de la vie diplomatique. Dans le grand salon du luxueux hôtel particulier du XVIIIᵉ siècle où logeait l'ambassadeur, situé rue du Faubourg-Saint-Honoré, au milieu des dorures rococo et des fresques romantiques, il se sentait mal à l'aise, et fuyait autant que possible les visites guindées et les réceptions mondaines. L'ambassadeur extraordinaire et plénipotentiaire n'avait que faire des comportements de cour associés à son nouveau métier. Il avait l'habitude de demander à sa secrétaire, lorsqu'elle lui déclinait les interminables invitations à des réceptions officielles et à des visites de courtoisie auxquelles il devait répondre: «Est-ce qu'il y a des choses importantes là-dedans[36]?» Ce genre d'exercice protocolaire et cérémoniel l'ennuyait. Sa femme, Alec, évoquait, à la résidence

---

35. Lisa Balfour Bowen, *op. cit.*, p. 7.
36. Gérard Pelletier, cité dans «L'exil doré», *op. cit.*, p. 53.

du Faubourg-Saint-Honoré, leur chef en toque et leurs six domestiques en uniforme sortis tout droit des livres de la comtesse de Ségur! «Une maison qui roule bien, un dîner dont les invités vous font l'éloge, où les contacts se font, les conversations vont bon train, et ça discute vraiment, ou encore une fête du Canada, le 1er juillet, qui attire quinze cents personnes en dépit d'une pluie battante, un défilé de fourrures canadiennes qui rassemble le tout-Paris, c'est formidable[37].» Les cinq mille résidents canadiens à Paris avaient la chance de pouvoir compter sur un hôte et une hôtesse hors pair. Mais était-ce vraiment là ce pourquoi Pelletier s'était envolé vers l'Europe?

Il accepta pourtant de s'exiler de nouveau, cette fois comme délégué du Canada à l'ONU, à New York, de 1981 à 1984. Sa volonté de faire dialoguer les clans opposés, d'œuvrer à la réconciliation des peuples ennemis, de favoriser la paix et la concorde, cette volonté lui faisait apprécier le rôle des Nations Unies dans le monde et il demanda cette nouvelle assignation en continuité avec ses engagements passés[38]. En 1939, il avait participé à titre de délégué au congrès Pax Romana, à Washington, et en était revenu très marqué. Et, entre 1945 et 1947, il avait travaillé ensuite à titre de secrétaire itinérant du Fonds national de secours aux étudiants à Genève, un organisme qui offrait une aide aux victimes de la guerre. Cette brève expérience de vingt mois dans une ONG affiliée aux Nations Unies l'avait suffisamment passionné pour qu'il jongle avec l'idée d'accepter un poste à l'UNESCO. Avancé en âge, il approchait son nouveau mandat comme ambassadeur canadien à l'ONU avec le même esprit qui l'avait rendu célèbre et qui lui faisait croire encore et toujours «que des hommes raisonnables, quelles que soient leurs dissensions ou leurs divergences, restent capables du minimum de confiance mutuelle qui leur permette de se rapprocher dans une commune réflexion[39]». C'est encore et toujours les valeurs d'égalité et de justice qu'il voulait faire triompher.

37. Alexandrine Pelletier, *Notes pour une causerie de madame Alexandrine Pelletier devant la Société d'étude et de conférences*, Montréal, 15 février 1983, p. 14. Archives Gérard Pelletier, Archives nationales, Ottawa.
38. Anonyme, «Pelletier is appointed envoy to UN», *The Globe and Mail*, 8 mai 1981, p. 13.
39. Gérard Pelletier, *op. cit.*, p. 7.

À New York, il fut confronté à un milieu tout différent de celui de Paris, mais ce milieu était sans doute pour lui plus pénible encore. Alors qu'il avait rêvé d'une politique élevée et inspirante, il trouvait aux États-Unis des batailles mesquines, intéressées et procédurières. La mentalité dominante au siège des Nations Unies à New York était alors très agressive. Alors que, en son for intérieur, Pelletier aurait voulu se hisser au-dessus des incessantes querelles nord-sud, est-ouest, et israélo-arabes, il se trouvait plongé à peu près sans répit dans l'enfer de la politicaillerie. La tradition à laquelle il s'identifiait, celle qui correspondait le mieux à son éthique et ses valeurs, c'était celle symbolisée par Pearson, celle des Casques bleus et des missions de maintien de la paix, mais ses fonctions diplomatiques exigeaient de lui une attitude plus tranchée, plus manichéenne. Pelletier avait eu l'ambition, au départ, d'élever le niveau des débats à l'ONU en formulant des argumentaires posés, équilibrés, informés, argumentaires qui sauraient emporter l'assentiment des délégués. Il avait toujours trouvé les discours des membres insipides, plus près des présentations d'une assemblée de gestionnaires que de discussions dignes d'un forum international. Il voulait remédier à cette petitesse. « *We owe it to Canada to display our rationale more*[40] », disait cet ancien journaliste convaincu du poids des idées. La plupart des autres membres ne l'entendaient pas ainsi, ni les faucons américains, ni les apparatchiks soviétiques, ni les despotes du tiers-monde. Dans de telles conditions, Pelletier se sentait parfois devenir cynique, la tête ensevelie sous une succession de rapports sans conséquences et de conférences internationales sans lendemain[41].

Alors que la vie parlementaire ne lui laissait pas de loisirs pour la lecture, sinon celle de documents techniques et barbants, et consommait le meilleur de son temps comme député en débats répétitifs et inutiles, le métier d'ambassadeur promettait la possibilité de lire des livres et des journaux sérieux (*Le Monde*,

---

40. Ron Graham, «Man with a mission», *Saturday Night*, vol. 97, août 1982, p. 16.
41. « *I had had my frustrations in the Canadian parliament and they are the same here. Feeling that you are wasting your time, that you are listening to speeches that are not related to the subject; there is much of that here.* » Greg Wirick, «An interview with Gérard Pelletier», *Bulletin. United Nations Association in Canada*, vol. 9, décembre 1983, p. 10.

Le Figaro...). Vu de loin, l'emploi du temps ne paraissait pas, pour un Pelletier pressé de quitter son siège parlementaire, aussi chargé. Sur ce point, comme sur les autres, Pelletier fut déçu. Il ne fut pas long avant de réaliser qu'il avait très peu de temps à consacrer à ses loisirs favoris : la lecture de romans ou d'essais, les marches dans les rues, les sorties au cinéma ou au concert. La vie « en poste » n'avait rien d'une sinécure. Les journées commencées à neuf heures le matin se terminaient souvent tard en soirée. Si au moins la diplomatie lui avait permis d'exercer le pouvoir de manière plus conciliatrice et plus franche comme il le souhaitait! À distance, il lui semblait que la sphère diplomatique ressemblait davantage à une salle de nouvelles d'un grand quotidien qu'à l'Assemblée nationale fédérale[42]. Mais en fait, il constata dès son arrivée à Paris que le milieu des affaires extérieures pouvait être aussi cupide et cynique que le milieu parlementaire[43].

Conclusion

Peu à peu, Gérard Pelletier donnera l'image d'un homme qui, sans jamais faillir à la tâche qui lui avait été confiée, tout en travaillant sans relâche, avec un dévouement et une passion ayant peu d'égal, se désintéressait des tâches les plus immédiates de ses fonctions. Il en vint à croire, comme l'avouait candidement sa femme, que le statut d'ambassadeur, c'était en somme pour lui « la retraite dans la dignité[44] ». En 1983, il publiait le premier tome de ses mémoires – ou de ses antimémoires comme il le disait en hommage à Malraux –, ce qui montre bien qu'il avait l'impression d'avoir terminé sa carrière publique et qu'il était désormais davantage intéressé par faire le bilan de son action passée qu'à dresser des plans pour l'avenir. Il est également révélateur que le récit de son autobiographie s'arrête en 1975, au moment où il quitta le gouvernement fédéral, comme si ses années comme ambassadeur

42. Ron Graham, *op. cit.*, p. 19.
43. Un an après son arrivée à Ottawa, Pelletier écrivait: « *The readers of this column must realize by now that I have not found much to admire in Ottawa, since the beginning of the current session.* » Gérard Pelletier, « The Opinions of Gérard Pelletier », *The Montreal Star*, 5 avril 1966.
44. Gérard Pelletier, cité dans « L'exil doré de Gérard Pelletier », *op. cit*, p. 55.

avaient été pour lui des années perdues, inutiles, ou, à tout le moins, peu dignes d'être racontées[45]. Quand les journalistes le visitaient à Paris, par exemple, il préférait de loin les entretenir des années passées à animer *Cité libre* plutôt que d'évoquer son travail comme ambassadeur. Il savait qu'on allait le voir moins pour puiser des connaissances nouvelles que pour se recueillir auprès d'un sage, d'une icône d'un temps ancien[46].

Davantage à l'aise dans des organisations non gouvernementales, il acceptait, à son retour des États-Unis, de devenir président du Conseil des relations internationales de Montréal (CORIM), dont la mission était d'œuvrer à une plus étroite collaboration entre les organismes montréalais intéressés par les enjeux internationaux, et président du Centre canadien d'études et de coopération internationales (CECI), qui encourageait les efforts déployés pour éradiquer la pauvreté et l'exclusion. Le CORIM, en particulier, se voulait un organisme autonome, non partisan et sans but lucratif. Ce lieu œcuménique de rencontre et de discussion avait reçu le mandat de bâtir des passerelles entre les organisations existantes, de les assister dans leurs actions et de servir de mécanisme d'information, de concertation et d'éducation (échanges, rencontres, causeries, visites et voyages). Là, en continuité avec son action pédagogique initiale, l'ancien ambassadeur à Paris pouvait faire ce qu'il faisait le mieux : inspirer, témoigner, incarner, comme peu de gens de sa génération l'ont fait avec autant de grâce et de noblesse, les idéaux universels de la paix, de l'égalité et de la justice.

---

45. Il jongla quelque temps avec l'idée d'écrire une suite qui raconterait ses années comme ambassadeur, puis se ravisa. Pierre Cayouette, « De l'impatience au désenchantement », *Le Devoir*, 21 novembre 1992, p. D1.

46. « *Today, embassy staff members report that he is considered something of an icon. Since Mr. Trudeau's last victory, they claim that students, professors, businessmen and politicians have been flocking to see Mr. Pelletier. "They resemble pilgrims coming to visit a shrine."* » Lisa Balfour Bowen, *op. cit.*, p. 7.

CHAPITRE VI

L'ambassade du Canada à Paris
1980-1984

Michel Dupuy

En devenant ambassadeur du Canada à Paris, en juillet 1980, je succédais à deux personnalités qui devaient leur nomination à la politique : Léo Cadieux, ancien ministre de la Défense nationale, et Gérard Pelletier, ancien secrétaire d'État et ministre des Communications. À eux deux, ils avaient représenté le Canada en France pendant une dizaine d'années. Cette période prit fin quand Gérard Pelletier demanda son transfert de Paris à New York à la tête de notre Mission permanente aux Nations Unies.

Au moment où s'est ouverte sa succession à Paris, je n'étais pas sur les rangs. Jeanne Sauvé, alors ministre des Communications, avait posé sa candidature et celle-ci pesait lourd dans la balance vu ses mérites et la longue amitié qu'elle entretenait avec Pierre Elliott Trudeau. Sa nomination à Paris, si elle se confirmait, prolongerait de quelques années à la tête de notre ambassade en France la présence de chefs de mission issus du monde politique. Pour ma part, j'occupais depuis moins de deux ans le poste d'ambassadeur et représentant permanent du Canada aux Nations Unies ; une mission d'une durée de quatre ans comme Trudeau me l'avait assuré lorsque j'avais quitté la présidence de l'Agence canadienne de développement international (ACDI) en route vers New York.

Trudeau me fit venir à Ottawa pour m'expliquer comment il comptait résoudre la situation. « Simplifions les choses, me dit-il ; Gérard vient à New York ; tu vas à Paris. En somme, vous échangez vos postes. Ne t'en fais pas pour Jeanne, j'ai quelque chose en tête pour elle[1]. Je crois surtout qu'il est temps de nommer à Paris un diplomate de métier qui saura redonner au Canada la place qui lui revient en France.»

Cette petite phrase constituait en soi un lourd mandat. Le Canada avait connu en France une longue éclipse qui remontait au «Vive le Québec libre!» du général de Gaulle, en 1967. La descendance gaulliste et ses alliés avaient gardé le pouvoir jusqu'à l'élection d'une majorité socialiste à l'Assemblée nationale et de François Mitterrand à la présidence. Les gaullistes étaient loin d'être tous d'accord sur l'intervention fracassante du Général, au balcon de l'hôtel de ville de Montréal, mais ils avaient gardé une prédilection pour le Québec, un Québec qui s'affirmait, non seulement au Canada, mais sur la scène internationale. Ce dynamisme méritait bien d'attirer l'attention des Français. Il avait, par contre, le don d'agacer Ottawa. On craignait par-dessus tout que la relation Paris-Québec déborde les cadres tracés par la constitution du Canada et par les conventions diplomatiques. Une méfiance latente tenait sous tension le triangle Ottawa-Paris-Québec, et Ottawa sur la défensive. Trop souvent, l'ambassade du Canada à Paris recevait l'instruction de déjouer ce que l'on considérait être des manigances franco-québécoises. L'ambassade s'était campée dans un rôle défensif, assorti d'un profil bas. Trudeau conclut notre rencontre en soulignant qu'avec ma nomination, il voulait que notre ambassade à Paris change de registre, tout en restant vigilante. Voilà pourquoi il faisait appel à mon professionnalisme diplomatique. Il rappela que mon père, Pierre Dupuy, y avait été, lui aussi, ambassadeur à l'époque du général de Gaulle. Les deux hommes s'étaient bien entendus. Je partais donc avec l'avantage, non seulement d'une longue familiarité avec l'arsenal diplomatique, mais celui de pouvoir renouer contact avec les anciens réseaux de mon père, témoins d'une époque où le Canada jouissait d'une haute cote à Paris.

Dans toute mission, il importe d'effectuer un bon départ. La fortune m'avait souri avec l'arrivée des socialistes français au pouvoir. Comme toute nouvelle équipe, ils voulaient mettre les pen-

1. Trudeau allait faire élire Jeanne Sauvé à la présidence de la Chambre des communes et la fit nommer par la suite gouverneur général du Canada.

dules à l'heure et la France en accord avec leurs vues, celles de l'union de la gauche. Quand je remis mes lettres de créance à François Mitterrand, il prit l'initiative de m'assurer qu'il n'y aurait pas de petites phrases assassines de la part de ses ministres à l'adresse du Canada comme ses prédécesseurs l'avaient toléré. Il se dit très au courant de la situation du Québec, ajoutant qu'elle ne devait pas être le centre de gravité de la relation Canada-France. Si ses ministres me donnaient des préoccupations sur ce point, il m'invitait à venir le voir et à m'en ouvrir. J'eus l'occasion de constater, à la suite d'autres rencontres avec François Mitterrand, que l'indépendance du Québec n'était pas sur son horizon politique. Pour conclure notre premier entretien, il dit à Jacques Atali, son conseiller principal : « Faites attention à l'ambassadeur Dupuy ; il parle français avec l'accent français ; il va se mêler à nous et nous allons le prendre pour l'un des nôtres. »

De même que Pierre Elliott Trudeau m'avait demandé « de redonner au Canada la place qui lui revient en France », voilà que le président Mitterrand me suggérait d'éviter de faire du triangle Ottawa-Paris-Québec le centre de gravité de la relation entre le Canada et la France. En tant qu'ambassadeur du Canada à Paris, j'ai porté la responsabilité de cette relation pendant quatre ans sans jamais transgresser ces deux paramètres de ma mission.

~

Mon premier souci – un souci constant par la suite – fut de m'assurer que j'avais en main de bons instruments de travail pour rehausser la stature du Canada en France.

À Paris, d'abord, je ne trouvai rien à redire à la chancellerie du Canada, située à une prestigieuse adresse de la rue Montaigne. Ottawa me donna le privilège de choisir les cadres supérieurs de l'ambassade. Après vingt-cinq années de service au ministère des Affaires extérieures et à l'ACDI, je savais qui chercher : une équipe de grande classe, comme il se doit pour un poste comme Paris. L'équipe se renouvela en cours de route, mais ne fit jamais faux bond. Tout aussi prestigieuse était la résidence des ambassadeurs du Canada, située rue du Faubourg-Saint-Honoré à quelques coins de rue de l'Élysée. Encore fallait-il qu'elle et son personnel fonctionnent au niveau que j'attendais d'eux. Pour chiffrer cette ambition, je mentionne au passage que la résidence, durant mon poste à Paris, reçut une moyenne de sept à huit mille invités par année. Ottawa m'octroya les crédits nécessaires et le personnel de la résidence mit au point un train de maison faisant l'envie des plus grandes ambassades. Ses douze employés dévoués eurent tout lieu d'être fiers lorsque les ambassadeurs des États-Unis et du Royaume-Uni me demandèrent la permission d'envoyer de leurs gestionnaires à notre résidence pour copier nos méthodes de fonctionnement.

Le Centre culturel canadien de la rue de Constantine, sur l'esplanade des Invalides, jouissait d'une honnête réputation à Paris, après dix ans d'existence. Strictement parlant, il ne relevait pas de moi. Les circonstances entourant sa création rendaient compréhensible son statut indépendant. Ottawa avait cru nécessaire de ne pas abandonner au Québec l'espace culturel de Paris (encore le triangle !). On avait jugé bon de faire du Centre culturel une entité distincte de l'ambassade pour éviter qu'une affiliation politique n'éloigne les artistes, leur auditoire et les intellectuels attirés autant par le Québec que par le Canada. Créer des entités distinctes au sein d'un même gouvernement est souvent la meilleure recette pour générer des querelles intestines. Elles n'avaient pas manqué entre le Centre culturel et l'ambassade. Heureusement, les constitutions n'expriment pas toujours la réalité. Ma nomination à Paris coïncida avec le choix d'un nouveau directeur du Centre, Jean Herbiet, ancien directeur du Théâtre français au Centre national des Arts. Je m'impliquai beaucoup dans cette nomination. Une fois en selle, il me considéra toujours comme son patron. Après avoir évalué ensemble les forces et les faiblesses du Centre culturel, nous prîmes la décision de recommander à Ottawa de changer son statut. J'en donnerai les raisons plus loin.

À Paris toujours, la Maison des étudiants du Canada, à la Cité universitaire, existait depuis les années 1930, grâce à une fondation du sénateur Wilson. Il s'agissait d'une fondation privée, mais lorsque je pris mon poste, l'ambassadeur du Canada assurait la présidence du conseil d'administration. Le bâtiment avait un besoin pressant d'entretien. Les perspectives de financement étaient si incertaines qu'on pouvait douter de la survie de l'institution même. Il fallait l'ouvrir à une plus vaste clientèle et concevoir un plan financier qui assurerait sa viabilité. Pas d'autre solution que d'agrandir et de rénover. Jean-René Ostiguy, responsable de la fondation, fit une levée de fonds. J'obtins une contribution de deux millions de dollars du gouvernement canadien en logeant un appel direct au premier ministre. La Maison des étudiants du Canada acquit ainsi de nouvelles assises.

En dehors de Paris, le Canada entretenait trois consulats généraux : à Strasbourg, à Bordeaux et à Marseille. Ces consulats se rapportaient à moi et pouvaient servir à prolonger les actions de l'ambassade à travers la France. On les avait laissés largement à eux-mêmes, sans se soucier de leur impartir des directives précises. Je jugeai qu'on avait assez mal utilisé les talents considérables qu'ils avaient à offrir.

J'ajoute à ce tour d'horizon de mes « instruments de travail » un coin du sol de France sur lequel la France a cédé au Canada une souveraineté perpétuelle. Il s'agit du champ de bataille de Vimy que le sang de nos soldats a fait terre canadienne. D'autres sont tombés ailleurs sur des champs de bataille, particulièrement en Normandie. Les rangées de pierres tombales blanches sont témoins d'un rite annuel : nous, Canadiens, venons rendre hommage à ceux qui sont morts pour nos valeurs ; nos amis français viennent nous remercier de les avoir deux fois libérés.

Cet ensemble de ressources se trouvait donc à ma disposition pour rétablir la position du Canada en France. Je n'eus de cesse de les renforcer et d'en faire le meilleur usage possible. Mais il fallait plus : une stratégie. Mon équipe et moi la conçurent. Elle s'étendait aux domaines politique, économique, culturel et aux relations publiques, bref, une stratégie globale.

~

Je commençai par prendre exemple sur ce que faisaient fort bien mes collègues de la Délégation générale du Québec dans le domaine politique. Ils entretenaient des relations constantes avec un groupe important de ministres français et utilisaient à bon escient le penchant des ministres québécois pour une visite à Paris.

La communauté de langue et de culture, la sympathie dont jouissait le Québec auprès du gouvernement français leur ouvraient les portes et leur donnaient l'occasion d'inviter en retour. Ce va-et-vient ne se faisait pas au hasard. Il répondait, lui aussi, à une stratégie bien conçue : établir avec la France des ententes et des programmes prévoyant une gestion commune et des visites réciproques, ce qui représentait pour les souverainistes un bon moyen d'affirmer l'indépendance du Québec. Avec le temps, Québec avait créé un réseau puissant. Des ministres français se tenaient au courant de ce qui se passait tant au Canada qu'au Québec en écoutant leurs amis québécois. Du bon travail.

Il y avait bien sûr des ministres francophones à Ottawa à qui une visite à Paris souriait. Cependant, leurs charges leur laissaient peu de loisirs (j'en sais quelque chose, ayant été ministre moi-même). Quant à leurs collègues anglophones, ils trouvaient plus d'attirance à Londres, New York ou Washington. Ils ne s'attendaient pas à ce que leurs collègues parisiens leur manifestent mieux que de la courtoisie et ils n'avaient pas tort. D'autre part, les contacts de notre ambassade à Paris, à l'échelon ministériel français, se limitaient trop souvent au traitement de dossiers ponctuels ou à des récriminations. Il fallait renverser la vapeur.

Je découvris vite la difficulté d'établir un contact personnel avec un ministre français à Paris. Aucun d'entre eux ne refusait de voir l'ambassadeur du Canada pourvu que ma visite ait un motif précis et se limite à la demi-heure protocolaire. Je compris aussi qu'il s'agissait moins de froideur à l'égard du Canada que du manque de disponibilité du ministre. Si je voulais le rencontrer à loisir, je devais le faire hors de Paris, dans une atmosphère détendue. Le cumul des fonctions dans la vie politique de France permet aux ministres de se faire élire maire dans des villes plus ou moins grandes ou de détenir des fonctions régionales. Ce trait me donna l'occasion d'aller les rencontrer à leur base politique dans diverses régions de France, d'autant plus que la résidence principale de la plupart d'entre eux se trouvait dans leur circonscription.

Ainsi, pendant quatre ans, j'ai quadrillé la France en établissant des liens personnels avec l'équipe au pouvoir. Je partais la fin de semaine vers une ville dont le maire était ministre, après m'être assuré de recevoir une invitation de lui. Presque tous m'ont suggéré de les escorter dans leurs activités politiques. Je marchais à leur côté quand ils faisaient les rues, les marchés, les cérémonies publiques. Je compris qu'ils voyaient un avantage à m'avoir auprès d'eux. J'étais en quelque sorte la preuve de la dimension internationale de leurs intérêts. Ils me présentaient à leurs assemblées et le samedi soir, après une journée de campagne, ils m'invitaient à dîner dans l'intimité. Je les écoutais me parler des coulisses du pouvoir et de la France profonde ; moi, je leur parlais du Canada. Avec le temps, je me fis de véritables amis dans les cabinets de Mitterrand, comme André Labarrère-Paulé, ministre des Relations avec le Parlement et maire de Pau ; Pierre Bérégovoy, ministre des Finances, premier ministre et maire de Nevers ; Michel Crépeau, ministre de l'Environnement et maire de La Rochelle ; et enfin Édith Cresson, ministre de l'Agriculture, future premier ministre et mairesse de Châtellerault. J'appris d'eux que j'étais le seul ambassadeur à Paris à l'époque à parcourir ainsi la France et qu'ils en avaient fait part à Mitterrand. Ces activités portèrent fruit sous la forme d'un dialogue soutenu et informel avec de nombreux membres du gouvernement français. J'étendis aussi mes contacts à l'opposition, me faisant un devoir de rencontrer en tête à tête, au moins deux fois l'an, Raymond Barre, ancien premier ministre (auteur de la « non-ingérence et non-indifférence ») et Jacques Chirac, alors maire de Paris.

Ayant établi un réseau personnel, il fallait y introduire des ministres canadiens. J'eus recours à Pierre Elliott Trudeau pour qu'il encourage ses ministres à visiter la France. Lui-même donna l'exemple en y venant quatre fois durant mon séjour à Paris. La glace brisée, les visites ministérielles se multiplièrent. Le climat changeait, mais il fallait encore remédier à une autre lacune grave du côté canadien.

Si surprenant soit-il, le gouvernement du Canada n'avait jamais établi de politique d'ensemble, cohérente et structurée, envers la France. Gérard Pelletier, mon prédécesseur à Paris, l'avait constaté dans sa dépêche d'adieu. Depuis des années, tout se décidait au coup par coup sans vision stable ; il existait autant de visions que de provinces et peut-être autant de visions que de membres du cabinet. Les seuls documents qu'on pouvait qualifier de vue d'ensemble étaient les lettres d'instruction aux ambassadeurs en partance pour Paris. Le secrétaire d'État aux Affaires extérieures les signait, mais elles étaient rédigées par des fonctionnaires subalternes. J'en savais quelque chose pour avoir mis la main à un certain nombre d'entre elles au cours de ma carrière. Cette carence dans la politique étrangère du Canada faisait pendant à une carence à peu près égale dans la politique étrangère française. On y trouvait des vues diverses du Canada, mêlées à des nostalgies de l'histoire, des souvenirs de guerre, de l'anti-américanisme, de l'attachement à la langue française et des tours d'équilibriste entre Québec et Ottawa. Un de mes collègues du Quai d'Orsay disait: «Envers le Canada, nous n'avons pas de politique mais des émotions.»

Allan MacEachen était redevenu ministre des Affaires extérieures. Nous avions travaillé étroitement ensemble dans les années 1970. Dès que je lui suggérai la rédaction d'un mémoire au Cabinet sur les relations Canada-France, il m'accorda son appui. Ce projet suscita un vif intérêt chez les ministres qui avaient pris la peine de venir à Paris rencontrer leurs collègues français. C'est ainsi que le gouvernement du Canada s'astreignit à réfléchir sur une politique fondamentale envers la France. Une fois adoptée, cette politique consacra, par son esprit et ses orientations, une rupture définitive avec le climat empoisonné qui avait prévalu pendant plus d'une dizaine d'années. On cessa de parler de la normalisation de nos relations; on parla désormais d'une nouvelle ouverture.

~

Le Comité économique Canada-France se réunissait en principe une fois l'an. Je savais, pour l'avoir présidé à titre de sous-secrétaire d'État adjoint aux Affaires extérieures, qu'il en arrivait toujours à la même conclusion: le commerce bilatéral entre la France et le Canada avait un caractère quasi marginal, considérant la taille de leurs économies et la contribution qu'y faisait le commerce extérieur. Le problème ne venait pas tant du manque de volonté des deux gouvernements que de causes structurelles. L'économie française s'était largement intégrée à celle de la Communauté européenne (CE) et les décisions concernant l'accès au marché se prenaient à Bruxelles. Quant à l'économie canadienne, elle était intégrée presque autant à l'économie nord-américaine. De plus, la France cultivait en priorité de nouveaux marchés en Afrique francophone, au Proche-Orient et en Europe de l'Est. Le Canada, lui, tournait les yeux vers les marchés asiatiques pour diminuer sa dépendance du marché américain. J'en étais venu à la conclusion que la croissance du commerce bilatéral Canada-France serait lente et qu'il ne servait à rien de déplorer le fait d'une façon devenue rituelle. Il nous fallait de nouvelles approches.

Mes rencontres avec des chefs de file de la grande industrie française, comme Pierre Alby de Gaz de France, Jean-Luc Lagardère de Matra, Jérôme Monod de la Lyonnaise des Eaux, Bernard Lathière d'Airbus, auxquels je dois ajouter le Canadien Thomas Bata, mirent l'accent sur les investissements, la coopération industrielle et la coopération scientifique, technique et financière. On ne pouvait compter sur ce type de coopération pour une augmentation rapide des chiffres du commerce bilatéral, mais les échanges commerciaux ne sont pas la seule mesure du rapport entre deux économies. Il existait déjà des précédents intéressants. À titre d'exemple, la Massey-Harris avait des usines en France depuis l'avant-guerre. Les distilleries Seagram's exploitaient des vignobles dans le Bordelais. McCain possédait une usine de traitement de la pomme de terre dans le nord de la France. La France, pour sa part, avait des intérêts dans les mines de potasse de la Saskatchewan. Air liquide s'était établi au Canada. Renault acquérait American Motors (une entreprise qui tourna court). Dans le domaine financier, le Crédit franco-canadien opérait depuis de nombreuses années à Montréal. J'encourageai les banques françaises et d'autres institutions financières françaises à développer des réseaux au Canada. C'était une façon d'y attirer leurs clients. Si les scientifiques, eux, se connaissent généralement et savent travailler les uns avec les autres au-delà des frontières, les échanges de technologies ne suivent pas toujours. Je me joignis à mes collègues ambassadeurs canadiens dans d'autres pays pour obtenir d'Ottawa la nomination de conseillers scientifiques chargés de prospecter les possibilités de coopération.

Nos consulats en France pouvaient contribuer à cette nouvelle orientation. Ils avaient traditionnellement concentré leurs activités dans les domaines consulaires et culturels. Je les poussai à contribuer au développement de nos relations économiques avec la France. Il manquait un maillon à la chaîne : Lyon. Je recommandai l'ouverture d'une antenne commerciale de l'ambassade dans cette ville qui a toujours contribué brillamment à l'économie française. Ottawa accepta cette recommandation. Finalement, les objectifs économiques de l'ambassade coïncidant avec ceux des délégations générales du Québec et de l'Ontario, la section commerciale de l'ambassade déploya tous ses moyens pour appuyer les efforts des deux délégations générales. Louise Beaudoin, déléguée générale du Québec pendant la plus grande partie de mon séjour en France, reconnut le bon sens de soustraire de la politique nos opérations économiques et commerciales. Il n'y eut jamais de conflit entre nos deux maisons dans ce secteur de nos activités.

~

J'ai fait allusion plus haut aux différends qui avaient souvent opposé le Centre culturel à l'ambassade. Les questions de personnalité mises de côté, cette situation dépendait surtout d'un dysfonctionnement entre le mandat de l'un et de l'autre. Le Centre avait pour mission d'offrir une vitrine à la culture canadienne à Paris, y compris celle du Québec. Il avait une bonne connaissance des richesses culturelles de notre pays et possédait l'expertise technique nécessaire à les mettre en valeur. C'était une source d'imagination, un foyer d'initiative. Les expositions, concerts, conférences et autres manifestations culturelles au Centre culturel canadien soutenaient la comparaison avec les activités d'autres organismes de même taille à Paris, ce qui n'est pas peu dire. Cependant la clientèle du Centre, bien que fidèle, était restreinte et se limitait à la capitale. L'ambassade avait au contraire la mission de faire connaître la culture canadienne dans toute la France. Elle était dans ce domaine comme dans les autres le canal de communication entre les gouvernements canadiens et français. Composée de diplomates, la section culturelle de l'ambassade ne possédait pas les compétences du Centre. Elle gérait des programmes modestes d'échanges d'étudiants et de professeurs et soutenait des centres d'études canadiennes dans les universités françaises. Pour ses propres activités culturelles, elle faisait souvent appel aux services du Centre, qui rechignait à les concéder, invoquant les limites de son propre mandat.

Après de nombreuses consultations, le directeur du Centre, Jean Herbiet, et moi-même tombèrent d'accord pour recommander au gouvernement canadien de changer le statut du Centre. Ses activités pourraient désormais s'étendre à toute la France. Le Centre tomberait sous la responsabilité de l'ambassadeur et du ministre culturel de l'ambassade. L'ambassadeur aurait la responsabilité d'assurer la coordination entre Centre et ambassade. Tous deux poursuivraient les mêmes objectifs. Ottawa accepta cette recommandation.

J'avais espéré plus qu'une simple réorganisation administrative. Le potentiel de la coopération entre le Canada et la France dans le domaine culturel est si vaste que je souhaitais voir le gouvernement canadien y investir de plus grandes ressources. Le secteur culturel était, hélas, un mal-aimé aux Affaires extérieures. Les relations entre les agences culturelles du gouvernement canadien et leurs contreparties françaises se développaient au gré des circonstances plutôt que dans le cadre d'une politique à long terme au financement assuré. La politique globale adoptée par le cabinet visait dans mon esprit à permettre la conception d'une authentique politique culturelle du Canada en France. Le Canada n'a malheureusement pas appris de ses grands partenaires – les États-Unis, l'Angleterre, la France, l'Allemagne, l'Italie, et j'en passe – que la culture doit être partie intégrante de la politique étrangère. Embarrassés par les revendications provinciales, nos responsables ont trop souvent laissé ce secteur en proie à des querelles mesquines, sacrifiant à la fois les intérêts des provinces et ceux du Canada.

Je me suis tenu à l'écart des disputes concernant la défense et la promotion de la langue française. Certains de mes amis québécois estiment que c'est l'affaire du Québec, que le reste du Canada est anglophone – ou en passe de le devenir totalement – et qu'Ottawa a pour seul intérêt de « tasser » le Québec quand il s'agit de francophonie. Chacun est libre de penser ce qu'il veut ; pour ma part, je me suis plutôt intéressé aux initiatives qui contribuent à renforcer la langue française, d'où qu'elles viennent. Depuis l'adoption de nos lois sur les langues officielles du Canada, le gouvernement canadien a l'obligation d'assurer que ses publications se fassent en français et en anglais, donc de traduire d'une langue à l'autre. Il en est résulté une banque de données linguistiques en français et anglais qui est la plus évoluée au monde. Le gouvernement français y prenait un vif intérêt, Mitterrand le premier, car rien de tel n'existait en France. Grâce à l'instantanéité des communications, nous avons pu installer à l'Élysée, au Quai d'Orsay et au ministère de la Culture, des ordinateurs permettant un accès direct à la banque de données linguistiques du Canada. Enrichir cette banque est devenu une préoccupation commune. Quand je quittai Paris, la collaboration des ressources linguistiques du gouvernement du Québec semblait acquise.

∼

Je consacrai beaucoup de mon temps aux communications et aux relations publiques. Le Canada avait joui d'une très haute réputation dans la population française après la Seconde Guerre mondiale pour le rôle que nous y avions joué et particulièrement pour la campagne de Normandie. C'était l'époque où Georges Vanier était ambassadeur du Canada. Le Canada, la France, le monde avaient changé depuis. Il n'était pas question de rétablir les perceptions passées. Cela dit, si l'on voulait « redonner au Canada la place qui lui revient », comme avait dit Trudeau, il fallait déborder le cadre des relations diplomatiques et culturelles et atteindre les Français de la France profonde.

J'appris vite que le Canada ne suscitait pas l'intérêt des médias nationaux français. La vie trépidante de Paris lui laissait peu de place ; quelques lignes à peine lorsque Pierre Elliott Trudeau, pourtant une personnalité de stature mondiale, venait en France. Les médias s'intéressaient plus au Québec, bien que mes collègues de la Délégation du Québec aient sans doute fait la même constatation que moi : oui, les médias nationaux français parlaient du Québec, mais au compte-goutte.

Ottawa reconnut qu'il fallait avoir recours aux grands moyens. On créa un programme spécial de « sensibilisation » à la hauteur de plusieurs millions de dollars pour me permettre d'atteindre les « faiseurs d'opinion ». La résidence du Faubourg-Saint-Honoré devint un lieu de rencontre où se croisaient des personnalités aussi diverses que Jacques-Yves Cousteau, Jean-Jacques Servan-Schreiber, Jean d'Ormesson, Alain Peyrefitte. Je dus cependant abandonner l'espoir de lire plus souvent le nom du Canada dans la grande presse française. Il y avait heureusement une seconde voie, celle des médias régionaux et locaux. Je me tournai vers eux. Mes visites aux ministres-maires me donnaient l'occasion de voyager à travers la France. J'en profitai pour cultiver ces autres médias. Trudeau passait à Paris, presque incognito. Son ambassadeur fit la une au côté de ministres de Mitterrand dans la presse locale! Les consulats généraux du Canada en France se mirent de la partie. Ils montèrent des opérations de plus en plus ambitieuses : expositions, conférences, colloques, visites de toutes sortes. La meilleure reconnaissance de nos accomplissements vint sans doute des préfets. Non seulement contribuèrent-ils à étoffer mes programmes, mais ils m'offrirent l'hospitalité dans la résidence des préfectures. Plusieurs d'entre eux avaient bien connu mon père. Ils me taquinaient gentiment en disant qu'il y avait maintenant à l'ambassade du Canada une dynastie Dupuy.

~

Je crois avoir déçu les représentants des médias canadiens à Paris. Ils étaient à l'affût de nouveaux incidents dans la guerre des drapeaux avec le Québec. Il n'y en eut pas, ce qui n'était pas un hasard puisque l'ambassade s'appliquait à dépasser l'époque des «gué-guerres».

Louise Beaudoin et moi n'eûmes pas de mal à nous entendre pour reconnaître que l'avenir du Québec et du Canada ne se jouerait pas sur la place de Paris et que nous servirions mal les intérêts que nous représentions en y étalant les dissensions Ottawa-Québec. Nous eûmes le même degré d'accord pour désamorcer les situations pouvant mener à des confrontations. La meilleure façon d'y arriver se révéla de nous rencontrer à intervalles réguliers. J'avais à ce titre beaucoup plus de liberté qu'elle. Ses instructions lui interdisaient de mettre les pieds dans la chancellerie ou dans la résidence de l'ambassadeur du Canada. Notre choix de lieu de rencontre tomba sur le café Fouquet's aux Champs Élysées ;

nous y faisions un tour d'horizon et nous nous assurions que nos collaborateurs ne fissent pas preuve de zèle qui puisse éveiller les animosités du triangle. Si Louise Beaudoin ne vint jamais chez moi, je reçus d'elle des invitations à la Délégation générale telles qu'à l'occasion du lancement d'un livre de Denise Bombardier, ou de la Saint-Jean-Baptiste, fête du Québec, où ma présence semble en avoir surpris plus d'un.

Le gouvernement français, de son côté, ne commit jamais d'impair. Il respecta la coutume établie au cours des deux visites officielles de René Lévesque en France et me reçut à toutes les réceptions organisées en son honneur. René Lévesque lui-même n'en prit aucun ombrage et montra même beaucoup de gentillesse à mon égard. Je ne ferais pas la même remarque à propos de tous les membres de son entourage. Le genre de mission que je menais en France déplaisait à plus d'un.

En effet, on ne pouvait passer du jour au lendemain d'une relation caractérisée par la méfiance et l'acrimonie à une relation plus saine, c'est-à-dire mieux en accord avec les intérêts bien compris des deux pays. Le directeur général des Affaires d'Amérique au Quai d'Orsay, Bernard Dorin, fidèle à la tradition gaulliste, se voulait le gardien des intérêts du Québec et de l'exclusivité de ses relations avec la France. Il m'assurait tenir également à cœur les relations du Canada avec son pays, mais il me laissait l'impression (juste ? injuste ?) de jouer assez volontiers les jongleurs entre Québec et Ottawa et de laisser tomber une boule sans en rien dire quand cela lui convenait. J'aurais préféré plus de transparence de sa part. Il se montrait particulièrement susceptible quand l'ambassade aidait les Acadiens, les Franco-Ontariens, les Franco-Manitobains et les Fransaskois à se faire connaître en France. Dorin ne manquait pas de me dire alors que l'action du Canada avait pour effet de «banaliser» le Québec. Nous avions dépassé l'époque des querelles, mais pas celle des petites vexations.

Un grand dossier allait nous mettre à l'épreuve : la création des sommets de la Francophonie. J'en parle plus en témoin qu'en acteur, le premier ministre canadien ayant confié le dossier à de Montigny Marchand, alors conseiller politique du ministre des Affaires extérieures et sherpa du premier ministre aux sommets du G7. L'initiative venait de Pierre Elliott Trudeau. J'étais présent quand il en fit la proposition à François Mitterrand. Ce dernier adopta le rôle de celui qui est favorable en principe, mais a besoin de se faire convaincre. Je ne doute pas qu'il ait eu à l'esprit la position du Québec. On pouvait en effet interpréter de deux façons l'initiative de Trudeau : ou celui-ci cherchait à hausser le statut de la Francophonie par des réunions au sommet consacrées aux affaires du monde, ou il cherchait à renforcer la position du Canada dans la Francophonie et à remporter une victoire sur le Québec en lui interdisant l'accès à ces sommets. Pour le Québec, qui en avait sûrement prévenu la France, il y avait là une occasion d'affirmer son indépendance en obtenant une pleine représentation aux sommets de la Francophonie.

Trudeau commença par tracer pour Mitterrand un parallèle entre le Commonwealth et la Francophonie. Sa participation au premier lui permettait de témoigner de la valeur des échanges dans une même langue entre chefs d'État et de gouvernement sur les grands problèmes de l'heure. L'histoire et la langue française liaient un grand nombre de pays tout autant que l'anglais le faisait pour le Commonwealth. Des sommets francophones pourraient ainsi non seulement resserrer les liens de la Francophonie, mais contribuer à une meilleure compréhension par ses membres des grands problèmes du monde. On en vint vite à la position du Québec. Selon Trudeau, le Québec ne pouvait avoir une place égale à celle du Canada à la table du sommet puisqu'on y parlerait essentiellement de politique étrangère. Sans doute avait-on trouvé une formule acceptable pour la représentation du Québec à l'Agence de coopération culturelle et technique (ACCT), mais le contexte était différent. Comme il était tout aussi évident qu'on ne pourrait laisser le Québec à l'écart, Trudeau et Mitterrand tombèrent d'accord pour conclure qu'il faudrait faire preuve d'imagination. Les sommets francophones devenaient ainsi un enjeu majeur dans les relations Canada-France.

J'étais convaincu qu'Ottawa et Québec (alors sous un gouvernement du PQ) n'arriveraient jamais à s'entendre et je m'inquiétais de voir les tensions ressurgir à Paris. Je pensais plutôt que le Canada devait laisser l'initiative à la France, non seulement pour trouver une formule originale, mais pour la faire accepter par le Québec. En d'autres mots, je faisais confiance à la sagesse de

Mitterrand dans ce dossier parce que j'avais pu constater sa largeur d'esprit envers Ottawa et Québec et son grand souci de la langue française. Tous mes collègues à Ottawa étaient loin de partager cette confiance. Ils craignaient de voir Mitterrand s'immiscer dans un conflit concernant essentiellement Ottawa et Québec.

La paternité de la «formule originale» revient à Régis Debray, alors conseiller de Mitterrand sur les questions africaines. Il nous l'exposa, à de Montigny Marchand et à moi, lors d'une visite de Marchand à Paris. C'était le sommet à deux volets. On consacrerait la première journée du sommet à la Francophonie proprement dite. Le sommet «coifferait» alors l'Agence de coopération culturelle et technique et la formule pour la représentation du Québec serait identique à celle agréée pour sa participation à l'ACCT. Le deuxième jour, on parlerait de grandes questions internationales avec la même représentation du Québec. Celui-ci, cependant, n'aurait pas droit de parole, sauf sur des sujets touchant ses intérêts: éducation, langue, culture.

Je crois bon de rappeler que Trudeau endossa la formule avant son départ de la vie politique. Il ne manquait que le consentement du Québec pour que le dossier aboutisse. Toutefois, il demeura en suspens de nombreux mois à cause de l'élection d'un nouveau chef à la tête du Parti libéral du Canada, John Turner, d'élections générales fédérales et de l'arrivée au pouvoir d'un gouvernement conservateur à Ottawa. Entre-temps, j'avais quitté notre ambassade à Paris. Il revint donc à mon successeur, Lucien Bouchard, de clore le dossier avec la création des sommets de la Francophonie. Le nouveau premier ministre, Brian Mulroney, en prit le crédit, comme il arrive souvent dans ce genre de circonstances.

~

Aucun éclat n'a marqué les quatre ans que j'ai passés en France comme ambassadeur du Canada. J'utilise le mot «éclat», bien conscient qu'il veut dire deux choses fort différentes: un conflit violent (un conflit éclate), ou la lumière resplendissante d'un accomplissement (l'éclat d'une victoire). Je ne peux témoigner ni de l'un ni de l'autre, ce qui n'est pas un constat d'échec, car la saine diplomatie consiste souvent à se tenir loin des éclats.

Cela dit, la relation France-Canada au début et à la fin de ma mission avait cessé d'être la même. Le climat avait changé. Un dialogue plus confiant s'était établi. Les deux gouvernements avaient développé d'autres intérêts mutuels que les souvenirs historiques, la langue française, les péripéties du triangle et les frustrations commerciales. L'ambassade a joué son rôle, mais de nombreux autres facteurs ont contribué à ce changement.

Parmi eux, du côté canadien, le gouvernement fédéral a reconnu ce qu'il avait à perdre si sa relation avec la France conservait une dose d'animosité. Il a déployé des moyens exceptionnels pour « normaliser » la relation d'abord et l'enrichir par la suite. Avec la victoire du Non au premier référendum sur la souveraineté du Québec, cette question a cessé d'être au centre des préoccupations bilatérales. La France s'est intéressée au Canada au-delà du Québec, particulièrement au potentiel de l'économie canadienne. Les investissements français se sont déplacés vers l'ouest du Canada. Les rencontres du G7 ont aussi permis à la France de mieux comprendre le Canada. En matière de politique étrangère, Paris avait tendance à considérer que le Canada marchait toujours sur les traces des États-Unis. Un jour, Claude Cheysson, ministre des Affaires étrangères, me dit: « C'est en autant que le Canada a une voix distincte de celle des États-Unis que nous nous intéressons à votre pays. » Soumis à ce seul critère, le Canada a de nombreuses raisons d'intéresser la France.

Durant la durée de mes fonctions à Paris, j'ai bénéficié d'une remarquable panoplie de ce que j'ai appelé mes « instruments de travail », en particulier du programme dit de « sensibilisation » et des ressources des consulats généraux. Le premier était appelé à disparaître; quant aux consulats généraux, j'appris avec regret, peu de temps avant mon départ, qu'Ottawa allait les fermer les uns après les autres. Le gouvernement du Canada, pour raison d'économie, se privait ainsi de points d'appui essentiels à la représentation du Canada en France.

Il s'agissait aussi d'un changement d'orientation dans notre politique étrangère. J'eus à cet égard un échange instructif avec le nouveau secrétaire d'État aux Affaires extérieures, Joe Clark, ancien premier ministre. Il avait réuni à Lisbonne quelques-uns de ses ambassadeurs en Europe de l'Ouest, en marge d'une

réunion du Conseil de l'OTAN. Il nous expliqua que le gouvernement auquel il appartenait allait se tourner vers les États-Unis
et vers le Pacifique, en particulier le Japon. Notre avenir économique se situait là et, dans cette perspective, il faudrait y concen-
trer notre attention et redistribuer nos ressources. Invité à
commenter, je lui donnai en partie raison. J'ajoutai cependant
que le gouvernement du Canada aurait tort de tourner le dos à
l'Europe. Une conjoncture économique favorable aux États-Unis
et au Japon (comme elle l'était à l'époque) rendait ces pays
attrayants, mais cette conjoncture n'était pas éternelle. Le jour où
les États-Unis et/ou le Japon tomberaient en récession, le Canada
serait sans doute heureux d'avoir persisté à maintenir ses liens
avec l'Europe. Comme les événements le révélèrent par la suite,
je ne crois pas que mon avertissement ait pesé lourd dans la
balance.

Ceux de mes collègues qui m'ont succédé à Paris et qui ont
découvert l'ampleur des ressources mises à ma disposition pour
«rétablir la place du Canada en France» m'ont sûrement considéré
comme un privilégié; et c'est ainsi que je me considère moi-même
pour avoir exercé mes fonctions dans une période charnière dans
les relations entre la France et le Canada.

CHAPITRE VII

« Tout recommence en '40 » : le retour de la France dans la culture stratégique du Québec et du Canada

David G. Haglund et Justin Massie

Les commémorations entourant le 400ᵉ anniversaire de la fondation de Québec ont été marquées par une controverse quant aux liens historiques qui unissent le Québec, le Canada et la France. Pour les uns, 1608 représente «le point de départ de la civilisation francophone en Amérique, dont le cœur est la nation québécoise». Pour les autres, incluant le premier ministre du Canada, Stephen Harper, «la fondation de Québec est aussi la fondation de l'État canadien. La gouverneure générale est le successeur aujourd'hui de Samuel de Champlain, le premier gouverneur du Canada[1]». Cette dernière interprétation constitue rien de moins qu'une «réécriture surréaliste de l'histoire», selon le député du Bloc québécois, Michel Guimond[2]. C'est que, insistent ses détracteurs, affirmer que le Canada (plutôt que le Québec) est né en français fait fi de la conquête de la colonie française d'Amérique du Nord par la Grande-Bretagne au cours de la guerre de Sept Ans (1756-1763). «Nier cette rupture», selon l'historien

---

1. Bernard Descôteaux, «Prendre sa place», *Le Devoir*, 7 mai 2008, p. A6 ; Gilles Toupin, «Le Bloc furieux», *La Presse*, 8 mai 2008, p. A25.
2. Robert Dutrisac et Isabelle Porter, «400ᵉ de Québec : Couillard corrige Charest», *Le Devoir*, 13 mai 2008, p. A1.

Michel de Waele, «passe par-dessus le fait diviseur originel» entre Canadiens français et anglais[3].

Le président Nicolas Sarkozy fut ainsi vertement critiqué par plusieurs indépendantistes québécois lorsqu'il minimisa cette «division originelle», lors de son bref passage à Québec en 2008, affirmant: «J'ai toujours été un ami du Canada. Parce que le Canada a toujours été un allié de la France. Et franchement, s'il y a quelqu'un qui vient me dire que le monde a aujourd'hui besoin d'une division supplémentaire, c'est qu'on n'a pas la même lecture du monde.» Il ajouta ne pas voir comment «une preuve d'amour pour le Québec, fraternelle et familiale, devrait se nourrir d'une preuve de défiance à l'endroit du Canada. La France est un pays qui rassemble, et non un pays qui divise[4]». Le parti pris du président français en faveur de l'unité canadienne ne devrait donc pas, selon lui, être considéré au détriment du lien historique unissant le Québec et la France. D'ailleurs, autant les premiers ministres Stephen Harper, Jean Charest, François Fillon que le président Sarkozy insistèrent sur le caractère «spécial», «unique» et «privilégié» des relations franco-québécoises[5].

Ce qui est remarquable dans cette bataille entre Québec et Ottawa pour la reconnaissance des liens ethnoculturels (langue, religion et ancêtres communs) qui les rattachent à la France est son exceptionnalité historique. L'existence d'un tel «rapport francophone» transatlantique était loin d'être imaginé, par exemple, lors du 300ᵉ anniversaire de la fondation de Québec. L'historien Patrice Groulx rappelle en effet que les célébrations du tricentenaire «avaient servi à souligner les bienfaits du statut colonial de la ville et du Canada français et leur rattachement à l'Empire britannique[6]».

Que s'est-il passé entre-temps? Comment se fait-il qu'il n'y ait pas, en 1908 et en 2008, la même interprétation historique

3. Michel De Waele, «De la commémoration au détournement de l'histoire», *Le Devoir*, 10 juillet 2008, p. A7.
4. Vincent Marissal, «On choisit ses amis, pas sa famille», *La Presse*, 18 octobre 2008, p. A5.
5. Malorie Beauchemin et Tommy Chouinard, «Les politiciens fêtent sous la pluie», *La Presse*, 4 juillet 2008, p. A4; Antoine Robitaille, «Sarkozy choisit l'unité canadienne», *Le Devoir*, 18 octobre 2008, p. A1.
6. Claire Harvey, «Le premier consulat de la France à Québec a été ouvert en 1858», *Le Devoir*, 27 septembre 2008, p. H4.

d'un événement qui s'est pourtant déroulé au XVIIIe siècle? Un mythe semble avoir fait place à un autre dans la mémoire collective québécoise. D'un côté s'est répandue l'idée que la Grande-Bretagne a conquis plutôt qu'acquis la Nouvelle-France, les nationalistes québécois pouvant ainsi vanter la force de résistance du Québec devant l'hégémonie anglo-saxonne en Amérique du Nord. Corollairement, un second mythe semble avoir progressivement disparu de l'imaginaire collectif québécois: la France a abandonné les Canadiens français[7] à leur sort, lequel aurait sans doute été moins pénible si Louis XV n'avait pas préféré la Martinique et la Guadeloupe aux «quelques arpents de neige» canadiens, pour reprendre la célèbre expression de Voltaire. Elizabeth Armstrong pouvait ainsi écrire, à la veille de la Seconde Guerre mondiale, que malgré un «amour instinctif envers la France», les sentiments des Canadiens français demeuraient marqués par l'amertume, la rancœur et une certaine humiliation à la suite de l'«abandon» de la mère patrie[8]. Elle cite à cet égard un poème de Louis Fréchette qui exprime ce ressentiment:

> Nous t'avons pardonné ton abandon, Ô France
> Mais s'il nous vient encore parfois quelques rancœurs
> C'est que, vois-tu, toujours blessure héréditaire
> Tant que le sang gaulois battra dans notre artère
> Ces vieux souvenirs-là saigneront dans nos cœurs.

Ce chapitre examine la disparition du sentiment d'abandon, que l'on situe au cours de la Seconde Guerre mondiale. Notre objectif est double. Il s'agit d'expliquer, d'une part, la teneur du mythe de l'abandon dans ce que nous qualifierons de «culture stratégique» du Québec[9]. Nous retraçons, d'autre part, la

7. Nous utilisons de manière interchangeable les termes «Québécois» et «Canadiens français» dans ce chapitre, non pas parce que nous considérons qu'il s'agit de la même collectivité socioculturelle – au contraire – mais plutôt parce que les sauts historiques entre le XVIIIe et le XXIe siècle qui marquent ce texte ne permettent pas d'utiliser exclusivement l'un ou l'autre de ces termes afin de caractériser la population francophone résidant au Québec. Les Québécois se considéraient en effet «Canadiens» sous le régime colonial français et «Canadiens français» après la Conquête britannique.
8. Elizabeth H. Armstrong, *The Crisis of Quebec, 1914-1918*, New York, Columbia University Press, 1937, p. 46.
9. Pour une discussion plus approfondie du concept et de son applicabilité au thème de ce chapitre, voir David G. Haglund et Justin Massie, «L'abandon de

réémergence de la France dans la culture stratégique québécoise et, conséquemment, dans celle du Canada, sur la base de liens ethniques et mythiques découlant du fait français en Amérique du Nord. Il ressort de notre analyse un lien francophone transatlantique fascinant – une francosphère – marqué par une élévation substantielle et lourde de conséquences du statut de la France comme «intérêt» spécial pour le Québec et pour le Canada. Pour comprendre ce rapport francophone, il est nécessaire d'examiner le contexte historique dans lequel s'est opérée cette transformation.

De la fable au mythe et de la Cession à la Conquête

Le mythe incarne une version plus ou moins acceptable et acceptée de l'histoire, créé notamment par le processus de construction sociale d'une identité[10]. Bien qu'il dispose d'une certaine «indépendance par rapport à la réalité», le mythe ne doit toutefois pas être confondu avec la fable, qui représente quant à elle un récit ne reposant sur aucune fondation factuelle. Un exemple illustratif d'une fable ayant trait à notre propos réside dans le soi-disant passé vertueux, en tant que nation historiquement antimilitariste, voire pacifiste, du Québec, un récit qui contribua d'ailleurs à faciliter l'évacuation du mythe de l'abandon de la mémoire collective québécoise. Pour les adeptes de cette fable, la France est doublement coupable: non seulement a-t-elle renoncé à sa colonie française d'Amérique du Nord lors des pourparlers de paix de 1763, mais elle a également importé sur le nouveau continent ses vices militaristes et les a imposés au peuple autrement irénique de la Nouvelle-France. Puisqu'il y a effectivement eu (comme nous le détaillerons plus loin) de nombreuses guerres impliquant la Nouvelle-France, incluant quelques épisodes qui, aux yeux de l'observateur contemporain, pourraient être qualifiés de «nettoyage ethnique» contre les colons situés à la frontière de la

---

l'abandon: The Emergence of a Transatlantic "Francosphere" in Québec and Canada's Strategic Culture», *Québec Studies*, n° 49, 2010, p. 59-85. Le présent chapitre reprend ainsi plusieurs idées avancées dans cet article.

10. Pour une analyse plus approfondie du lien entre mythe et identité nationale et ses manifestations dans la politique étrangère du Canada, voir Justin Massie et Stéphane Roussel, «Au service de l'unité: le rôle des mythes en politique étrangère canadienne», *Politique étrangère canadienne*, vol. 14, n° 2, 2008, p. 67-93.

Nouvelle-Angleterre (et, dans une certaine mesure, de New York), comment ne pas souscrire à la fable du passé vertueux des Canadiens français en blâmant les Français pour ces incidents malheureux?

La fable du passé non militaire du Québec a servi à entretenir le mythe de l'abandon de la France, notamment par sa capacité à ratifier, dans la culture stratégique québécoise (et indirectement, après un laps de temps considérable, dans celle du Canada également), une conviction que le Nouveau Monde représentait effectivement quelque chose de *nouveau* en ce qui a trait aux fondements sous-tendant la géopolitique et l'équilibre de la puissance. En un mot, la croyance que le Nouveau Monde était exempt des vices de l'Ancien Monde (lire l'Europe) – à savoir la politique de puissance, le militarisme et les carnages qui s'ensuivirent – s'est initialement traduite par un désir d'éviter, pour autant que cela fût possible, l'«enchevêtrement», c'est-à-dire les effets pervers d'une association géopolitique trop étroite avec l'Europe.

L'injonction d'éviter ce que Thomas Jefferson nomma en 1801 les *entangling alliances* (les alliances dans lesquelles on est empêtré) est souvent entendue comme un principe de la politique étrangère *américaine*[11]. Il faut toutefois rappeler que l'esprit sous-tendant cette injonction – la croyance que le Nouveau Monde était non seulement géographiquement distinct, mais également politiquement et éthiquement supérieur à l'Ancien Monde – a d'aussi profondes racines intellectuelles au Canada. C'est d'ailleurs cette croyance qui explique la variante québécoise de l'«exceptionnalisme» exprimée par la fable du passé immaculé de la province. À l'instar des Américains, qui ont souscrit pendant des générations à la doctrine géopolitique des «deux sphères[12]» élevant la vertu du Nouveau Monde par rapport à la dépravation de l'Ancien Monde, les Québécois ont également chéri, tout comme certains de leurs compatriotes Canadiens anglais au cours de l'entre-deux-guerres, l'espoir de «pureté» géopolitique, exprimé par un désir de garder

---

11. Cité par Walter A. McDougall, *Promised Land, Crusader State: The American Encounter with the World since 1776*, Boston, Houghton Mifflin, 1997, p. 49.

12. Sur cette doctrine, voir Arthur P. Whitaker, *The Western Hemisphere Idea: Its Rise and Decline*, Ithaca, Cornell University Press, 1954; Eugene Staley, «The Myth of the Continents», *Foreign Affairs*, n° 19, 1941, p. 481-494.

leur distance vis-à-vis des turbulences politico-militaires en Europe[13].

Or, ce rêve fut considérablement renforcé par le mythe de l'abandon dans la culture stratégique du Québec. C'est que la fable du passé angélique du Québec soutient que, pour autant que la vie en Amérique du Nord ait été troublée par les nombreux affrontements violents qui marquèrent la période s'étalant de 1689 à l'«abandon» français de 1763, cela a presque tout à voir avec l'ambition et la cupidité des Européens plutôt qu'avec les intérêts nobles et les intentions pures des habitants du Nouveau Monde. Dans les colonies britanniques, il était aisé de blâmer la France pour tout ce qui allait horriblement mal. Ce fut notamment le cas en Nouvelle-Angleterre lors de la guerre du roi Philip de 1675-1676, alors que, pour la première fois, il apparut clairement que la France, et non les tribus amérindiennes de Nouvelle-Angleterre, représentait la menace principale à la paix et à la sécurité dans la région[14]. En Nouvelle-France, il y avait une tendance aussi facile à blâmer les colons du Sud, qui étaient perçus comme les pions des ambitions impériales britanniques. De la même manière que les Américains allaient changer leur opinion quant aux mérites de la Grande-Bretagne une fois la France chassée du continent nord-américain et que la mère patrie soit devenue elle-même la «menace» existentielle, les Québécois réinterprétèrent la place et la valeur de la France pour la province une fois la Nouvelle-France disparue. Cette réinterprétation s'attarda non seulement sur l'abandon, mais également sur un sentiment d'avoir été doublement victime: d'abord d'une France militariste qui entraîna un Québec autrement innocent dans une guerre contre les Britanniques aux conséquences

13. Voir David G. Haglund, «Le Canada dans l'entre-deux-guerres», *Études internationales*, vol. 31, n° 4, 2000, p. 727-743.

14. Pour une telle interprétation du rôle de la France, voir John J. Miller et Mark Molesky, *Our Oldest Enemy: A History of America's Disastrous Relationship with France*, New York, Doubleday, 2004. Un célèbre historien américain note également que l'humeur en Nouvelle-Angleterre ne s'améliora pas à la suite de la guerre du roi Philip, qui prit d'ailleurs des allures de «guerre d'extermination», puisque l'influence de la France sur les tribus du Nord s'accroissait et laissait présager de nouvelles guerres tout aussi sanglantes. Voir Douglas Leach, *Flintlock and Tomahawk: New England in King Philip's War*, New York, Macmillan, 1958, p. 250.

inimaginables pour les Canadiens français ; ensuite d'une France irresponsable qui faillit à son devoir de justice et d'honneur envers ceux pris en étau dans une lutte de domination entre deux empires. Le Québec fut donc « trahi » par une France à la fois trop et pas suffisamment militariste ! L'historien Lionel Groulx résuma comme suit ce paradoxe :

> Aussi faut-il dater véritablement de cette époque l'abandon de la colonie [française en Amérique du Nord], abandon justifié en partie, nous le savons, par les guerres européennes du temps ; mais aussi abandon injustifiable, devant cet aveuglement du grand ministre Colbert qui […] se convainquit que la Nouvelle-France possédait assez de population pour se suffire et arrêta, de parti pris, l'émigration. […] Quand nous avons vu s'organiser contre notre faiblesse ces armées formidables [de la Grande-Bretagne…] nous avons appelé à l'aide. Mais l'océan est immense […] En France on se battait, et le bruit de la bataille, et peut-être quelques autres voix empêchèrent qu'on ne nous entendît[15].

Par ailleurs, de nombreuses générations d'enfants québécois ont appris, dans leur cours d'histoire du Canada, le symbole de victimes pacifistes que représentent les Acadiens. La teneur de ce dernier permet d'illustrer davantage le contenu plus large de la fable du passé innocent non seulement de l'Acadie, mais du Québec également. Jean Pellerin décrit comme suit les enseignements que lui et nombre d'autres ont reçus :

> Nos manuels scolaires d'histoire du Canada ont vite tranché la question. Seuls le roi d'Angleterre et une soldatesque implacable sont à blâmer pour la déportation des Acadiens. Les pauvres colons d'Acadie ne voulaient de mal à personne. Ils ne demandaient qu'à vivre en paix sur leurs terres : des domaines superbes et fertiles qu'ils avaient défrichés ou asséchés de leurs mains et que les Anglais convoitaient[16].

Pellerin poursuit sa démystification du passé chaste du Québec et ses imputations conséquentes contre la cupidité et la dépravation de l'Ancien Monde en montrant que la longue période de guerre

15. Lionel Groulx, *La France d'outre-mer*, Paris, Librairie de l'Action française, 1922, p. 18-19.
16. Jean Pellerin, *La Nouvelle-France démaquillée*, Montréal, Éditions Varia, 2001, p. 25.

opposant la Nouvelle-France à ses rivaux britanniques est tout autant la responsabilité des métropoles européennes que des colons français et anglais d'Amérique du Nord. Aucun parti n'est sans reproche, et pourtant personne n'est à blâmer singulièrement pour les désordres violents qui marquent cette période. Il s'agit spécifiquement de quatre guerres «intercoloniales» dans le cadre desquelles la France et l'Angleterre, de même que leurs colonies nord-américaines et leurs alliés autochtones, ont contribué à faire de la frontière séparant la Nouvelle-France de New York et de la Nouvelle-Angleterre un lieu fréquemment chaotique et très sanglant. Ces guerres sont aujourd'hui connues (pour le peu que l'on s'en rappelle) par leurs noms locaux : la guerre du Roi William III (1689-1697), également nommée guerre de la Ligue d'Augsbourg ; la guerre de la Reine Anne (1702-1713), également appelée guerre de Succession d'Espagne ; la guerre du Roi George (1740-1748), aussi connue sous le nom de guerre de Succession d'Autriche ; et enfin, bien sûr, la guerre de Sept Ans (1754-1763), souvent appelée en anglais la *French and Indian War*[17].

Il serait erroné de minimiser le caractère souvent (sinon principalement) local de plusieurs de ces guerres. Les Québécois et leurs alliés autochtones ont pris considérablement part aux attaques perpétrées contre les colons de la Nouvelle-Angleterre et de New York. Non seulement la Nouvelle-France a-t-elle adroitement combattu, en particulier devant les forces beaucoup plus nombreuses de leurs rivaux britanniques du Sud, mais ce sont les Québécois eux-mêmes qui ont fourni l'essentiel des troupes (et non les forces régulières françaises) et qui ont mis en pratique leurs techniques et leurs tactiques de guerre nord-américaines. Bien sûr, les colons de la Nouvelle-Angleterre et de New York maîtrisaient également ces façons de mener la guerre. Il serait néanmoins inutile de blâmer les uns ou les autres pour la série de massacres et d'autres actes de ce genre, qui serait aujourd'hui qualifiée de «terrorisme», dont ces affrontements furent le théâtre. On ne peut

---

17. Reuben Gold Thwaites, *France in America, 1497-1763*, New York, Harper & Bros., 1905 ; Jean-Baptiste Duroselle, *La France et les États-Unis : des origines à nos jours*, Paris, Seuil, 1976 ; Jacques Lacoursière, Jean Provencher et Denis Vaugeois, *Canada-Québec : synthèse historique, 1534-2000*, Sillery, Septentrion, 2000, p. 89-144.

toutefois pas passer sous silence le fait que l'essentiel des combats, du moins jusqu'à la guerre de Sept Ans, fut en grande partie assumé par les forces locales et non pas européennes.

Cela signifie que le Québec était alors conçu (ironiquement, diront certains aujourd'hui) comme une société particulièrement – et nécessairement – militariste dans la défense et l'expansion de son territoire, ressemblant à, sinon surclassant, ses voisins du Sud en la matière[18]. Les deux tiers de l'histoire de la Nouvelle-France (de la fondation de Québec à la Conquête) furent marqués par la guerre; son organisation politique, sociale et économique ainsi que la mentalité même des Québécois étaient alors profondément militaristes. La guerre faisait tellement partie du quotidien des Québécois « que le fusil [était], pour ainsi dire, accroché à la charrue[19] ».

Bien évidemment, un tout autre portrait se dégage de l'interprétation historique conforme à la fable du passé pacifique du Québec[20]. Considérons par exemple un argument très répandu parmi les souverainistes québécois lors de l'échec des accords du lac Meech, période qui, rappelons-le, semblait propice au démembrement politique du Canada. Selon Jacques Dufresne, les Québécois avaient beaucoup à apprendre des développements historiques en Scandinavie. Des références aux « leçons » scandinaves pour le Canada avaient d'ailleurs déjà fait surface au cours du premier référendum de 1980, notamment par l'argument selon lequel un pays pouvait se démanteler pacifiquement, avec peu de dommages collatéraux et sans coûts significatifs, prétendument à l'instar de la séparation de la Norvège vis-à-vis de la Suède en 1905[21]. Jane Jacobs interprète certainement le cours des événements

---

18. Voir Ian K. Steele, *Guerillas and Grenadiers: The Struggle for Canada, 1689-1760*, Toronto, Ryerson Press, 1969; et Howard H. Peckham, *The Colonial Wars 1689-1762*, Chicago, University of Chicago Press, 1964.

19. Jean-Yves Gravel, *Le Québec et la guerre*, Montréal, Boréal Express, 1974, p. 5. Voir à ce sujet William J. Eccles, *France in America*, Markham, Fitzhenry & Whiteside, 1990 [1972].

20. Certains, à l'instar de Serge Mongeau, préfèrent tout simplement omettre cette période militariste (et donc anachronique) de l'histoire du Québec. Voir « La tradition antimilitariste au Québec », dans Serge Mongeau (dir.), *Pour un pays sans armée*, Montréal, Écosociété, 1993, p. 81-89.

21. Pour une analyse critique de la pertinence de cette analogie historique dans le cas du Canada, voir John Erik Fossum et David G. Haglund, « Is There a

en Scandinavie de cette façon lorsqu'elle recourt à cette «analogie» géopolitique à la veille du premier référendum sur la souveraineté du Québec : «*If Quebec does continue a course of moving toward independence, I have an unshakable feeling that Canada's behavior, like Sweden's, will do honor to civilization*[22].»

Cette référence à l'«honneur à la civilisation» étire les faits au-delà de leur exactitude historique puisque le démantèlement scandinave passa bien près d'éclater en conflit ouvert en 1905. Deux décennies supplémentaires furent nécessaires pour que s'établisse une communauté de sécurité régionale assurant une paix durable entre les deux pays[23]. Néanmoins, en comparaison avec la manière dont Dufresne utilise l'analogie scandinave, la prospective de Jacobs apparaît des plus sobres. C'est que Dufresne effectue un parallèle, à la suite du désaccord du lac Meech, entre le désir d'autodétermination des Norvégiens au début du XXe siècle et celui des Québécois en 1990. Pour l'essentiel, le parallèle repose sur un trait historique commun – et rarissime dans l'histoire de l'humanité – entre les deux sociétés : un passé immaculé dont devraient être fiers les Québécois.

> Quand ils sont portés à douter de la légitimité de la souveraineté de leur pays, les Québécois devraient se souvenir d'un autre fait souvent méconnu, bien qu'il soit très important. Dans la grande famille des nations, il en est quelques-unes, rares il est vrai, où le sentiment national, parce qu'il n'a été entaché d'aucun crime, d'aucune violence, est d'une parfaite légitimité. En Europe, la Norvège [...] se rapproche de cet idéal. Si on classait les nations en fonction *de l'innocence aussi bien de leur lointaine origine que de leur passé récent*, le Québec occuperait sûrement l'un des premiers rangs[24].

Aussi touchant soit ce sentimentalisme, il n'en est pas moins absurde. Les Norvégiens, après tout, ont pour ancêtres les Vikings,

---

"Norway" in Québec's Future ? 1905 and All That», *Québec Studies*, n° 45, 2008, p. 167-189.

22. Jane Jacobs, *The Question of Separation : Quebec and the Struggle over Sovereignty*, New York, Random House, 1980, p. 51.

23. Magnus Ericson, *A Realist Stable Peace : Power, Threat, and the Development of a Shared Norwegian-Swedish Democratic Security Identity 1905-1940*, thèse de doctorat, Lund University, Suède, 2000.

24. Jacques Dufresne, *Le courage et la lucidité : essai sur la constitution du Québec souverain*, Sillery, Septentrion, 1990, p. 28.

un peuple dont peu souhaitaient qu'il ne visite leurs côtes, comme ils l'ont d'ailleurs si souvent fait au plus grand désarroi des Irlandais, des Écossais et d'autres peuples d'Europe du Nord victimes de leurs nombreux assauts. Quant au Québec, seul un résident de la Nouvelle-Angleterre ou de New York bien peu au fait de son environnement aurait pu croire que ses voisins du Nord étaient pacifistes. Les exigences de l'époque, c'est-à-dire la dangerosité de l'espace nord-américain, n'incitaient personne, pas même les Québécois, à être enclins au pacifisme. Il serait tout simplement faux de croire que, en l'absence des tractations et des intérêts des métropoles impériales, le Nouveau Monde aurait pu constituer un havre de paix exempt de l'état de nature hobbesien où la vie est « brutale, désagréable et courte. »

La fable du passé immaculé du Québec se prête également d'une seconde manière au mythe de l'abandon. Elle tient à ce que nous avons évoqué en introduction, à savoir la conviction que la France, en plus d'être coupable par son bellicisme d'avoir entraîné les pauvres Québécois au bord de l'abîme en 1763, doubla ses torts d'un affront en acceptant, avec désinvolture et irresponsabilité, de remettre sa colonie d'Amérique du Nord entre les mains insensibles (comme l'entend le mythe) des Britanniques[25]. Qui, en effet, au Québec, ne ressent pas d'amertume devant les remarques de Voltaire auprès du ministre des Affaires étrangères de Louis XV, Étienne-François de Choiseul, au cours des négociations de 1763 : « Je suis comme le public, j'aime beaucoup mieux la paix que le Canada et je crois que la France peut être heureuse sans Québec[26]. » Mais qui, a contrario, aurait misé sur la capacité de la France à maintenir sa mainmise sur le Canada au moment où 1) elle cède une partie de la Louisiane (laquelle, avec le « Canada », l'Acadie, la baie d'Hudson et Terre-Neuve, forme le territoire de la Nouvelle-France à son apogée) à l'Espagne ; 2) elle est en banqueroute ; 3) elle a perdu le contrôle, aux mains de la Royal Navy, des voies de navigation à travers l'Atlantique, sans lesquelles le ravitaillement

---

25. Pour une remise en question de ce mythe, voir Marcel Trudel, *Mythes et réalités dans l'histoire du Québec, Tome 1,* Montréal, Hurtubise HMH, 2001, p. 209-234.
26. Cité dans Frédéric Bastien, *Relations particulières : la France face au Québec après de Gaulle,* Montréal, Boréal, 1999, p. 225.

de Québec devient militairement inconcevable; et 4) le déséquilibre démographique entre la France et la Grande-Bretagne en Amérique du Nord continue de s'accélérer en faveur de cette dernière, au point où, en 1763, quelque soixante-cinq mille Québécois ont pour voisins les deux millions et demi d'habitants des colonies britanniques au Sud – dont trois cent mille au Massachusetts seulement. À cela s'ajoute la possibilité, certes secondaire mais néanmoins tout à fait attrayante pour Paris, de s'offrir une querelle entre les Britanniques et les Américains, laquelle résultera, vingt ans plus tard, en l'indépendance des États-Unis d'Amérique[27].

S'il y a donc un certain fondement historique au mythe de l'abandon (sans quoi il s'agirait d'une fable plutôt que d'un mythe) et donc à l'idée que la France a *cédé* le Canada aux Britanniques, il y a également tout autant, voire davantage, d'assises factuelles à l'idée que la France a moins abandonné que dû se résoudre, devant des réalités géopolitiques contraignantes, à accepter l'état de fait de la *conquête* du Canada par les forces britanniques en 1760. À cet égard, l'historien français Pierre Goubert observe sans aucun doute avec raison que même si elle l'avait souhaité, la France n'aurait pas pu conserver le Canada[28].

L'éclipse de la France dans la culture stratégique du Québec et du Canada

Ainsi, si le premier ministre Stephen Harper a raison de clamer que le Canada est «né en français» (et l'est d'ailleurs demeuré pendant un siècle et demi), il faut toutefois reconnaître qu'à partir de 1763, le Canada devient, sur le plan politique, catégoriquement

---

27. Stella H. Sutherland, *Population Distribution in Colonial America*, New York, Columbia University Press, 1936, p. xii; Denis Vaugeois, «Réplique à Gérard Bouchard et John Saul: Cession ou Conquête? Les deux, bien sûr», *Le Devoir*, 4 février 2000, p. A9. Comme le note Vaugeois, le ministre de la Guerre britannique, William Pitt, avait considéré – avant d'être écarté des négociations – la possibilité de rendre le Canada à la France et de garder le contrôle de la Martinique et de la Guadeloupe afin de maintenir la dépendance des treize colonies à la protection maritime de la Grande-Bretagne.
28. Pierre Goubert, *The Course of French History*, Londres, Routledge, 1991, p. 170. Pour la version originale en français, voir *Initiation à l'histoire de France*, Paris, Fayard-Tallandier, 1984.

britannique. Il continuera de l'être politiquement, bien que de moins en moins ethniquement. Les recensements fédéraux effectués entre 1871 et 1931 montrent qu'une majorité de Canadiens (entre 51 et 61 %) estiment avoir des ancêtres britanniques, comparativement à environ 30 % qui affirment avoir des origines françaises. Depuis quelques décennies toutefois, le paysage ethnique a beaucoup évolué, à un point tel qu'en 2006, seuls 35 % liaient leurs origines ethniques à la Grande-Bretagne et 16 % à la France[29].

En dépit de cette évolution de la composition ethnique du pays, l'« identité nationale » canadienne (ou, plus exactement, l'identité de l'État) demeure étonnamment européenne, comme l'observe l'analyste et ancienne diplomate Marie Bernard-Meunier :

> *Our institutions, our political culture, and both of our official languages have come from Europe, helping to forge our national character [... and] our views on domestic as well as on foreign policy issues remain quite close to those of Europeans to this day*[30].

L'européanité du caractère national du Canada, en matière de politique internationale, est illustrée par le fait que la plupart des Canadiens concevaient leur pays, au début du XXᵉ siècle, comme essentiellement anglophone et membre de l'Empire britannique. Ce n'est d'ailleurs qu'en 1931, grâce au Statut de Westminster, que le Canada devient officiellement un pays souverain. La profondeur de l'éclipse de la France dans la culture stratégique canadienne de l'époque est telle que le sentiment d'appartenance, le « nous », excluait, selon José E. Igartua, ceux non élevés dans la culture britannique[31].

Bien sûr, ce sentiment d'appartenance était pour le moins faible au Québec, limité pour l'essentiel à la communauté anglophone de la province. Les Canadiens français continuaient de

---

29. Statistique Canada, « Statistiques historiques, origines de la population, aux 10 ans, 1871 à 1971 », Recensement de la population, Table 075-0015 ; Statistique Canada, « Origine ethnique », Produits de données du Recensement de 2006 (www12.statcan.ca).

30. Marie Bernard-Meunier, « Did You Say Europe ? How Canada Ignores Europe and Why That Is Wrong », dans Andrew F. Cooper et Dane Rowlands (dir.), *Canada Among Nations 2006 : Minorities and Priorities*, Montréal et Kingston, McGill-Queen's University Press, 2006, p. 111.

31. José E. Igartua, *The Other Quiet Revolution : National Identities in English Canada, 1945-1971*, Vancouver, UBC Press, 2006, p. 1 et 5.

concevoir leur pays comme une association bilingue de deux nations fondatrices distinctes. En revanche, il ne découlait pas d'une telle perspective, à l'instar du Canada anglais vis-à-vis de la Grande-Bretagne, une propension à inciter le gouvernement fédéral à accroître ses liens avec la France ou à soutenir davantage les intérêts de la France sur la scène internationale. Au contraire, ce qui se dégage du rôle émergent (et de plus en plus important) du Québec dans l'articulation de la politique étrangère du Canada est d'abord la demande qu'Ottawa *rompe* avec l'européanisme définissant les intérêts nationaux du Canada. Cela signifiait non seulement qu'il devait y avoir davantage d'autonomie politique vis-à-vis de Londres, mais également qu'il ne devait entretenir aucun attachement politique ou sentimental envers la France (que l'on s'abstenait d'ailleurs de qualifier de « mère patrie »), Paris ayant abandonné soixante-cinq mille des siens à leur sort très longtemps auparavant. En un mot, contrairement aux Canadiens anglais qui tendaient à percevoir leurs intérêts de politique étrangère comme étant essentiellement britanniques, les Canadiens français défi-nissaient les leurs principalement en termes *canadiens*[32]. C'est ainsi que le nationaliste Henri Bourassa pouvait affirmer, sans hyper-bole, que « nous Canadiens-Français, nous n'appartenons qu'à un pays, le Canada[33]. » Non seulement les Canadiens français repré-sentaient-ils le groupe ethnique le plus « purement canadien » selon John MacCormac, mais ils étaient également les plus « nord-américains » du continent, davantage donc que les États-Unis, où plusieurs communautés ethniques demeuraient fortement atta-chées politiquement à leur terre natale[34].

L'anti-européanisme canadien-français et l'européanisme canadien-anglais reflètent l'existence, quoique momentanée, de

---

32. Selon l'expression de Kim Richard Nossal, « Having long before been abandoned by that "mother", French Canadians tended to define their foreign policy interests in primarily unhyphenated terms. » Voir Kim Richard Nossal, Stéphane Roussel et Stéphane Paquin, *International Policy and Politics in Canada*, Toronto, Pearson Education, 2011, p. 86.

33. Cité dans Carman Miller, *Painting the Map Red: Canada and the South African War, 1899-1902*, Montréal et Kingston, McGill-Queen's University Press, 1993, p. 27.

34. John MacCormac, *Canada: America's Problem*, New York, Viking, 1940, p. 157-158.

deux interprétations culturelles distinctes des intérêts de politique étrangère du Canada. Au Québec, où se concentre la très grande majorité des francophones du pays, l'église catholique romaine représentait un symbole d'une plus grande valeur que les « mères patries » française et britannique. Ce sont ainsi cinq cents Canadiens français qui décidèrent, entre 1867 et 1870, de combattre aux côtés des forces papales contre celles de Garibaldi en Italie, soit environ trois cents de plus que ceux d'entre eux qui prirent part à la première intervention militaire outre-mer du Canada, qui eut lieu en Afrique du Sud entre 1899 et 1902[35]. Et au cours de la Grande Guerre, les Québécois furent également beaucoup moins disposés à s'enrôler afin de défendre leur « mère patrie » que leurs vis-à-vis anglophones. Une des raisons de cet état de fait, outre le sentiment d'abandon, réside dans la nature du régime politique français de l'époque, lequel était aux antipodes des valeurs que chéris-saient les Québécois. Les deux piliers du républicanisme de la IIIe République étaient, en effet, l'anticléricalisme et un rejet du royalisme. Si bien que l'abrogation du concordat avec le pape par Napoléon Ier accrut considérablement les divergences attitudinales transatlantiques, au point où « *[m] any admirable Roman Catholic priests in Quebec saw the war of 1914 as a divine chastisement visited upon godless France*[36] ».

Peu de sentiment de loyauté ou de solidarité envers la France subsiste donc au Québec et ce, bien que le gouvernement fédéral tente de ressusciter un patriotisme transnational francosphérique semblable à celui qui anime les Canadiens anglais. Le nationaliste Henri Bourassa réagit en ces termes :

---

35. Sur un total de 7368 Canadiens selon Carman Miller, *op. cit.*, p. xi. Voir C.-E. Rouleau, *Les zouaves pontificaux : quelques pages d'histoire*, Québec, Le Soleil, 1905, p. 90 ; Jean Pariseau et Serge Bernier, *French Canadians and Bilingualism in the Canadian Armed Forces*, vol. 1 : *1763-1969, The Fear of a Parallel Army*, Ottawa, Directorate of History, Department of National Defence, 1988, p. 61.
36. Charles P. Stacey, *Canada and the Age of Conflict*, vol. 1 : *1867-1921*, Toronto, University of Toronto Press, 1989, p. 170 et 235. Comme le note l'historien, seulement 2,4 % de la population du Québec s'enrôla volontairement au cours de la Première Guerre mondiale, comparativement à 7,5 % en Ontario, 9,8 % au Manitoba et 9,5 % en Colombie-Britannique. Sur la France au début du siècle, voir Michel Winock, *La Belle Époque : la France de 1900 à 1914*, Paris, Perrin, 2002, p. 17-23.

On nous parle de nos devoirs, de notre amour pour la France. La raison et les faits seulement doivent gouverner le sentiment, entre nations. C'est ce qu'on fait en France à notre égard [lire l'abandon de 1763], c'est notre devoir, à nous Canadiens, d'agir comme elle[37].

La rancœur associée à l'abandon français est encore plus palpable lorsqu'il ajoute quelques années plus tard :

La France de Louis XIV nous rendit quelques bons offices et nous opprima de mille façons; la France de Louis XV nous abandonna en nous ruinant à fond et à sec. Quant à la France révolutionnaire, la France impériale, la France républicaine, nous sommes à ses antipodes politiques, moraux et religieux [sic]. Elle a renié tous les principes qui nous ont donné et conservé la vie, elle a persécuté la seule catégorie de Français qui se soit jamais intéressée à nous, qui nous ait voulu et fait un bien réel : ces admirables religieux, ces religieuses[38].

Les suites de la crise de la conscription de 1917-1918 – au cours de laquelle quatre citoyens québécois furent tués lors de manifestations contre l'enrôlement militaire forcé – donnèrent lieu à une prise en considération accrue des attitudes des francophones en matière de politique étrangère canadienne. Pour le premier ministre Mackenzie King, reconnu pour son désir de maintenir l'unité nationale, cela devait se traduire par une politique dite « isolationniste » au cours de l'entre-deux-guerres[39]. Pour Lionel Groulx, cela était largement insuffisant. Les Québécois exerçaient bien peu d'influence sur la politique étrangère du Canada, se plaignait-il, avec pour preuve l'idée généralement acceptée au Canada anglais – à laquelle souscrivait le premier ministre King – que si la Grande-Bretagne se retrouvait en guerre, le Canada le serait également[40].

---

37. Henri Bourassa, *Le Devoir*, 28 juin 1917, cité dans Sylvie et Pierre Guillaume, *Paris-Québec-Ottawa : un ménage à trois*, Paris, Entente, 1987, p. 14.
38. Henri Bourassa, *Le Devoir*, 4 juin 1923, cité dans *ibid.*, p. 15.
39. Sur l'isolationnisme canadien au cours de cette période, voir David G. Haglund, « Le Canada dans l'entre-deux-guerres », *loc. cit.*; James Eayrs, « A "Low, Dishonest Decade": Aspects of Canadian External Policy, 1931-39 », dans Hugh L. Keenleyside *et al.* (dir.), *The Growth of Canadian External Policies in External Affairs*, Durham, Duke University Press, 1960, p. 59-80; Nossal *et al.*, *op. cit.*, p. 133.
40. Lionel Groulx, *Histoire du Canada français depuis la découverte, vol. 2*, 4e éd., Montréal, Fides, 1976 [1960], p. 329.

Cette idée prit tout son sens en septembre 1939, alors que le Canada plaida son allégeance à la Grande-Bretagne en déclarant la guerre à l'Allemagne. Si l'on peut certainement questionner le fait que King n'avait d'yeux que pour Londres lorsqu'il déclara la guerre à l'Allemagne nazie, il faut toutefois convenir qu'il faisait écho à un sentiment d'allégeance transatlantique éprouvé par de nombreux Canadiens anglais, sentiment auquel bien peu de Québécois souscrivaient et ce, même vis-à-vis de la France tout aussi engagée contre l'Allemagne[41].

C'est que, pour les Québécois francophones, les intérêts et la sécurité de leur nation se définissaient en termes résolument nord-américains et la menace contre leur pays semblait justement très mince. Il y avait donc bien peu d'entrain pour une guerre qui allait être perçue comme britannique et impériale. Ces propos du chef du Bloc populaire canadien (un parti politique fédéral et provincial du Québec formé afin de combattre la conscription pour le service outre-mer), André Laurendeau, illustrent le scepticisme de l'époque :

> Pourquoi le Canada était-il en guerre ? Parce que l'Angleterre était en guerre, et uniquement pour cela […] Imaginez une guerre franco-russe ou franco-polonaise contre la même Allemagne et le même Hitler : il est sûr que le Canada restait neutre ; peut-être le serait-il demeuré même si les Américains s'étaient joints aux Français[42].

Malgré le sentiment très répandu (bien que non consensuel) parmi les Canadiens français que la France ne comptait que très peu pour le Québec et pour le Canada, un revirement spectaculaire allait bientôt se produire. Ironiquement, la défaite écrasante de la IIIe République au printemps de 1940 allait paver la voie à un rapprochement aussi inattendu que singulier entre les peuples francophones des deux rives de l'Atlantique. Comme nous l'avons noté précédemment, les Québécois se concevaient davantage catholiques

---

41. Le premier ministre Mackenzie King assura effectivement les autorités britanniques, en privé en juin 1937, de l'appui du Canada advenant une quelconque agression de la part de l'Allemagne, une assurance qu'il émit également en 1923 et en 1926. John MacFarlane, *Ernest Lapointe and Quebec's Influence on Canadian Foreign Policy*, Toronto, University of Toronto Press, 1999, p. 109.

42. André Laurendeau, *La crise de la conscription, 1942*, Montréal, Éditions du jour, 1962, p. 37.

que français (de France). Pour autant qu'ils aient pu constituer l'équivalent d'une « diaspora » française en Amérique du Nord, c'en fut toujours une dont une grande partie des élites privilégiaient une orientation à droite sur l'échiquier politique. Il n'était donc pas difficile pour une telle diaspora de trouver des raisons de ne pas appuyer avec enthousiasme une France s'inclinant vers la gauche, non seulement durant le règne du Front populaire de Léon Blum, mais tout au cours de la « longue » IIIᵉ République[43]. Au clivage idéologique au sein de la francosphère s'ajoutaient les dommages infligés au développement d'une identité collective transatlantique par l'importance du mythe de l'abandon dans la mémoire collective québécoise, faisant des liens historiques avec la France un élément artificiel, voire insultant de l'identité québécoise. Pendant très longtemps au Québec, l'entretien de l'identité nationale pouvait s'effectuer en rapport d'altérité vis-à-vis non pas d'un, mais de deux « Autres significatifs » : les Anglais, autant à la maison qu'au sein de l'Empire (ou du Commonwealth), et les Français.

Si ces efforts de différenciation identitaire au Québec furent initialement le fruit de l'élite de droite et religieuse plutôt que celle de gauche et séculière[44], la transformation sociétale du Québec au cours du deuxième tiers du XXᵉ siècle démontre que ce nationalisme allait bientôt être adopté par certains ni particulièrement religieux, ni notoirement conservateurs. C'est donc sans surprise que l'on trouve sur le front culturel plusieurs intellectuels de gauche élevant la voix contre l'idée, émergeant en France après la Seconde Guerre mondiale, que le monde francophone transatlantique était, ou du moins devait devenir, une entité culturelle et/ou politique formelle. Au contraire, plusieurs au Québec, même parmi ceux qui n'appuyaient pas du tout le maréchal Pétain, interprétèrent la chute de la France en 1940 comme un moment de « libération nationale » du Québec, en ce que la province pouvait enfin s'exprimer pleinement et d'égal à égal dans le monde littéraire et culturel francophone – sinon comme le nouveau bastion français en la matière à la suite du détrônement de la métropole traditionnelle. C'est en ce

---

43. Sur la transformation de la France républicaine, voir Jean Touchard, *La gauche en France depuis 1900*, Paris, Seuil, 1981.
44. Voir Damien-Claude Bélanger, « Lionel Groulx and Franco-America », *American Review of Canadian Studies*, vol. 33, nº 3, 2003, p. 373-389.

sens que peut s'exclamer l'écrivain Jacques Ferron que, pour le Québec, « tout recommence en '40[45] ».

Paradoxalement, toutefois, cette « libération » allait avoir un effet positif inattendu sur la qualité des relations franco-québécoises, de façon similaire d'ailleurs (quoique pour des raisons fort différentes) à la manière dont les Américains réinterprétèrent la signification de la Grande-Bretagne par rapport à leur propre identité nationale. Autant pour les Américains se contemplant vis-à-vis de l'« Autre » britannique que pour les Québécois se comparant à la France, il n'y eut jamais de « choc des civilisations »; ce que Walter Russell Mead a écrit à propos des premiers peut dès lors s'appliquer, *mutatis mutandis*, aux seconds : « *Americans did not believe that British civilization was an evil civilization; it was recognizably their own civilization and therefore obviously good*[46]. » Ce qui rendit possible le grand rapprochement anglo-américain fut le retournement du rapport de force entre les deux pays : les États-Unis surpassèrent la Grande-Bretagne et purent grâce à cette croissance mettre fin à leur tendance précédente de « tordre la queue du lion » britannique afin de se faire valoir. Similairement, les Québécois purent se mettre en valeur grâce aux événements tragiques de 1940 : ce qui a diminué la centralité de la France dans la francosphère fut perçu comme étant propice à l'accroissement de l'importance relative du Québec.

Une telle occasion se présenta quelques mois après la chute de la France. Le 25 octobre 1940, le ministre Ernest Lapointe, lieutenant politique du Québec au sein du gouvernement Mackenzie King, affirma dans une déclaration radiophonique que les Canadiens français et les Français partageaient non seulement une langue commune, mais une partie de la même « âme » collective. L'objectif de Lapointe était de convaincre la France vichyste de tout faire pour empêcher que la détérioration des relations franco-britanniques ne mène à une guerre ouverte entre les deux pays. Lapointe insista sur le fait que la France demeurait une alliée pour les Canadiens français et qu'il serait inconcevable pour le

45. Jacques Ferron, « Tout recommence en '40 », *Escarmouches : la longue passe*, vol. 1, Montréal, Leméac, 1975, p. 51-57.
46. Walter Russell Mead, *God and Gold : Britain, America, and the Making of the Modern World*, New York, Alfred A. Knopf, 2008, p. 34-35.

Canada, en tant que preuve du lien indissoluble entre les deux pays, d'imaginer une guerre entre les deux mères patries. Commentant les propos de Lapointe, le quotidien québécois *L'Action catholique* exprima le désir que l'appel du ministre québécois puisse empêcher une totale obséquiosité de la France envers l'Allemagne nazie et puisse permettre au Québec de jouer un rôle vital afin d'améliorer les relations franco-britanniques[47].

C'est ainsi que, illustrant la pertinence des propos de Ferron, la chute de la France en 1940 permit un rapprochement considérable entre les deux peuples francophones et ce, à trois niveaux. Il y eut d'abord le réveil brutal devant la tragédie inattendue. Le même André Laurendeau qui s'était opposé à l'engagement militaire canadien quelques mois plus tôt concéda sa surprise de voir les foules montréalaises en «douleur» et «en deuil». «Elles éprouvent de la peine, de la déception, peut-être un peu de honte: car le nom français, dont elles se sentent solidaires, était ébranlé[48].» S'ensuivit un rapprochement politique sur la base d'une nouvelle proximité idéologique, la France vichyste se repentant notamment de son anticléricalisme. Certains accusèrent même la défaite française à cause du laxisme moral et politique de la IIIᵉ République. «Le rejet de la France laïque et républicaine en faveur d'une France chrétienne souriait aux catholiques de la province de Québec», résume Éric Amyot[49]. Enfin, l'émergence du Québec comme nouvel acteur international (et plus spécifiquement au sein des relations transatlantiques), rompant avec son traditionnel isolationnisme sur la base d'une confiance et d'une prestance retrouvées vis-à-vis d'une France dévastée, allait permettre le développement embryonnaire d'une francosphère. Et tout cela pava la voie au nécessaire abandon de l'obstacle psychoculturel empêchant jusqu'alors un tel rapprochement: le mythe de l'abandon.

47. Mason Wade, *The French Canadians, 1760-1967*, vol. 2, Toronto, Macmillan, 1968, p. 937-938.
48. André Laurendeau, *op. cit.*, p. 54.
49. Éric Amyot, *Le Québec entre Pétain et de Gaulle*, Montréal, Fides, 1999, p. 71.

« Marché haussier » pour la France au Canada

Un tel abandon ne fut pas sans conséquence pour la culture stratégique du Canada d'après-guerre. C'est que depuis quelque temps s'amorçait un processus de plus en plus important de « canadianisation » de l'identité du pays. À la suite des conséquences tragiques de l'émeute d'avril 1918 sur la conscription, une telle réinterprétation identitaire ne pouvait, en matière de politique étrangère, que s'effectuer sur la base d'une plus grande « biculturalisation », c'est-à-dire une prise en considération des intérêts internationaux spécifiques découlant du « fait français » en Amérique du Nord. Des enjeux tels qu'un drapeau proprement canadien, une citoyenneté spécifiquement canadienne et un hymne national canadien étaient motivés par un nationalisme biculturel résurgent dont l'objectif était de préserver l'harmonie entre deux soi-disant « solitudes ». Comme le futur ministre fédéral Fernand Rinfret déclara en 1946 : « *We must teach [...] all Canadians that their country as a matter of fact and reality is a bicultural and bilingual one*[50]. » Un tel processus de rééducation contribua à la redéfinition des intérêts nationaux canadiens d'une manière telle que la France occupa un rôle de plus en plus central dans la culture stratégique du pays. Ottawa sentait le besoin, comme l'assura le premier ministre Louis Saint-Laurent en 1949, de développer sa propre nationalité de manière telle qu'elle puisse être légitime aux yeux des Canadiens tant anglais que français.

Devant l'émergence d'une francosphère transatlantique, du moins du côté ouest de l'Atlantique, la France devait dès lors occuper une place significative dans les préoccupations stratégiques canadiennes. Une première manifestation de ce nouveau pilier francophone de la politique de sécurité internationale du Canada se manifesta lors de la création de l'OTAN. La nouvelle « vision atlantique » du gouvernement fédéral impliquait l'établissement d'une « communauté » transatlantique capable de répondre à la menace autant idéologique que militaire représentée par l'Union soviétique. Cela signifiait éviter les formules dites à « doubles piliers » (une alliance nord-américaine et une autre européenne)

---

50. Cité dans Donald Creighton, *The Forked Road : Canada, 1939-1957*, Toronto, McClelland & Stewart, 1976, p. 130.

ou anglo-saxonne (une alliance anglo-américano-canadienne), lesquelles marginaliseraient le caractère francophone du Canada. Ainsi, la «valeur marchande» de la France dans le marché des intérêts canadiens allait être progressivement réévaluée à la hausse. En effet, les décennies suivantes furent marquées par, en quelque sorte, un marché haussier où les parts de marché que représentaient la France furent très convoitées et vivement disputées entre Ottawa et Québec. Si bien, d'ailleurs, que les décideurs politiques canadiens ajustèrent leur interprétation des intérêts canadiens de manière à ce qu'ils soient compatibles avec ceux de la France, quitte à en souffrir politiquement vis-à-vis de Québec. Par exemple, Ottawa finit par accepter l'inclusion de l'Algérie dans la zone de sécurité garantie par l'OTAN au nom de l'importance «essentielle» de la présence française dans l'Alliance[51]. Le Canada appuya également les politiques françaises en Afrique du Nord (Algérie, Tunisie, Maroc) et en Indochine, de crainte que Paris décide de se retirer de l'OTAN. Ce n'est d'ailleurs qu'après le retrait partiel de la France des structures de commandement de l'OTAN et à la suite des pressions du Québec que le Canada accrut ses relations et son aide aux pays francophones d'Afrique, notamment dans le but de démontrer, au pays, le caractère bilingue et biculturel de la politique étrangère canadienne[52].

Malgré cette attitude généralement favorable à la France de la part du Canada, les relations bilatérales ne devinrent pas plus étroites entre les deux pays après la création de l'Alliance atlantique. Une partie de l'explication réside dans le fait que la seconde préoccupation principale du Canada lors des négociations en vue de créer l'OTAN – l'établissement de «plus qu'une alliance militaire», c'est-à-dire d'une communauté politique, économique et sociale – n'était pas partagée par Paris. L'insistance du Canada

51. John A. Munro et Alex I. Inglis (dir.), *Mike: The Memoirs of the Right Honourable Lester B. Pearson*, vol. 2: *1948-1957*, New York, Quadrangle, 1973, p. 55. Sur l'importance stratégique et politique que représentait la France pour le Canada lors de la création de l'OTAN, voir John W. Holmes, «Le Canada dans le monde», *Politique étrangère*, vol. 33, n° 4, 1968, p. 300-301.

52. Robin S. Gendron, *Towards a Francophone Community: Canada's Relations with France and French Africa, 1945-1968*, Montréal et Kingston, McGill-Queen's University Press, 2006, p. 59 et 140.

était, selon Pearson, surtout politique : « *We did not think that the Canadian people, especially in Quebec, would whole-heartedly take on far-reaching external commitments if they were exclusively military in character*[53]. » Autrement dit, le désir du Canada d'accroître les liens transatlantiques était motivé, entre autres, par les attitudes antimilitaristes des Québécois. À cela s'ajoutait l'idée qu'une « force morale » devait se juxtaposer aux capacités économiques et militaires des alliés afin de vaincre les forces communistes. Dans les mots du premier ministre Saint-Laurent :

> *The best guarantee of peace today is the creation and preservation by the nations of the free world, under the leadership of Great Britain, the United States, and France, of an overwhelming preponderance of force over any adversary or possible combination of adversaries. This force must not be only military; it must be moral [...] This treaty is to be far more than an old-fashioned military alliance. It is based on the common belief of the North Atlantic nations in the value and virtues of our democratic Christian civilization*[54].

Dans le nouveau contexte des relations transatlantiques d'après-guerre, l'importance de la France pour les dirigeants canadiens résidait donc dans la légitimité politique interne et internationale qu'apportait l'alliance – ou plutôt la « communauté » – atlantique à la politique étrangère canadienne. Il est même possible de discerner les germes embryonnaires d'une identité transnationale dans l'attitude canadienne vis-à-vis de l'alliance, avec les nombreux discours du premier ministre Saint-Laurent comme preuve de l'émergence d'une communauté atlantique sur la base de valeurs et de croyances « chrétiennes et démocratiques ». Il s'agissait d'ailleurs, comme nous l'avons mentionné, d'un élément central de la politique canadienne[55]. Mais il ne faut toutefois pas surestimer ce point : les motivations sous-jacentes du Canada ne

---

53. Cité dans John A. Munro et Alex I. Inglis, *op. cit.*, p. 55.
54. Louis Saint-Laurent, dans R. A. Mackay, *Canadian Foreign Policy 1945-1954 : Selected Speeches and Documents*, Toronto, McClelland & Stewart, 1971, p. 190-191.
55. Pour une analyse détaillée de ces motivations, voir Stéphane Roussel, « "L'instant kantien" : la contribution canadienne à la création de la "Communauté nord-atlantique", 1946-1951 », dans Greg Donaghy (dir.), *Le Canada au début de la Guerre froide, 1943-1957*, Ottawa, Ministère des Affaires étrangères et du Commerce international, 1998, p. 119-156.

reflétaient pas l'existence d'une identité collective transnationale, chrétienne ou démocratique.

Le rôle joué par l'identité n'en fut pas moins fondamental, mais se limita aux frontières étatiques. La «vision» canadienne n'était pas le reflet d'une communauté identitaire préexistante formée sur la base de valeurs partagées, mais plutôt le produit de contraintes politiques intérieures et immédiates. Il est effectivement difficile de ne pas voir dans les multiples discours prononcés par Saint-Laurent et Pearson un compromis pragmatique entre deux visions uniculturalistes des intérêts canadiens en matière de politique étrangère, avec comme résultat un intérêt biculturel pancanadien. Si tel est le cas, on devrait s'attendre à ce que les relations franco-canadiennes soient conditionnées par le «fait français» et son impact sur la définition de l'identité et des intérêts *nationaux* du Canada. En d'autres mots, ce seraient des considérations liées à l'unité nationale (au sens d'harmonie entre francophones et anglophones) et non une communauté de valeurs transatlantique qui expliqueraient l'émergence et l'importance persistante de la France dans la politique étrangère canadienne depuis la Seconde Guerre mondiale et ce, grâce au rapprochement francosphérique amorcé sur la base de l'abandon du mythe de l'abandon.

Il est désormais reconnu que les relations diplomatiques et stratégiques franco-canadiennes ont été caractérisées par une série intermittente de tensions au sein du triangle Ottawa-Paris-Québec, en particulier depuis la naissance de la Ve République en 1958. Mais bien que les tensions aient occasionnellement mené à une baisse de la valeur marchande de la France du point de vue d'Ottawa, la tendance générale demeura positive, tout comme elle le fut d'ailleurs du point de vue du Québec. En un mot, le marché haussier prévalut sur le marché baissier. Les hauts et les bas des relations ont été bien documentés ailleurs, mais il convient d'en rappeler certains tournants majeurs, à commencer par la profession de foi du général de Gaulle en avril 1960 en faveur de *l'unité nationale canadienne*. À un moment où la Révolution tranquille ne dominait pas encore la conscience collective des Québécois, de Gaulle exprima en effet l'«intérêt, la sympathie et la confiance» de la France envers le Canada, de même que sa conviction que «les Français se sentent d'accord avec les Canadiens quant à la manière de voir et de traiter les problèmes de notre temps[56]». À peine sept ans plus tard, le Général allait répudier son admiration pour une fédération ayant su «unir deux communautés aux origines, langue et religion très différentes», en comparant ce même pays à l'Allemagne nazie, et en donnant son appui chaleureux et fortement ressenti envers l'indépendance du Québec, qu'il croyait désormais inéluctable[57].

Une normalisation des relations franco-canadiennes allait suivre la démission, puis la mort du Général, orientée autour de la politique emblématique du «ni-ni» (ni ingérence, ni indifférence) de la France vis-à-vis des aspirations internationales du Québec. Mais il faudra attendre le départ de Pierre Trudeau et de Valéry Giscard d'Estaing pour que les relations soient réellement remises à neuf. Le premier ministre Brian Mulroney s'exclama ainsi au cours de la visite historique du président François Mitterrand au Canada en mai 1987: «*Today we turn a new page in the history of the relationship between France and Canada. We cannot change the past, but we can shape our future. What matters is the chapter we write together.*» Ce à quoi le président répondit avec trois mots lourds de sens politique: «Vive le Canada!» – des mots qui signalaient la formalisation du rapprochement Paris-Ottawa[58].

Mais avec la réémergence de la question de l'unité nationale à la suite de l'échec de l'accord du lac Meech au cours des années 1990, la France changea de nouveau de camp en accordant une plus grande priorité à ses relations avec un possible futur État francophone (et non bilingue) en Amérique du Nord. Les dirigeants politiques français semblaient avoir conclu que si le camp du Oui remportait une majorité de votes au cours du référendum de 1995 sur la souveraineté du Québec, Paris allait se sentir dans l'obligation d'appuyer, complètement et rapidement, la très

---

56. Cité dans Dale C. Thompson, *De Gaulle et le Québec*, Saint-Laurent, Trécarré, 1990, p. 106.

57. Dans les mots du président français: «Nous pouvons développer nos rapports avec le Canada tel qu'il est encore. Mais nous devons, avant tout, établir une coopération particulière avec le Canada français et ne pas laisser noyer ce que nous faisons pour lui et avec lui dans une affaire concernant l'ensemble des deux Canadas. D'ailleurs, le Canada français deviendra nécessairement un État et c'est dans cette perspective que nous devons agir.» Cité dans Frédéric Bastien, *op. cit.*, 1999, p. 336; et Dale C. Thompson, *Vive le Québec Libre*, Toronto, Deneau, 1988, p. 84.

58. Brian Mulroney, *Memoirs, 1939-1993*, Toronto, McClelland & Stewart, 2007, p. 546-547.

probable déclaration d'indépendance du premier ministre Jacques Parizeau. Le président Jacques Chirac fut très clair lors d'une entrevue sur les ondes de CNN le 23 octobre 1995 en affirmant simplement qu'il « reconnaîtrait un fait[59] ».

Treize ans plus tard, le président Nicolas Sarkozy ressemblait donc bien plus au socialiste Mitterrand qu'au gaulliste Chirac en vantant les mérites de l'union canadienne. Au cours d'une cérémonie célébrant le 63ᵉ anniversaire de la fin de la Seconde Guerre mondiale en Europe, le président de la république déclara :

> Vous savez que nous, on est très proches du Québec, mais je vais vous le dire, on aime beaucoup le Canada aussi. On n'oppose pas nos deux amitiés et nos deux fidélités. On les rassemble pour que chacun comprenne que ce que nous avons en commun, on va le tourner vers l'avenir pour que l'avenir du Canada et de la France soit l'avenir de deux pays pas simplement alliés mais deux pays amis[60].

Cette déclaration d'amour de Nicolas Sarkozy survint précisément alors que l'idée de la souveraineté du Québec était à son plus bas dans les sondages. L'état des relations franco-canadiennes semble donc être conditionné au « fait français » en Amérique du Nord, institutionnalisé à Québec, et à son impact sur la définition des intérêts proprement nationaux du Canada. La nouvelle période d'amitié franco-canadienne apparaît en effet tributaire non seulement de la baisse de popularité de l'option souverainiste, mais également de l'importance persistante de la France dans la culture stratégique canadienne. Il est ainsi à noter qu'alors que Gilles Duceppe, à l'époque chef du Bloc québécois, estimait que l'option souverainiste pourrait très rapidement et substantiellement gagner en popularité, le principal adversaire politique du président Sarkozy, le Parti socialiste, souhaitait rétablir « la relation historique entre le Québec et la France » en renouant avec la doctrine "ni ingérence, ni indifférence"[61]. »

59. Cité dans Frédéric Bastien, *op. cit.*, p. 328.
60. Cité dans Robert Dutrisac, « Vibrante déclaration d'amour de Sarkozy au Canada », *Le Devoir*, 9 mai 2008, p. A1.
61. Voir Gilles Toupin, *Gilles Duceppe : Entretiens avec Gilles Toupin*, Montréal, Richard Vézina, 2010 ; Christian Rioux, « Les socialistes français ramènent le "ni-ni" sur la question québécoise », *Le Devoir*, 12 octobre 2010, p. A1.

Conclusion

Peut-on conclure de la discussion qui précède l'existence d'une francosphère transatlantique sur la base de l'abandon du mythe de l'abandon ? À cette question, nous ne pouvons qu'apporter une réponse partielle puisque nous n'avons pas examiné le monde francophone du point de vue de la France, hormis quelques déclarations présidentielles. En revanche, ce que l'on peut affirmer avec une certaine confiance, c'est que la France représente un allié singulier pour Ottawa, du fait de l'abandon du mythe de l'abandon dans la mémoire collective québécoise. En ce qui a trait à la perspective française, il reste à en examiner l'étoffe et les logiques sous-jacentes afin de conclure sur l'existence d'une francosphère *bi*directionnelle transatlantique.

L'influence de l'« identité » et de la « culture », que ce soit en termes de mythes symboliques ou d'ethnicité, demeure quant à elle particulièrement vive dans la conception, autant québécoise que canadienne, de la France en tant qu'élément important de leur politique extérieure respective. La présence du « fait français » en Amérique du Nord constitue donc un phénomène lourd de conséquences transatlantiques, que ce soit, par exemple, au niveau du caractère politique et stratégique central de la France pour la politique étrangère canadienne, ou encore de l'appui français à l'accession possible du Québec à l'indépendance. Il semble d'ailleurs évident que si ce n'était de la présence d'une minorité nationale francophone au Canada, les relations franco-canadiennes n'auraient rien de plus « spécial » que celles vis-à-vis de l'Allemagne ou de l'Italie, par exemple.

La France est donc « de retour » depuis quelque temps au Canada et au Québec. Sans constituer une véritable identité collective francophone transatlantique, ce retour n'en est pas moins significatif et repose, comme nous avons tenté de le démontrer, sur une condition nécessaire : l'abandon du mythe de l'abandon. Il s'agit d'un processus qui a trouvé son élan avec la défaite militaire de la France en mai 1940. À cet égard donc, la réflexion de Jacques Ferron s'applique magnifiquement bien à la francosphère transatlantique : tout recommence en 1940.

CHAPITRE VIII

Canada-France : un seul État et une double diplomatie

Anne Legaré

Plus que jamais résolu à englober la relation diplomatique que le Québec entretient avec la France, le Canada cherche depuis de Gaulle à soumettre l'autonomie du Québec à la domination de sa politique étrangère. Certains événements récents, comme les célébrations du 400ᵉ anniversaire de la ville de Québec que le Canada a partagées avec la France au cours de 2008, ont été l'illustration éloquente de ce projet structurant : un *partenariat diplomatique entre le Canada et la France* profitable à l'unité canadienne, c'est-à-dire une alliance visible, coordonnée, maîtrisée et fructueuse dans laquelle la relation du Québec avec la France passerait de son statut de relation privilégiée et directe pour devenir soumise à cette diplomatie d'ensemble.

D'un côté, un vaste champ d'action mais une autonomie inexistante

Or, jusqu'à aujourd'hui, ce ravalement diplomatique du Québec n'a pas été si facile à réaliser. Compte tenu des structures juridico-constitutionnelles du Canada inscrites dans un modèle de fédéralisme inachevé et compte tenu de l'histoire des relations fédérales/provinciales, le gouvernement central, même s'il ne peut en restreindre totalement le champ d'action, est confronté aux avancées du Québec en matière de relations internationales.

L'autonomie du Québec ou de toute province est cependant quasi inexistante, même dans les domaines de sa propre juridiction, dans cette forme de régime qu'est le fédéralisme canadien. Si la doctrine Gérin-Lajoie (qui a seulement le statut de doctrine et qui est contestée par Ottawa) stipule que les provinces disposent d'un champ d'action internationale légitime dans les domaines de leurs compétences, ce type d'action ne se fait pas sans être soumis à la surveillance du gouvernement fédéral. Le champ d'action peut être vaste, mais l'autonomie de fait reste une vue de l'esprit. C'est pourquoi, en conclusion à une comparaison entre le fédéralisme canadien et le projet de fédéralisme européen, la juriste Andrée Lajoie a été amenée à une étonnante anticipation : « L'éventualité la plus probable est en effet celle de la disparition plus ou moins lente du fédéralisme qui achève de se dissoudre dans une trajectoire où la constitution canadienne s'oriente de plus en plus irrémédiablement vers le monisme d'un État unitaire[1]. »

Le fédéralisme, comme forme de régime, tout en cédant aux régions fédérées (qui disposent de gouvernement mais ne sont pas des États au sens du droit international) une pleine ou relative autonomie dans l'exercice des pouvoirs qui leur incombent, est confronté à cette instance de légitimité ultime qu'est l'État. L'État, qui ne se confond pas avec les paliers de gouvernement, agit sur un territoire donné comme *autorité* légitime, ce qui lui permet d'être pleinement reconnu comme sujet du droit international. Cette obligation de subordination des instances fédérées (ici, les provinces) par rapport à cette légitimité ultime permet à l'État, entité abstraite, de constituer un ensemble politique, *incarné* à travers un bloc de dirigeants, qui coordonne, régularise, impose une cohérence plus ou moins étendue (comme on le voit à travers les divers cas d'espèce, États-Unis, Allemagne, Belgique, Iraq, etc.) afin que chaque espace de pouvoir s'ajuste aux processus nécessaires pour la survie de l'ensemble en tant qu'ensemble, ayant seul les prérogatives de l'État (armée, tribunaux de dernière instance, fiscalité, pouvoir résiduel, etc.). C'est dans ce cadre que le Canada, en tant qu'État et tentative de synthèse inachevée et inachevable,

---

1. Andrée Lajoie, *Le fédéralisme canadien : science politique fiction pour l'Europe*, conférence prononcée à l'Université d'été de Montpellier, 8 juillet 2004, p. 14.

s'efforce de soumettre à son autorité les conquêtes de pouvoir d'une de ses régions, le Québec, reconnu, qui plus est, comme nation.

Canada-France : une relation emblématique

À cet égard, aussi curieux que cela puisse paraître, la relation du Canada avec la France est devenue emblématique de cette obligation de cohésion qui pèse sur le Canada en tant qu'État, malgré les références avortées aux pouvoirs que confère le fédéralisme (et/ ou la constitution) aux entités fédérées. En effet, ce modèle de fédéralisme est, depuis son origine, le symptôme d'une difficulté à intégrer le Québec dans cet ensemble, c'est-à-dire à consolider la légitimité pleine et entière du Canada sur cette nation/région (dit autrement, à soumettre le Québec à sa seule légitimité). Aux yeux d'Ottawa, les avancées autonomistes du Québec en matière de relations internationales, obtenues grâce à une relation privilégiée avec la France, représentent une dissonance dans la recherche de cohésion du Canada, dans la mesure où elles agissent comme puissance symbolique dans la construction de l'identité québécoise.

La relation du Canada avec la France est donc non seulement stratégique dans la mesure où les deux États sont des alliés (ou des « partenaires ») au sein de rapports mondiaux complexes, mais elle se veut, pour le Canada, un facteur clé dans sa relation de domination et de contrôle d'un Québec animé par une grande volonté d'autonomie, de reconnaissance et d'indépendance. C'est ainsi qu'on a pu observer, au fur et à mesure que le Québec affirmait son identité politique, que la légitimité de la domination du Canada sur le Québec (ou l'effet de synthèse recherché) ne souffrait plus d'être questionnée.

À l'étude des relations diplomatiques de la France avec le Canada telles qu'on peut les explorer dans les archives diplomatiques du Quai d'Orsay, on constate l'évidence de cet irritant pour Ottawa qui n'a cesse de demander à la France la reconnaissance manifeste de sa centralité en tant qu'État, demande que la France a tenté malgré tout de ménager depuis cinquante ans. Il aura fallu une conjoncture politique nouvelle, l'arrivée au pouvoir d'un président aux ambitions de rupture, Nicolas Sarkozy, pour que la demande canadienne soit manifestement entendue. Dans l'intention d'Ottawa et de ses représentants diplomatiques en France, le soutien direct de la France à un nouveau partenariat avec le Canada, déplaçant de façon manifeste la relation privilégiée du Québec, pourrait se vouloir la condition d'une *re-canadianisation du Québec*, soit d'un retour à la primauté de l'identité canadienne sur l'identité québécoise. Dans cet esprit, à travers la mise en scène de cette nouvelle symbolique de la relation de la France reconnaissant ses liens avec le Canada et accablant ainsi du même coup le couple Québec-France de sa prééminence, Ottawa poursuit sa quête d'une identification plus forte des Québécois à l'entité politique qu'est le Canada.

L'État en régime fédéral et les confusions du langage constitutionnel

Ce texte ne propose pas une description de cette relation. Il ne consiste pas à rappeler encore une fois les nombreux exemples qui renforceraient la proposition à l'effet que, dans la pratique de ses relations, le Canada a suffisamment démontré son désir de subsumer les relations du Québec avec la France à sa propre diplomatie. Il ne s'agit pas non plus d'évoquer les gains obtenus de haute lutte par le Québec dans des conditions adverses, car de nombreux chercheurs l'ont déjà fait brillamment. Mais dans le cadre d'une réflexion plus particulièrement consacrée aux *relations triangulaires* Canada–Québec–France de 1945 à 2009, ce qu'il convient d'appeler *les tensions d'une double diplomatie,* on pourrait s'attendre à ce que ce texte s'attarde sur les dysfonctionnements ou le fonctionnement de ces relations. En l'occurrence, il pourrait être tentant de montrer comment le Canada se comporte comme le mari trompé, tentant sans relâche de ramener l'épouse dans les rets du foyer conjugal.

Ce texte s'applique plus modestement à tenter d'expliquer ce qui fait la trame de fond de cette jalousie inextricable dont souffre le Canada à l'endroit des relations du Québec avec la France. Car les acteurs politiques qui se donnent pour obligation de guérir le Canada et le Québec de cette maladie ont aussi le devoir de se pencher sur toutes les causes du mal qu'ils veulent soigner. On pourrait dire, sans faire de jeu de mots, que ce mal provient pour une part du mésusage d'un mot: *chaque province ou chaque gouvernement provincial se prenant ou étant pris pour un «État».*

La jalousie qu'éprouve le Canada à l'égard des liens du Québec avec la France provient en grande partie, selon l'analyse qui suit, de l'usage abusif par chacun du mot État pour désigner une province. Ce mésusage est introduit dans le débat politique par l'emploi constant du langage juridique ou constitutionnel propre au fédéralisme au détriment d'une représentation appropriée des enjeux politiques sous-jacents. Les représentations nécessaires pour désigner ce qui appartient au politique, les rapports de pouvoir, le gouvernement, l'État, ne désignent pas des objets identiques lorsque ces mêmes mots sont mis en œuvre dans le discours juridique. Il en va tout particulièrement ainsi de l'usage du mot *État*. Pensons par exemple à la substitution du mot État à la place de celui de province ou région fédérée pour désigner les ordres de gouvernement et la répartition de leurs compétences réciproques, mésusage emprunté au langage constitutionnel entraînant les conséquences et les déformations multiples que l'on sait.

Ce texte formule l'hypothèse que le langage constitutionnel qui gouverne nos représentations du politique au Canada et au Québec (en utilisant l'expression d'États fédérés et de partage des compétences) *occulte* une lutte profonde de légitimité de la domination d'un palier de gouvernement, le palier fédéral ou central, qui se comporte comme s'il était le seul détenteur de la légitimité étatique. Inversement, le Québec, région et nation fédérée[2], appelée incorrectement «État provincial», revendique dans le champ de ses compétences la pleine et entière autonomie d'un État.

Pour renforcer cette démonstration, il est utile de faire un détour par la pensée d'un auteur libéral du xxᵉ siècle, Max Weber, un des principaux fondateurs d'une pensée véritablement politique de l'État. Dans son petit opuscule et néanmoins classique *Le savant et la politique*, paru en 1919, Weber a fourni une définition de l'État susceptible d'éclairer le présent siècle, quitte à être appliquée à des ensembles plus larges que ceux qui sont réunis

---

2. Il s'agit ici de la poursuite d'une réflexion sur le concept de région depuis la publication d'un article paru en 1985 ; Anne Légaré, *La décentralisation: pourquoi faire?* «Quelques courants dominant l'analyse de la région en France et propos sur la définition de la région», *Cahiers de sociologie*, Montréal, Département de sociologie de l'UQAM, vol. 3, nᵒ 1, avril 1985, p. 54 à 73.

actuellement par les relations régionales ou même continentales. En préface à la réédition de l'ouvrage de Weber, Raymond Aron écrivait que «la science qu'il [Weber] conçoit est celle qui est susceptible de *servir l'homme d'action*», car, ajoute Aron, si l'attitude de l'homme d'action «diffère en sa fin, elle ne diffère pas en sa structure, de celle de l'homme de science[3]». Il n'est donc pas utopique d'espérer que cette préoccupation scientifique éclaire aussi les relations Canada/Québec.

Weber définit ainsi l'État:

> L'État consiste en un rapport de domination de l'homme sur l'homme fondé sur le moyen de la violence légitime (c'est-à-dire sur la violence qui est considérée comme légitime).
>
> L'État ne peut donc exister qu'à la condition que les hommes dominés se soumettent à l'autorité revendiquée chaque fois par les dominateurs[4].

Weber explique que pour que cette violence, moyen spécifique de l'État, soit considérée comme légitime, le politique fait appel à trois «raisons internes à la domination» pouvant la justifier et constituant en même temps les trois fondements de sa légitimité. Outre les deux premiers fondements qui sont le pouvoir transmis par la tradition et celui qui est engendré par le charisme, la domination de l'État est reconnue par les hommes comme légitime lorsqu'elle «s'impose *en vertu de la légalité*, en vertu de la croyance en la validité d'un statut légal[5]». Voyons brièvement ce qui pourrait fonder la validité du statut légal de la domination du palier fédéral ou central de gouvernement au Canada dans le champ des relations internationales.

La reconnaissance internationale, recours pour la légitimation de l'État

À l'égard de la *légalité du statut* du gouvernement fédéral par rapport aux relations internationales, un statut constitutionnel qui lui donnerait l'exclusivité ou l'autorité nécessaire pour fonder «la

---

3. Max Weber, *Le savant et la politique*, Paris, Plon, Union générale d'éditions, 1959, p. 8. Nos italiques.
4. *Ibid.*, p. 101-102.
5. *Ibid.*

croyance » (Weber) ou la légitimité en sa prétention légale à être seul en droit de les exercer, le cadre constitutionnel canadien est faible, sinon insuffisant. Le gouvernement fédéral ne peut donc, par les vertus constitutionnelles, faire croire à la validité de sa domination exclusive. À titre d'exemple, on rappelle toujours le jugement du Comité judiciaire du Conseil privé à Londres qui créa un précédent en stipulant que l'article 132 de l'Acte de l'Amérique du Nord britannique confère le pouvoir de conclusion des traités internationaux à l'exécutif, tout en attribuant aux provinces, appelées « les paliers législatifs », en vertu de l'article 92 qui porte sur les domaines de compétences provinciales, leur mise en œuvre (soit l'« exécution de ces obligations »)[6]. Ainsi, estimant disposer de la reconnaissance de son droit exclusif en matière de conclusion des traités (ce qui en fait un sujet du droit international), le gouvernement fédéral justifie ainsi son constant souci de soumettre toute activité internationale à sa surveillance et à son autorité la plus étroite, sans vraiment réussir à en convaincre le Québec. Le cadre juridique ou constitutionnel donné par le fédéralisme canadien ne suffit donc pas à asseoir solidement la croyance en la légitimité de la domination du gouvernement fédéral en matière de relations internationales et, du même coup, la croyance en son rapport ultime et exclusif à la fondation de l'État. L'État canadien existe pourtant et il n'est pas réductible à l'addition des pouvoirs des gouvernements des provinces plus ceux du gouvernement central, non plus qu'à l'une ou l'autre province appelée incorrectement « État ».

Le Canada doit donc faire appel, pour fonder la légitimité de sa domination, à la reconnaissance des conditions extérieures de celle-ci, plus particulièrement à son statut d'État au sens du droit international. Le rappel de la reconnaissance extérieure de sa légitimité, comme instance ultime de domination sur un territoire, par tout autre État, en l'occurrence les États-Unis et la France, renforce cette légitimité, sans quoi elle apparaît contestable et est

---

6. Voir, entre autres, l'arrêt de Lord Atkins qui a fait jurisprudence en la matière depuis les avis du juge en chef Lord Lyman Duff (au cours de ses fonctions, 1933 à 1944), cité et contesté de multiples manières dans Jacques-Yvan Morin, Francis Rigaldies et Daniel Turp, *Droit international public*, 3ᵉ éd., Montréal, Thémis, 2001.

contestée. La reconnaissance symbolique du Canada par la France, entendue fortement à travers les paroles du président français Nicolas Sarkozy à l'occasion de sa venue à l'Assemblée nationale du Québec le 17 octobre 2008, puis lors de la remise de la Légion d'honneur au premier ministre du Québec Jean Charest le 2 février 2009, constitue un mode de restauration et de légitimation de la puissance et de la domination du Canada sur une de ses régions fédérées, le Québec, sorte de ravalement au statut de province, envers et contre les acquis d'une identité construite depuis les trente dernières années. Pour dépasser les limites du langage juridico-constitutionnel du fédéralisme et produire l'effet révélateur du langage proprement politique, c'est-à-dire pour donner son plein sens au mot État, la reconnaissance internationale du Canada en tant qu'État aura été indispensable. La démonstration aura ainsi été effectuée que le Québec, en tant que province, n'est ni un État fédéré ni un État tout court. C'est dans cet esprit, d'ailleurs, que les autorités diplomatiques françaises ont qualifié leur relation avec le Québec de « sujet indirect de la diplomatie française[7] ».

Un conflit traduit dans un récit officiel

Inutile de faire une nouvelle démonstration de la réalité de ce conflit : on en trouve même l'illustration sur le site du ministère des Affaires étrangères dans une section concernant l'historique de son action, plus particulièrement rappelée à l'occasion des célébrations de son Centenaire[8].

On peut ainsi y lire :

> Au cours de la période 1957-1968 : le gouvernement fédéral s'inquiétait du positionnement que le Québec se donnait à l'étranger [...] En 1964, Ottawa négocia un accord-cadre avec Paris autorisant Québec et Paris à signer des ententes de coopération. Toutefois, il devint

---

7. Le sujet direct étant bien entendu le Canada au sens de sujet de droit international. Voir la longue enquête effectuée auprès des autorités françaises à ce propos dans Anne Legaré, *Le Québec, otage de ses alliés. Les relations du Québec avec la France et les États-Unis*, Montréal, VLB, 2003, ch. VI, « Les intérêts de la France à l'endroit du Québec », p. 187-210.

8. *Jouer dans la cour des grands. Histoire du ministère des Affaires étrangères et du Commerce international*, Ottawa, MAECI, 2008, www.international.gc.ca/department/history-histoire/, p. 10-11.

impossible d'éviter l'affrontement, car de Gaulle s'ingérait de plus en plus dans les affaires canadiennes [...] On atteignit le point culminant lors de la visite que fit de Gaulle au Québec en 1967 [...] Le Général rentra chez lui, laissant en ruines les relations canado-françaises.

Le ministère en tire une conséquence :

La question de l'unité nationale fut alors inscrite à l'ordre du jour politique du Canada [...] Le dossier de l'unité posa de nouveaux défis et ouvrit de nouvelles possibilités pour la diplomatie canadienne [...]

Pour la période qui suit, de 1968 à 1984, le conflit se resserre :

Trudeau [...] situait au premier rang de ses priorités l'unité nationale, car le sentiment séparatiste gagnait du terrain au Québec vers la fin des années 1960 [...][9]

La question d'ordre intérieur la plus importante au Canada, le statut du Québec, continuait d'avoir des incidences sur la scène internationale [...][10]

[les] gouvernements fédéral et québécois jouèrent des coudes pour se mettre en position avantageuse au moment où le Québec affirmait son droit à une voix indépendante sur la scène internationale lorsqu'on débattait de questions de compétence provinciale. De son côté, Ottawa insistait pour que les affaires étrangères demeurent le domaine exclusif du gouvernement fédéral [...] La question du Québec prit un caractère encore plus aigu après l'élection du Parti québécois, formation séparatiste, en 1976[11].

Dans une autre section on lit :

En 1964, Marcel Cadieux s'oppose farouchement au séparatisme [...] Paul Martin et Marcel Cadieux veillent à ce que le ministère tienne compte des aspirations des Canadiens français [...] À cette fin, ils nouent des liens plus étroits avec la France.

Les tensions d'une double diplomatie

Quarante-cinq ans plus tard, à l'occasion des propos interventionnistes du président Sarkozy, une déchirure est manifeste dans

---

9. *Ibid.*, p. 2.
10. Ici, il est rappelé sur le site les pressions de la France auprès du Gabon afin qu'il invite le Québec à participer à une réunion d'États.
11. *Op. cit.*, p. 7.

la symbolique de la relation entre le Québec et la France. Du côté canadien, les ambitions de reconnaissance manifeste de l'unité du Canada par la France, tentatives fédérales bien connues depuis les années 1960, ont été pleinement satisfaites.

Cependant, on peut se demander s'il est normal que deux paliers de gouvernement d'un régime *dit* fédéral s'affrontent pour obtenir de façon privilégiée ou exclusive les bonnes grâces d'un État-tiers, la France. Comment analyser ce qui fonde cette déchirure du consensus dans la relation Québec-Canada, à l'intérieur d'un régime fédéral prétendument décentralisé, à partir du fait que le Québec ait entretenu depuis 1964 et jusqu'en 2008 des relations autonomes avec la France liées à sa langue et à sa culture ?

Afin d'expliquer cette tension, à la fois d'ordre structurel et conjoncturel, il est utile de préciser la nature de divers recours symboliques à la domination de l'État en régime fédéral.

D'abord, tout État, comme le rappelle Weber, est un rapport de domination sur une population et sur un territoire qui repose sur le consentement de ceux qui y sont soumis, renforçant ainsi la cohésion de l'ensemble et fondant sa légitimité. *Dans un régime fédéral*, cette domination s'exerce par le relais des gouvernements du centre *et* des régions et le consentement des populations des régions fédérées ; *dans un régime unitaire*, ce consentement est obtenu autour de la centralité des institutions et d'une configuration unificatrice du pouvoir.

Dans les sociétés contemporaines, cette domination appuie sa légitimité sur un *ordre légal*[12]. Au Canada et au Québec, c'est dans le recours au discours ou au langage constitutionnel portant sur le fédéralisme en général et sur le fédéralisme canadien en particulier que s'exerce la légitimation de la domination de l'État sur l'ensemble des territoires et des populations (sur les citoyens et sur les provinces) du Canada. Mentionnons, à titre d'exemple, les références constantes dans le débat politique aux théories du fédéralisme, à la répartition des compétences, aux catégories juridiques comme *ordre ou palier de gouvernement*, aux pouvoirs du gouvernement fédéral vis-à-vis des compétences des gouvernements provinciaux, à la jurisprudence en matière de relations fédérales/provinciales, etc.

---

12. Plutôt que sur la tradition ou sur le charisme des dirigeants.

Or, dans le cas où le consentement à cette domination est remis en question par une population fédérée, l'État, à travers ses représentants, aura recours à toute forme de violence symbolique, perçue comme légitime[13], afin de réinstaurer la cohésion menacée. Les différents recours du gouvernement fédéral à la reconnaissance internationale de l'unité nationale du Canada agissent en vue de restaurer cette domination légitime de l'État sur le Québec en particulier, aussi bien que sur l'ensemble.

De façon concrète, ces recours peuvent prendre les formes suivantes:

a) la *recherche d'unité nationale*, envers et contre les prétentions décentralisatrices du fédéralisme;

b) dans l'exercice de la *légitimité* de sa domination, l'État, par la voix des gouvernements, aura recours à toute violence, qu'elle soit symbolique, légale ou physique, comme, par exemple, le recours à l'autorité des gouvernants, la soumission à la loi et aux tribunaux, le prélèvement des impôts, etc. Et, faisant usage des relations internationales à ses propres fins, l'État exercera sa domination par diverses formes de coordination de l'action des provinces avec le gouvernement fédéral (que sont, par exemple, les avis de pertinence demandés par les fonctionnaires des gouvernements provinciaux à l'instance fédérale ou par la soumission des représentants des provinces aux règles de la Convention de Vienne, etc.);

c) enfin, l'État pourra avoir recours à d'autres sujets de droit qui incarnent les conditions de sa légitimité. C'est à ce propos que les relations du Québec avec la France, suivant le cours de la tendance autonomiste instituée par la France depuis de Gaulle, consacrant ainsi la reconnaissance d'une double diplomatie (quoique le Québec en soit demeuré le «sujet indirect»), ont représenté le *point sensible*, le maillon faible dans la capacité du Canada comme État à assurer sa domination sur l'ensemble et en particulier sur le Québec. En effet, toutes les manifestations de reconnaissance du Canada par la France, même symboliques, représentent des éléments constitutifs de la légitimité du

---

13. À titre de contre-exemple, on peut penser, comme l'a révélé la Commission Gomery, au scandale des commandites.

Canada dans sa domination de l'ensemble, y compris le Québec, faut-il le préciser. Si on peut dire que la France n'a pas manqué à cette mission depuis de Gaulle, il reste qu'elle a pu s'en éloigner aussi de diverses manières, plus ou moins discrètes, plus ou moins officielles, de telle sorte que le Canada n'a eu de cesse de tenter de la rappeler à sa reconnaissance. Les récentes déclarations du président Sarkozy semblent vouloir mettre fin à cette valse-hésitation.

Pourtant, le consentement du Québec prend des formes multiples…

Retournons maintenant vers l'histoire de cet enjeu, car les différents acteurs canadiens et québécois, au cours des presque cinquante dernières années, ont mené ces luttes de pouvoir bien différemment. Il serait injuste de subsumer l'ensemble des positions souverainistes à une véritable vision sécessionniste du Canada. De plus, du point de vue de la stratégie et de la tactique, les dispositions devant l'unité du Canada varient; de la même manière, les théories évoquées ont plutôt tendance à consentir et donc à reproduire, quoique sous diverses formes, la domination du Canada sur l'ensemble de ses territoires et des populations.

1) Du point de vue du Québec d'abord, des voix discordantes ont mené le projet de souveraineté. S'il est vrai que la souveraineté du Québec a nourri auprès de certains l'idée d'une véritable rupture avec le Canada[14], l'échelle des disparités dans la conception de ce projet est assez vaste pour que l'on admette au moins que l'heure actuelle est plutôt à une mise de côté d'une conception portant atteinte à l'intégrité du Canada, c'est-à-dire à une conception *pleine et entière de la souveraineté*, telle que certains la qualifieraient de *pure et dure!*

---

14. Cette affirmation vaut en tant que *tendance* même si, au niveau des acteurs et des promoteurs de ce processus d'autonomisation, la conscience n'est pas claire ni la responsabilité complète à l'égard des effets attribuables à la scission du Canada. Par ailleurs, beaucoup de souverainistes souhaitent avant tout une refondation des rapports entre le Québec et les autres provinces du Canada qui n'aurait pas pour effet une complète séparation.

2) D'autres s'appuient plutôt sur ce que Weber appelle la légiti- mité de l'ordre légal donné par le fédéralisme canadien pour exercer, valoriser ou revendiquer l'extension des relations inter- nationales du Québec *dans le cadre même des relations fédérales- provinciales.* Ces défenseurs vont de Paul Gérin-Lajoie à Jean Charest en passant par Gilles Duceppe et par tant d'autres souverainistes : tous affirment la compatibilité des relations internationales du Québec avec la domination du Canada sur l'ensemble des provinces et ils en poursuivent le développe- ment dans ce contexte.

3) Sur le plan de l'analyse politique, des théories subtiles et sédui- santes reflètent aussi cette logique de domination de l'État en s'appuyant sur les représentations les plus courantes du fédé- ralisme : ce sont celles qui, empruntées au droit constitu- tionnel, font appel aux notions d'État fédéré pour parler des gouvernements provinciaux, de paradiplomatie ou de souve- raineté partagée entre ordres de gouvernement pour désigner un régime politique de partage des pouvoirs qui n'est autre que l'organisation spécifique de la domination de l'État au Canada. Toutes les théories reconnaissent le pouvoir ultime de cet État, qui se trouve bien quelque part, puissance indivi- sible et invisible, et que tous sont enclins à honorer.

Y a-t-il lieu de conclure?

On l'a rappelé, le champ d'action des provinces peut être vaste, mais leur autonomie est quasi inexistante, compte tenu du fédé- ralisme canadien qui subordonne chaque province à la logique unitaire de l'État. C'est pourquoi, dans un tel contexte, la recon- naissance par la France de la spécificité culturelle du Québec pèse de tout son poids en agissant comme catalyseur d'une identité francophone sans arrêt fragilisée. En retour, le Canada n'a de cesse de vouloir consolider son autorité à l'intérieur d'un régime fédéral qui déguise sa domination. Afin de l'exercer selon les apparences de la légitimité, le Canada a recours à la scène internationale et comme on l'a vu dans l'actualité récente, à l'autorité du chef de l'État français, qui a exprimé sans réserve son soutien à l'unité canadienne.

Le dernier chapitre des relations entre le Canada et la France soulève à ce propos quelques questions. Le président Sarkozy, à la suite d'une allocution à l'Assemblée nationale du Québec à l'occasion de sa présence au Sommet de la Francophonie le 17 octobre 2008, s'est prêté à une conférence de presse au cours de laquelle il a clairement affiché sa préférence pour l'unité du Canada. Lors de la remise de la Légion d'honneur à Jean Charest, à Paris, le 2 février 2009, il a réitéré cette position.

Nicolas Sarkozy a ainsi fait usage de la violence symbolique d'État en tant que président d'un État étranger, la France, particulièrement cher aux Québécois. Cette violence symbolique, utilisée par le président Sarkozy s'adressant à eux pour leur parler de leur destin dans le Canada, s'est présentée comme une intervention directe en faveur de l'unité canadienne, sans ménagement pour les aspirations politiques de la moitié des Québécois.

Cette intervention suggère deux interprétations : 1) soit le président français s'est cru *inconsciemment en territoire français* et en droit d'intervenir légitimement afin d'infléchir les représentations de ces citoyens ; 2) soit Nicolas Sarkozy a voulu rappeler aux Québécois la primauté du Canada sur le Québec par le recours à cette violence symbolique. Ce faisant, il s'est placé sur le terrain de la reconnaissance internationale, instance légitime pour rappeler la domination du Canada en tant qu'État.

Cette leçon pourra avoir deux effets à travers le temps : 1) soit elle atteindra le but poursuivi en contribuant à une *re-canadianisation* du Québec, en renforçant le consentement et le sentiment d'identification des Québécois au Canada ; 2) soit cette intervention conduira les Québécois à mieux saisir que seul le statut d'État pourrait les protéger contre les autres États, fussent-ils des alliés, qui, poursuivant leurs propres intérêts, ont pour effet de soumettre le Québec et d'en faire *l'otage passif de leurs intérêts*.

CHAPITRE IX

Le triangle normalisé :
Les relations Canada-France-Québec au tournant du XXIe siècle

Jérémie Cornut[1]

Dans la recherche en politique étrangère canadienne, les « liens privilégiés » entre la France et le Québec sont très étudiés, contrairement aux relations franco-canadiennes. Celles-ci sont en effet perçues comme triangulaires, c'est-à-dire qu'elles passent autant, sinon plus, par Québec que par Ottawa. Même si la France a cédé la Nouvelle-Écosse à l'Angleterre en 1763, la présence d'une population francophone majoritaire dans une province canadienne pèse sur les relations transatlantiques. Il en est ainsi depuis les années 1960, lorsque la Révolution tranquille au Québec réveille la flamme souverainiste. De Gaulle, convaincu de la force du lien historique qui rapproche la France et les « Français canadiens », fervent défenseur de tous les nationalismes, voit également dans la souveraineté du Québec une occasion de gagner de l'influence sur la scène internationale et de redorer le blason de la France. Le rayonnement de cette dernière a été mis à mal par la Seconde Guerre mondiale et la fin de l'empire colonial français : l'extension de sa sphère d'influence à ce territoire majoritairement peuplé de descendants de colons français redonnerait à la France une partie de sa grandeur passée. De Gaulle tente donc de favoriser l'accession du Québec à la souveraineté, qu'il considère comme inévitable à plus ou moins long terme, quitte à s'ingérer

---

1. L'auteur tient à remercier Michel et Cécile Pelosse pour leurs suggestions.

dans les affaires intérieures du Canada[2]. Conséquence de cette politique, la France et le Canada entretiennent des relations tendues, notamment après la célèbre déclaration du Général à Montréal, lorsqu'il reprend le 24 juillet 1967 devant des milliers de Québécois un slogan indépendantiste de l'époque (« Vive le Québec libre ! »).

> Le discours du président Charles de Gaulle à Montréal en 1967 allait raidir considérablement les attitudes et plonger sans équivoque la France au milieu de notre psychodrame national. À partir de ce moment, les relations entre les deux pays tournaient autour d'une question unique : d'un côté la volonté de la France de développer des liens directs et privilégiés avec le Québec, et de traiter ce dernier en État quasi souverain ; de l'autre, la détermination du gouvernement canadien de contrer cette évolution. Cette fixation sur un thème unique allait, pendant les années 1960 et 1970, opérer un véritable effet castrateur sur le développement de relations normales et sereines entre nos pays[3].

Cette étude veut démontrer que dès la fin des années 1970, la France abandonne la politique gaulliste vis-à-vis du Québec, et opte pour une politique plus conforme à la traditionnelle non-ingérence dans les affaires intérieures d'un État souverain. Cela va la conduire à approfondir ses relations bilatérales avec le Canada. Il s'agit donc de montrer que les relations de la France avec le Canada et le Québec se normalisent au cours des années 1980, 1990 et 2000, comme le souligne Jacques Palard, attribuant cette évolution au changement des « rapports de force à la fois nationaux et internationaux et [à] l'émergence de nouveaux enjeux[4] ».

Cette normalisation se traduit par un double phénomène. Dans les années 1960 et 1970, la question de la souveraineté du

---

2. Pour une description détaillée des tentatives gaullistes, voir notamment Gilles Duguay, *Le triangle Québec-Ottawa-Paris. Récit d'un ancien ambassadeur canadien*, Sillery, Septentrion, 2010, p. 226-340.

3. Guy Archambault, « Les relations France-Canada », dans Stanislas J. Kirschbaum (dir.), *La coopération France-Canada et la sécurité maritime*, Montréal, Méridien, 1991, p. 23.

4. Jacques Palard, « Les relations France-Canada-Québec depuis 1960 », dans Serge Joyal et Paul-André Linteau (dir.), *France-Canada-Québec : 400 ans de relations d'exception*, Montréal, Presses de l'Université de Montréal, 2008, p. 260.

Québec obère tout développement de relations transatlantiques ne concernant pas, de près ou de loin, cette question. Ces relations sont donc tendues. Au contraire, les décennies suivantes voient la coopération transatlantique prendre un essor dans de nombreux domaines. Elle permet à la France de développer des liens multiples : le thème de la souveraineté du Québec n'est plus qu'un des enjeux, parmi d'autres, dans les relations triangulaires. Sous l'effet notamment de la mondialisation, l'attention se tourne vers d'autres secteurs, particulièrement vers les secteurs économique et commercial. La France et le Canada réussissent ainsi à développer des liens qui vont au-delà de la question de la souveraineté du Québec – ils normalisent leurs rapports.

Parallèlement, la position de la France sur la question de la souveraineté du Québec connaît, elle aussi, une évolution : dans le débat entre Québec et Ottawa, la France refuse désormais de prendre position, et veille à ne pas s'ingérer dans la politique intérieure canadienne. Elle ne cherche plus à favoriser la sécession du Québec : sa politique consiste à attendre que le Québec se prononce en faveur de la souveraineté. Cet attentisme contraste avec le volontarisme gaulliste, et marque un retour à une politique étrangère plus traditionnelle et respectueuse des pratiques internationales courantes.

Les relations triangulaires France-Canada-Québec se normalisent donc au cours des dernières décennies du XXe siècle. Nous reviendrons ici sur les deux tendances à l'origine de cette normalisation : la politique de non-ingérence de la France dans le débat sur la souveraineté du Québec et le développement de relations bilatérales diversifiées entre la France et ses partenaires transatlantiques.

La France et la relation Québec-Canada

Depuis la fin des années 1970, la France adopte une attitude prudente sur la question de la souveraineté du Québec, refusant de s'ingérer dans un débat interne au Canada.

Hauts et bas dans la relation Québec-Canada

Au cours des décennies 1960 et 1970, la France reconnaît au Québec certains attributs de la souveraineté dans le but de favoriser son accession à l'indépendance. Cela rend conflictuelles les relations avec Ottawa, qui se voit dépossédé de privilèges réservés aux États souverains, mais qui perçoit surtout dans cette politique une menace pour son unité nationale. C'est ce qui a été appelé la «guerre des drapeaux et des tapis», les voyages diplomatiques donnant lieu à des querelles de protocole entre Québec et Ottawa:

> Les trois gouvernements jouaient une partie extrêmement serrée, chacun testant la fermeté et la volonté de l'autre en prenant soin d'éviter les gestes irrémédiables. Puisque l'enjeu de cette rivalité était la possibilité pour le Québec de se comporter en État quasi souverain dans ses rapports avec la France, les symboles de la souveraineté acquéraient une importance considérable. C'est pour cette raison que les banales questions protocolaires en vinrent à occuper un espace démesuré[5].

Dans les années 1980, les relations Ottawa-Québec s'améliorent et les questions protocolaires cessent peu à peu d'être une source de conflits. Plusieurs facteurs contribuent à cette normalisation, notamment le remplacement de Pierre Elliott Trudeau par Brian Mulroney en 1984 et celui de René Lévesque par Robert Bourassa l'année suivante[6]. En effet, les relations entre Trudeau et Lévesque étaient tendues, alors que celles entre Bourassa et Mulroney sont meilleures: la défaite des souverainistes à Québec et la proposition d'un «fédéralisme renouvelé» par Mulroney renforcent l'esprit de coopération. Joue également le fait que les conflits Ottawa-Québec en matière internationale deviennent de plus en plus problématiques pour la politique étrangère canadienne. En effet, «au Canada, en vertu de décisions de tribunaux, le gouvernement peut s'engager par traités au niveau international, mais rien n'oblige les provinces à appliquer ces traités, s'ils concer-

---

5. Guy Archambault, «Les relations France-Canada», *op. cit.*, p. 23.
6. Sylvie Guillaume, «Les voyages officiels des chefs d'État et des chefs de gouvernement français au Canada au XXᵉ siècle», dans Pierre Guillaume et Laurier Turgeon (dir.), *Regards croisés sur le Canada et la France. Voyages et relations du XVIᵉ au XXᵉ siècle*, Québec, Presses de l'Université Laval, 2007, p. 360.

nent les juridictions provinciales[7] ». Lorsque la politique étrangère est limitée aux affaires militaires, cette disposition ne pose pas réellement de problème. Mais ce n'est pas le cas lorsque la coopération dans les domaines économiques et sociaux s'accroît, puisqu'elle empiète sur les compétences des provinces. Pour garantir que ses engagements internationaux soient respectés, le fédéral doit donc associer les provinces aux négociations de traités qui touchent à leurs compétences, et de bons rapports entre les différents paliers de gouvernements deviennent souhaitables, voire indispensables.

Ces éléments favorisent une bonne entente entre Québec et Ottawa, et permettent de régler certains conflits. Ainsi, peu après les élections de 1984, la visite du premier ministre français Laurent Fabius à Québec et à Ottawa se passe sans heurts. À cette occasion, dans un signe d'apaisement, Mulroney déclare qu'il est « tout à fait normal et souhaitable que le gouvernement québécois maintienne avec la France des rapports que justifie l'identité culturelle du Québec », et reconnaît « la légitimité de relations privilégiées et directes entre Paris et Québec ». De même, à la surprise des diplomates français, la visite de Mitterrand en 1987 – premier voyage officiel d'un président français au Canada depuis le départ précipité de de Gaulle en 1967 – se passe sans conflit. Ainsi, les voyages officiels perdent leur caractère polémique :

> Les voyages officiels sont l'expression de moments différenciés des relations politiques franco-canadiennes ; les années 1960 représentent un tournant parce qu'elles sont marquées par la « Révolution tranquille » au Québec, et que le voyage officiel des personnalités françaises devient un enjeu dans les rivalités entre Ottawa et Québec. À partir des années 1980, le voyage perd son caractère polémique et se normalise[8].

Ce déblocage fédéral-provincial permet également à la Francophonie de prendre son envol. Au cours des années 1960 et 1970, l'idée d'une « Conférence des chefs d'État et de gouvernement des pays ayant en commun l'usage du français » est lancée,

---

7. *Ibid.*, p. 357.
8. Stéphane Paquin, « Les relations internationales du Québec et l'unité nationale : le prolongement international des conflits internes ? », *Bulletin d'histoire politique*, vol. 10, n° 1, 2002, p. 87-88.

mais la question de la place du Québec dans cette conférence va l'empêcher de se réunir pendant vingt ans. En effet, en se basant sur la présence de francophones canadiens hors-Québec, et parce que le Québec n'est pas un État souverain, le pouvoir fédéral conteste au Québec le droit de participer aux rencontres des chefs d'État et de gouvernement francophones. La France intervient dans le conflit, et refuse de participer à une conférence qui diminuerait le statut international du Québec[9].

Alors que, pour promouvoir la culture francophone, vingt et un États et gouvernements créent l'ACCT dès 1970, ce n'est qu'en novembre 1985 qu'une entente fédéral-provincial permet de débloquer la situation. Cet accord prévoit que le Québec sera représenté dans la délégation canadienne sous la désignation de « Canada-Québec ». Cela va permettre l'organisation du premier Sommet de la Francophonie à Paris en 1986. En 1998, lorsqu'est créée l'Organisation internationale de la Francophonie, l'esprit de l'entente de 1985 est repris : « le Québec est toujours considéré comme un pays membre mais sous l'appellation "Canada-Québec", au côté de "Canada" et de "Canada-Nouveau-Brunswick"[10] ». Cette solution est également adoptée lors des deuxièmes Jeux de la Francophonie en juillet 1994, puisque les athlètes québécois ont la possibilité de porter les couleurs d'une composante de l'équipe canadienne désignée par le nom « Canada-Québec ». Un tel arrangement n'avait pas été possible lors des premiers jeux en 1989.

Plusieurs conflits entre Québec et Ottawa dans leurs rapports avec la France et la Francophonie sont donc résolus au cours des années 1980 et 1990. Il arrive que le Québec et le Canada défendent ensemble leurs intérêts communs contre la France. C'est ainsi qu'ils font parfois bloc lors des discussions au sein de la Francophonie[11], mais ce front commun est encore plus clair pour ce qui est des questions économiques. Par exemple, Québec et Ottawa dénoncent tous deux l'interdiction par la France des produits de l'amiante, effective depuis le 1er janvier 1997 – l'enjeu éco-

---

9. Stéphane Paquin, « La relation Québec-Paris-Ottawa et la création de l'Organisation internationale de la Francophonie (1960-2005) », *Guerres mondiales et conflits contemporains*, n° 223, 2006, p. 31-47.
10. *Ibid.*, p. 46.
11. Sylvie Guillaume, *op. cit.*, p. 363.

nomique au Canada et au Québec est important, des villes entières étant dépendantes de l'extraction du minerai. Mais Québec et Ottawa ne réussissent pas à convaincre la France, qui maintient sa position et entraîne dans son sillage les pays d'Europe qui n'avaient pas encore interdit l'amiante[12]. Dans les années 1990 et 2000, Ottawa et Québec travaillent également main dans la main à la négociation d'un traité de libre-échange Canada-Union européenne (UE)[13].

Cette normalisation n'est cependant pas exempte de conflits. Il y a notamment un regain de tensions avec l'élection de Jean Chrétien en 1993 et du PQ en 1994, ainsi qu'avec l'organisation d'un nouveau référendum sur la souveraineté, perdu de justesse[14]. Tandis que, comme on le verra plus loin, Québec cherche des appuis à l'étranger, et notamment en France, le fédéral tente de reprendre le contrôle sur la politique étrangère et rogne plusieurs des acquis de Québec, comme celui d'organiser des rencontres entre le premier ministre et des chefs d'États étrangers[15]. Ottawa favorise systématiquement la visibilité internationale des francophones hors-Québec pour renforcer le caractère bilingue de l'ensemble du Canada et ainsi diluer la spécificité de la situation québécoise. Une succession de conflits éclate donc dans la seconde moitié des années 1990. Par exemple, la première visite du Secrétaire général de la Francophonie, Boutros Boutros-Ghali, au Québec en 1998 doit être écourtée, parce que les deux paliers de gouvernement n'arrivent pas à s'entendre sur leurs responsabilités respectives dans l'organisation de la visite. Le fédéral essaie également d'empêcher les députés du Bloc québécois de participer aux missions des parlementaires canadiens à l'étranger[16]. La création d'un Réseau international sur la politique culturelle (RIPC)

---

12. Le Canada portera le conflit devant l'Organisation mondiale du Commerce, mais sera débouté en 2001.

13. Paul Wells, « Charest, Harper, and free trade with the EU », *Maclean's*, vol. 120, n° 29, 30 juillet 2007, p. 8.

14. Stéphane Paquin, « Les relations internationales du Québec à l'heure du plan B », dans Stéphane Paquin (avec la coll. de Louise Beaudoin) (dir.), *Histoire des relations internationales du Québec*, Montréal, VLB, 2006, p. 215-231.

15. Michel Vastel, « La France a-t-elle abandonné le Québec ? », *Le Quotidien*, 16 décembre 1998, p. 9.

16. Sylvie Guillaume, *op. cit.*, p. 363.

en 1998 est une nouvelle pomme de discorde, tout comme l'organisation des quatrièmes Jeux de la Francophonie en 2001, qui voit Québec et Ottawa s'opposer sur le choix de la ville où devraient avoir lieu ces Jeux. Alors que Québec soutient Sherbrooke, le fédéral opte pour Hull-Ottawa.

L'instrumentalisation des anniversaires et des commémorations est particulièrement susceptible de raviver les conflits entre Québec et Ottawa. Le 450e anniversaire du premier voyage de Jacques Cartier en Amérique du Nord a été l'occasion d'une nouvelle passe d'armes entre les deux paliers de gouvernement, au point que deux cérémonies distinctes ont été organisées à Saint-Malo[17]. Et en 1997, pour ne pas froisser Ottawa, Paris accède à sa demande et renonce à imprimer un timbre-poste commémorant le 30e anniversaire de la déclaration de 1967, mettant fin à une saga de plusieurs mois que des journalistes ont surnommée la « guerre du timbre[18] ». Il y a donc bien ce que Paquin appelle « un prolongement international des conflits internes[19] » et les « querelles fédérales-provinciales » sont effectivement un « produit d'exportation[20] ». Le Québec oscille entre « paradiplomatie identitaire » et « protodiplomatie » :

> Les stratégies de construction de la nation menées par les entrepreneurs identitaires ne sont jamais limitées à la politique interne et s'étendent également aux relations internationales. Sur le plan québécois, les entrepreneurs identitaires mettent en œuvre une paradiplomatie identitaire, c'est-à-dire une politique étrangère au palier de l'État fédéré du Québec dont un des objectifs avoués est le renforcement de la nation québécoise dans le cadre du Canada. La paradiplomatie identitaire est différente de la protodiplomatie en ce sens que l'objectif n'est pas la réalisation de l'indépendance. L'objectif des entrepreneurs identitaires est d'aller chercher les ressources qui leur font défaut sur le plan interne en plus de tenter de se faire reconnaître comme nation sur le plan international, processus essentiel de toute tentative de construction de

17. Sylvie et Pierre Guillaume, *Paris-Québec-Ottawa: un ménage à trois,* Paris, Entente, 1987, p. 39.

18. Claude-V. Marsolais, « Après la guerre des drapeaux, la guerre du timbre », *La Presse,* 23 juillet 1997, p. B1.

19. Stéphane Paquin, « Les relations internationales du Québec et l'unité nationale : le prolongement international des conflits internes ? », *op. cit.*

20. Luc Bernier, *De Paris à Washington, la politique internationale du Québec,* Sainte-Foy, Presses de l'Université du Québec, 1996.

la nation. Malgré certains épisodes sporadiques de protodiplomatie (en 1980 et 1995), les activités internationales du Québec relèvent essentiellement du registre de la paradiplomatie identitaire[21].

Mais les conflits qui opposent le Québec et le Canada sur la scène internationale ne concernent pas la France, et elle ne s'y implique pas : contrairement à ce qui se passait dans les décennies 1960 et 1970[22], elle reste muette, ou presque, pendant ces querelles. Tout juste invite-t-elle le Québec à participer en mars 1999 à un forum international sur la culture qui se déroule à Paris, ce que critique à demi-mot Ottawa[23]. Mais globalement, fidèle à son choix de ne plus s'ingérer dans les affaires internes canadiennes, elle laisse le Canada et le Québec régler seuls leurs conflits. Elle ne se range pas systématiquement du côté du Québec pour tenter de créer un rapport de forces favorable à ce dernier, parce que sa position vis-à-vis de la souveraineté du Québec a changé.

La question de la souveraineté du Québec et la France

L'élément fondamental qui explique la normalisation des rapports entre la France et le Canada est la politique adoptée par la France dans le débat sur la souveraineté du Québec. Officiellement, depuis 1977 et tout au long des décennies 1980 et 1990, la diplomatie française opte pour la «ni ingérence, ni indifférence[24]», selon la formule d'Alain Peyrefitte, alors ministre de la Justice sous Valéry Giscard d'Estaing. Plus un discours pour ne froisser personne qu'une réelle politique, cette formule traduit l'extrême prudence de la France sur la question.

---

21. Kim Richard Nossal, Stéphane Roussel et Stéphane Paquin, *Politique internationale et défense au Canada et au Québec*, Montréal, Presses de l'Université de Montréal, 2007, p. 555-556.
22. Frédéric Bastien, «À la demande du Québec : la diplomatie québécoise de la France de 1969 à 1980», *Études internationales*, vol. XXIX, n° 3, 1998, p. 551-575; Frédéric Zoogones, 2003, «Les relations France-Canada-Québec : Ottawa face à l'émergence internationale du Québec (1963-1968)», *Bulletin d'histoire politique*, vol. 11, n° 3, p. 152-166.
23. Stéphane Paquin, «Les relations internationales du Québec et l'unité nationale : le prolongement international des conflits internes?», *op. cit.*, p. 94.
24. Alain Peyrefitte, cité dans Serge Joyal et Paul-André Linteau (dir.), *op. cit.*, p. 250.

En 1967, la déclaration de de Gaulle à Montréal est un point marquant dans les relations France-Canada : en se rangeant résolument du côté d'un Québec souverain, la France envenime ses relations avec Ottawa. À partir de la fin des années 1970, prenant le contre-pied de cette politique, elle va cesser de s'ingérer dans le débat fédéral-provincial[25]. Plusieurs phénomènes contribuent à ce tournant, le premier étant l'échec du référendum de 1980. À cause d'une défaite très nette de l'option souverainiste, la perception française change : l'horizon d'un Québec indépendant s'éloigne, et le Canada redevient un partenaire légitime dans le dialogue international[26]. Il est donc contre l'intérêt de la France de se brouiller avec le Canada, au profit du Québec qui reste la province d'un État fédéral et qui ne veut pas majoritairement accéder à l'indépendance. Le second élément qui favorise la normalisation est l'élection de François Mitterrand à la présidence française. Premier socialiste à accéder à cette fonction sous la Vᵉ République, Mitterrand est très nettement moins partisan de la souveraineté québécoise que ses prédécesseurs. Il y voit une « lubie » de de Gaulle[27]. De plus, si les relations entre Pierre Elliott Trudeau et Valéry Giscard d'Estaing n'étaient pas bonnes[28], celles qui s'établissent entre le premier ministre canadien et Mitterrand sont meilleures[29]. Trudeau se désolidarisera par exemple de la

---

25. Il est à noter que déjà en 1967, la réaction devant la déclaration de de Gaulle n'était pas unanime en France, certains la critiquant ouvertement. Voir à ce propos Bernard Dorin, « La France et le référendum de 1995 », dans Stéphane Paquin (avec la coll. de Louise Beaudoin) (dir.), *op. cit.*, p. 208-209.
26. Guy Archambault, « Les relations France-Canada », *op. cit.*, p. 24.
27. Frédéric Bastien, *Relations particulières : la France face au Québec après de Gaulle*, Montréal, Boréal, 1999, p. 181.
28. Le gouvernement français s'était par exemple opposé à la participation du Canada au sommet des pays les plus industrialisés en 1975, « en invoquant deux raisons : d'une part, selon lui, l'économie canadienne constituait une simple excroissance de celle des États-Unis et, par conséquent, n'avait pas besoin d'avoir une représentation distincte ; d'autre part, si le Canada était invité, d'autres gouvernements, comme celui de l'Italie, insisteraient pour l'être aussi ce qui compliquerait les discussions. Le gouvernement canadien ressentait amèrement cette exclusion, mais ni les protestations ni les efforts diplomatiques pour décrocher l'invitation ne firent fléchir le président Giscard d'Estaing » (Kim Richard Nossal, Stéphane Roussel et Stéphane Paquin, *op. cit.*, p. 322).
29. Stéphane Paquin, « La relation Québec-Paris-Ottawa et la création de l'Organisation internationale de la Francophonie (1960-2005) », *op. cit.*, p. 45.

critique américaine contre la présence de quatre ministres communistes dans le gouvernement français. Le retour d'un gaulliste à la présidence française en 1995 ne marque cependant pas celui de la politique québécoise de de Gaulle : Jacques Chirac entretient lui aussi de bons rapports avec Jean Chrétien, particulièrement à la fin du mandat de ce dernier[30]. De plus, l'approfondissement des relations entre la France et le Canada, dont il va être question plus loin, est un facteur supplémentaire qui incite Paris à ne pas s'ingérer dans les débats entre Québec et Ottawa : il devient plus coûteux de se brouiller avec le Canada, ce dernier pouvant freiner leurs nombreuses collaborations. Autre élément décisif, le Québec lui-même ne voit pas l'ingérence de la France d'un très bon œil. Ce qui est vrai des gouvernements non souverainistes l'est aussi lorsque des souverainistes sont au pouvoir à Québec, comme l'indique Claude Morin :

> [L]'expression d'appuis extérieurs aurait été interprétée, par bien des Québécois, non seulement comme des immixtions dans nos affaires, mais comme le résultat de démarches plus ou moins gênantes et occultes du gouvernement à cette fin ou, si l'on veut, comme une sorte de volonté manipulatrice de sa part. Ces appuis auraient surtout justifié les fédéraux d'aller quérir, en contrepartie, des oppositions externes [...]. La sagesse, plus par nécessité que par vertu, dictait donc de nous en tenir à notre position coutumière, maintes fois énoncée : les Québécois exerceraient librement leur droit à l'autodétermination, démocratiquement, entre eux et chez eux [...]. La France prit exactement la position que nous espérions d'elle, en novembre 1977[31].

Cela explique que la normalisation s'amorce au tournant des années 1980, lors des deux premiers mandats du gouvernement péquiste[32].

---

30. Stéphane Paquin, «Les relations internationales du Québec à l'heure du plan B», *op. cit.*, p. 227.

31. Claude Morin, *L'art de l'impossible : la diplomatie québécoise depuis 1960*, Montréal, Boréal, 1987, p. 263.

32. Louis Bélanger, «La France», dans Louis Balthazar, Louis Bélanger et Gordon Mace (dir.), *Trente ans de politique extérieure du Québec, 1960-1990*, Sillery, Septentrion, 1993, p. 119-125. Ainsi le voyage de Raymond Barre en 1979 est «un grand pas vers la normalisation des voyages officiels des personnalités françaises au Canada», puisque d'une part, il a «bien commencé sa visite au Canada par Ottawa, d'autre part, on maintient la fiction qu'il vient directement de la France

Cette normalisation ne signifie pas que la France n'a pas de rapport avec le Québec, et, comme on va le voir, les échanges sont nombreux. Toutefois, si la France accepte de signer des « ententes » avec le Québec (les traités étant réservés à l'accord entre deux États souverains), c'est « dans la mesure où ces dernières sont prévues par un "accord-parapluie" signé avec le Canada[33] ». Par exemple, la coopération en matière de culture se fait sans ingérence de la part de la France, et avec le consentement du Canada : la France « soutient la francophonie en Amérique du Nord sans s'immiscer dans un conflit interne à la fédération[34] ».

Sur la question de la souveraineté, la France ne cherche donc plus à favoriser le Québec. Les formules officielles sont calibrées de manière à ne froisser personne, mais ne laissent pas de doute quant à l'attentisme de la France. Par exemple, les représentants français répètent, comme Jacques Chirac à Lucien Bouchard en 1997, que « le Québec peut compter sur l'amitié et la solidarité de la France » et que « la France accompagnera le Québec le long du chemin qu'il aura choisi ». En 1995, c'est la formule « quel que soit le choix qu'il fera démocratiquement, la France sera du côté du Québec[35] » qui est adoptée. Le plus loin que soit allée la diplomatie française, au cours des dernières décennies, est l'affirmation d'Alain Juppé, alors ministre des Affaires étrangères, qui déclare en 1993 à Lucien Bouchard, en présence de l'ambassadeur du Canada, qu'il a de la « sympathie » pour la cause souverainiste, ce qui n'est somme toute pas grand-chose[36]. Ces déclarations sont le

---

à Québec [en le faisant atterrir à l'aéroport international de Mirabel] », Sylvie Guillaume, *op. cit.*, p. 360). Mais la normalisation n'est pas complètement achevée puisque le même Raymond Barre considère en 1980 que le retrait de la France de la Conférence de Dakar (qui devait poser les bases d'un Sommet de la Francophonie) est justifié par le fait de ne pas exposer le Québec « au poison insidieux de l'indifférence », cité dans Philippe Poulin, « France-Québec : quarante ans de relations "directes et privilégiées" », *Bulletin d'histoire politique*, vol. 10, n° 2, 2002, p. 147.

33. Nicolas Tenzer et Éric Rouah, « Entre le Canada et la France, de nouveaux liens privilégiés », *Défense Nationale*, n° 43, 1987, p. 72.

34. *Ibid.*, p. 81-82.

35. Pierre-André Wiltzer, « Les relations France-Québec », dans Stéphane Paquin (dir.), *Les relations internationales du Québec depuis la doctrine Gérin-Lajoie (1965-2005)*, Sainte-Foy, Presses de l'Université Laval, 2006, p. 145.

36. Louis-Bernard Robitaille, « Les lendemains d'un Oui. La France est engagée du côté des souverainistes… moralement ! », *La Presse*, 27 avril 1996, p. B7.

signe que la France ne se mêle plus de la controverse Ottawa-Québec. La « non-indifférence » maintient la fiction d'un soutien particulier de la France pour un Québec souverain, tandis que les relations avec le Canada se normalisent.

Par ailleurs, il est important de noter que les déclarations officielles, toujours prudentes, n'empêchent pas des dignitaires français, ayant exercé ou exerçant des fonctions officielles, de prendre plus clairement position en faveur de la souveraineté[37]. Il en est ainsi de Michel Rocard, ancien premier ministre, ou de Philippe Séguin, ancien président de l'Assemblée nationale, ou encore de Pierre-André Wiltzer, ancien ministre et ancien président de l'Association France-Québec de l'Assemblée nationale. De même, peu avant le référendum de 1995, trente intellectuels français (dont Jean Dutourd et Max Gallo) signent un manifeste en faveur de la souveraineté québécoise. Ces dignitaires forment ce que leurs détracteurs appellent le « lobby du Québec à Paris », mais aucun n'est aux commandes de la diplomatie française au moment où ils soutiennent ouvertement la cause souverainiste. Traditionnellement, la politique étrangère appartient au « domaine réservé » du président de la République, qui s'y intéresse en général de très près, en collaboration avec le ministre des Affaires étrangères. Ces voix sont celles qui déterminent la position officielle de la France. Que ce soit en privé ou en public, les autres représentants ne peuvent qu'exprimer un point de vue personnel sur la question, qui n'engage qu'eux-mêmes. Il n'est ainsi pas rare de voir les dignitaires français prendre des positions moins favorables au Québec une fois arrivés aux commandes de la politique étrangère[38].

Dans ce contexte, la soi-disant « attaque gaulliste contre le Canada[39] » est une perspective sans réel fondement, du moins depuis les années 1980. Certes, dans les années 1960, lorsque s'autonomise la politique étrangère québécoise, avec notamment la

---

37. Sylvie Guillaume, *op. cit.*, p. 360.
38. Par exemple, lors du voyage préréférendaire de Parizeau, Chirac, alors en campagne électorale, s'affiche plus clairement en faveur du projet souverainiste que lorsqu'il est élu. Il en est de même, dans d'autres contextes, pour Alain Peyrefitte, Jean-Pierre Chevènement, ou encore Michel Rocard. Louis-Bernard Robitaille, *op. cit.*
39. John Bosher, *The Gaullist Attack on Canada, 1967-1997*, Montréal et Kingston, McGill-Queen's University Press, 1999.

création de la Maison du Québec à Paris et la formulation de la doctrine Gérin-Lajoie, le rôle de la France est prédominant. Mais dès la fin des années 1970, son attitude commence à changer. La déclaration de 1967 a marqué les esprits, et les gestes symboliques pour la commémorer tous les dix ans maintiennent vivant le souvenir du «Vive le Québec libre!» de de Gaulle. L'opinion publique s'en souvient très clairement, et cela contribue à faire oublier le changement de la politique française, autant au Québec qu'ailleurs au Canada. Cela est accentué par certains gestes de la France:

> Encore aujourd'hui, l'attitude de la France à l'égard du Québec est suspecte pour les autorités fédérales. Lorsque le premier ministre du Québec se déplace en France, on lui ouvre les portes de toutes les plus importantes institutions: rencontre du président, du premier ministre, de tous les chefs de parti, on lui demande de faire un discours au Sénat, etc. On est même allé jusqu'à organiser une saison du Québec en France alors que seuls les pays souverains avaient droit à cet honneur[40].

Mais ces gestes de la France ne sont en eux-mêmes pas un soutien à la cause souverainiste ni une ingérence dans la politique intérieure canadienne – bien qu'ils soient parfois interprétés comme tels. Même si, y compris en France, nombreux sont ceux qui s'accommodent de cette «ambiguïté[41]», la réalité des relations franco-canadiennes est tout autre. En fait, comme le note Archambault, «du côté anglais du pays, les conséquences de la déclaration du général de Gaulle en 1967 à Montréal semblent toujours prévaloir comme thème qui sous-tend nos relations. Or, ce n'est pas le cas[42]». L'étude de l'attitude de la France lors du référendum de 1995 le montre bien.

Le référendum de 1995

En 1994, le retour au pouvoir du PQ conduit par Jacques Parizeau remet à l'ordre du jour la question de la souveraineté: le gouvernement s'engage à tenir un référendum sur la question au cours

---

40. Stéphane Paquin, «Les relations internationales du Québec et l'unité nationale: le prolongement international des conflits internes?», *op. cit.*, p. 87-88.
41. Bernard Dorin, «La France et le référendum de 1995», *op. cit.*, p. 207-209.
42. Guy Archambault, «Les relations France-Canada», *op. cit.*, p. 31.

de 1995. Cette annonce ravive le débat constitutionnel, tandis que fédéralistes et souverainistes entrent en campagne.

L'étranger, et plus particulièrement la France, est un des champs de bataille de l'affrontement. En effet, au début de l'année 1995, après Lucien Bouchard en 1994, Jacques Parizeau fait une visite officielle en France pour relancer la coopération franco-québécoise et connaître la position de la France devant un Québec souverain. Jacques Parizeau veut préparer l'après-référendum – c'est ce qui a été surnommé le «grand jeu»: il espère que le soutien de la France servira de «levier» pour obtenir celui de la Francophonie et des États-Unis dans un effet domino[43]. La France à ce moment-là est en campagne électorale, et la lutte est particulièrement féroce entre les deux candidats susceptibles de l'emporter à droite, Jacques Chirac et Édouard Balladur (alors premier ministre), qui rivalisent pour incarner l'héritage gaulliste. Dans ce contexte, il est stratégique pour eux de s'afficher en faveur d'un Québec souverain, Balladur se déclarant prêt à suivre les recommandations de Parizeau, tandis que Chirac estime que la France reconnaîtrait le Québec si le référendum est gagnant, ce qui entraînerait les autres pays membres de la Francophonie. C'est là un bon exemple d'un phénomène souligné par Frédéric Bastien: d'après lui, «les factions politiques [en France] se servent [de la question du Québec] surtout pour marquer des points en politique intérieure[44]».

Par la suite, tout au long de la campagne référendaire, les dignitaires français interrogés sur la question répètent que la France accompagnera le Québec là où celui-ci décidera d'aller. Jacques Chirac, élu président de la République, ne dit pas autre chose dans une entrevue sur CNN, peu avant le référendum, lorsqu'il considère que «si le Oui l'emporte, la France reconnaîtra le fait». En réalité, ces déclarations reprennent, en d'autres mots, la formule de Valéry Giscard d'Estaing de 1977, devant la

---

43. Jacques Parizeau, «Le "Grand Jeu" de Parizeau», *Le Soleil*, 7 mai 1997, p. B11. Pour une description détaillée de la stratégie internationale du PQ pendant la campagne référendaire de 1995, voir Kim Richard Nossal, Stéphane Roussel et Stéphane Paquin, *op. cit.*, p. 593-597.

44. Cité dans Louis-Bernard Robitaille, «Le Oui de la France», *L'Actualité*, vol. 24, n° 17, 1er novembre 1999. La question du Québec est également un «enjeu politique» entre Valéry Giscard d'Estaing et Jacques Chirac à la fin des années 1970. Kim Richard Nossal, Stéphane Roussel et Stéphane Paquin, *op. cit.*, p. 584.

perspective du référendum de 1980. Pour clarifier la formule de « ni ingérence, ni indifférence », jugée trop floue par René Lévesque, Valéry Giscard d'Estaing explique qu'il s'agit d'accompagner le Québec : « La France devrait être sans aucun doute au premier rang de ceux qui diraient au Québec que nous marchons avec lui [...]. Les nations francophones et en particulier la France devraient être immédiatement aux côtés des Québécois et reconnaître la nouvelle situation[45]. » Comme le souligne Louise Beaudoin, « depuis, cette formule de l'"accompagnement" a été déclinée de toutes les manières et de toutes les façons avec des variantes sur la forme, selon les personnalités et leur appartenance politique. Mais la substance en est restée la même[46] ». Lors de la campagne référendaire de 1995, il n'y a donc pas de réel changement dans la politique québécoise de la France.

Or, cette position de la France n'est pas particulièrement novatrice. Elle ne dit rien qui contrevienne au droit international et au principe de l'autodétermination des peuples – le respect de la volonté majoritaire étant considéré comme un principe démocratique fondamental. Certes, la France soutiendra le Québec si celui-ci se prononce pour la souveraineté, mais il n'y a rien là qu'elle n'a pas déjà fait lorsque d'autres peuples ont majoritairement choisi l'indépendance[47]. En déclarant qu'elle accompagnera le Québec, la France énonce une évidence, à laquelle le Canada lui-même ne peut s'opposer :

> And the issue of international recognition is somewhat artificial : if Quebec chooses independence in a democratic referendum and makes the proper guarantees to abide by the norms of international relations, recognition could hardly be denied. Canada itself, for example, rushed to recognize Ukraine's independence in 1991[48].

Il n'y a donc pas d'ingérence française dans la politique intérieure canadienne. En effet, la France ne fait rien pour favoriser

45. Cité dans Louise Beaudoin, « Un appui renouvelé au Québec », *La Presse*, 22 mars 2006.

46. *Ibid.*

47. Pour une interprétation différente de la déclaration de Valéry Giscard d'Estaing, voir Kim Richard Nossal, Stéphane Roussel et Stéphane Paquin, *op. cit.*, p. 584-585.

48. B. Wallace, « A separatist sideshow in Paris », *Maclean's*, vol. 107, n° 22, 30 mai 1994, p. 12-13.

l'indépendance du Québec, elle l'« accompagne », c'est-à-dire qu'elle attend que le Québec se prononce sur la question. Elle n'anticipe plus cette indépendance, dans le but d'en accélérer la venue, comme en 1967. Elle considère que c'est un débat interne au Canada, dans lequel les Québécois sont les seuls à pouvoir décider. Certes, en annonçant qu'elle reconnaîtra les résultats du référendum, la France donne des arguments aux souverainistes qui peuvent rassurer l'opinion publique québécoise inquiète de voir un Québec souverain isolé[49]. Mais somme toute, cet attentisme de la France n'est pas très risqué et, comme le soulignent certains observateurs du voyage de Parizeau, c'est parce qu'ils ne demandent pas beaucoup que les souverainistes sont en mesure d'obtenir ce qu'ils veulent de la France[50].

En fin de compte, la France ne souhaite pas donner un appui plus ferme à un Québec indépendant. En ce sens les rapports transatlantiques se sont normalisés : la position de la France vis-à-vis du Québec est conforme à celle qu'elle adopte dans d'autres cas similaires – attendre la décision du peuple souverain, et soutenir cette décision. La France ne veut pas sacrifier ses bonnes relations avec le Canada pour favoriser l'hypothétique avènement d'un Québec indépendant.

Les relations bilatérales avec la France

Cette non-ingérence de la France dans les controverses sur la souveraineté du Québec lui permet de développer des relations bilatérales diversifiées avec ses partenaires transatlantiques.

Élargissement et approfondissement de la coopération franco-canadienne

L'« interdépendance complexe[51] » croissante depuis la fin de la Seconde Guerre mondiale s'accentue dans les décennies 1980 et 1990 sous l'effet de la mondialisation. Elle pousse les États,

---

49. Louis-Bernard Robitaille, « Les lendemains d'un Oui. », *op. cit.*

50. Peter Lewis, « Paris power play », *Maclean's*, vol. 108, n° 6, 6 février 1995, p. 21.

51. Joseph Nye et Robert O. Keohane, *Power and Interdependence : World Politics in Transition*, Boston, Little, Brown and Company, 1977.

particulièrement les États les plus riches, à accroître leur coopération dans tous les domaines. Cela se traduit notamment par la
multiplication des forums multilatéraux et des rencontres ministérielles, qui sont l'occasion pour la France et le Canada d'avoir
des échanges beaucoup plus fréquents que par le passé. C'est ainsi
que les rapports, centrés sur la question du Québec dans les décennies précédentes, se diversifient au cours des années 1980 et 1990.

En effet, les forums multilatéraux où sont présents la France et
le Canada sont nombreux. Depuis le premier G7 en 1976, et au sein
du G8 depuis 1998, les dirigeants français et canadiens se rencon-
trent annuellement. Le Canada et la France sont également tous
les deux membres des différentes institutions spécialisées de l'ONU,
de la Conférence sur la sécurité et la coopération en Europe
(devenue après 1995 l'Organisation pour la sécurité et la coopération
en Europe), de l'Organisation mondiale du Commerce (et de l'Accord général sur les tarifs douaniers et le commerce qui la précède),
de la Francophonie, etc. En 1989-1990 et 1999-2000, le Canada est
élu au Conseil de Sécurité, où la France siège en permanence. À
l'agenda de ces organisations, on retrouve toutes les questions
importantes de la politique mondiale, à laquelle participent activement le Canada et la France. Qu'ils s'opposent ou qu'ils soient alliés,
les deux États sont très fréquemment en contact : la multiplication
des forums multilatéraux entraîne une intensification des rencontres
entre représentants français et canadiens, à tous les niveaux.

Particulièrement depuis la chute du mur de Berlin, la France
et le Canada œuvrent ainsi ensemble sur un certain nombre de
dossiers. Par exemple, au début des années 1990, les deux États
prennent part aux opérations de maintien de la paix en Bosnie et
en Croatie au sein de la Force de Protection des Nations Unies
(FORPRONU) et à Haïti au sein de la Mission des Nations Unies
en Haïti (MINUHA). En 1996, ils condamnent tous deux la loi
américaine Helms-Burton qui pénalise les entreprises étrangères
faisant du commerce avec Cuba. Et en 2003, ils se retrouvent côte
à côte pour refuser de soutenir la guerre en Irak décidée par les
États-Unis sans l'aval du Conseil de Sécurité[52].

52. David G. Haglund, « Canada and the Anglosphere : In, out, or indifferent ? »,
Options politiques, février 2005, p. 73.

Le Canada et la France participent également aux négociations des nombreux traités multilatéraux qui voient le jour au cours des années 1990, du traité «Ciel Ouvert» instaurant un régime de libre-survol d'un espace aérien allant de «Vancouver à Vladivostok» (1992) au Traité de Rome instituant la Cour pénale internationale (1998), en passant par la Convention d'Ottawa sur l'interdiction des mines antipersonnel (1997) et le Protocole de Kyoto sur la réduction des gaz à effet de serre (1998). Selon leurs intérêts, la France et le Canada se soutiennent ou s'opposent au cours de ces négociations.

Parallèlement à la multiplication des forums multilatéraux qui tentent de régler des problèmes mondiaux, les relations bilatérales entre le Canada et la France connaissent elles aussi des développements importants. Elles sont favorisées par la stabilité politique qui caractérise les années 1980 et 1990 en France et au Canada : en France, malgré des périodes de cohabitation (1986-1988, 1993-1995 et 1997-2002) et des changements de gouvernement, le maintien des présidents Mitterrand (1981-1995) et Chirac (1995-2007) favorise le développement de bonnes relations personnelles.

Avec la «Déclaration de partenariat renforcé entre la France et le Canada» signée à Paris le 22 janvier 1997 et le programme d'action bilatérale qui lui fait suite, les deux pays accentuent leur coopération dans de nombreux secteurs : non seulement pour les échanges économiques, industriels et commerciaux, mais également dans le domaine des technologies de l'information et des télécommunications[53], des relations culturelles, des relations scientifiques et techniques, etc. Il existe par ailleurs une coopération dans le domaine militaire, de la défense et des armements, grâce notamment au Comité franco-canadien de Coopération militaire (CFCCM), qui réunit annuellement les états-majors des deux États[54].

---

53. Une chaîne de télévision conjointe avait déjà été créée : en 1988, TV5 Québec Canada remplace la chaîne câblée TVFQ 99, et diffuse partout au Canada des émissions en français.

54. Maurice Torelli (dir.), *France-Canada. Défense nationale et sécurité, convergences et divergences*, Nice, Institut du Droit de la Paix et du Développement, 1989. Sur les raisons qui poussent le Canada à coopérer avec la France en matière de sécurité, voir Justin Massie, «A Special Relationship? The Importance of France in Canadian Foreign Policy», dans Jean Daudelin et Robert Bothwell (dir.), *Canada Among Nations 2008*, Montréal et Kingston, McGill-Queen's University Press, 2009, p. 235-270.

Le secteur du commerce fait plus particulièrement l'objet d'un grand volontarisme politique, et les accords pour faciliter les échanges entre les deux pays se multiplient. Ces accords répondent à des logiques symétriques : tandis que les exportations de la France vers le Canada sont censées faciliter l'accès au marché américain, le Canada veut pénétrer le marché commun de la Communauté économique européenne (depuis 1993, l'UE) pour réduire sa dépendance vis-à-vis de son voisin du sud. Les gouvernements se donnent comme tâche d'encadrer et de faciliter les échanges entre leurs deux pays : en plus d'accords commerciaux ou d'investissements conjoints, les ambassades se dotent de personnel pour simplifier les échanges entre leurs entreprises, particulièrement entre les PME/PMI (petites et moyennes entreprises/petites et moyennes industries). Malgré ces efforts, les échanges commerciaux entre les deux pays restent réduits[55]. En 2007, d'après l'Oganisation de Coopératiom et de Développemment Économiques, les exportations vers la France représentent 0,7 % des exportations canadiennes, ce qui place la France au neuvième rang des pays clients du Canada. Les exportations vers le Canada représentent elles aussi 0,7 % des exportations françaises, ce qui place le Canada au vingt-huitième rang des pays clients de la France. Les chiffres des importations sont quasiment similaires[56].

Par ailleurs, la France et le Canada ont parfois des intérêts opposés, et certains conflits n'en finissent pas de rebondir. Tel est notamment le cas de la délimitation de la zone maritime autour de l'archipel de Saint-Pierre-et-Miquelon, au sud de Terre-Neuve. La France et le Canada revendiquent chacun une zone maritime riche en poissons et en hydrocarbures. La création d'un tribunal arbitral en 1989 pour régler le conflit n'y change rien, car la France conteste la décision de ce tribunal rendue en 1992. Dans le même ordre d'idées, l'accès aux ports français et canadiens, et les quotas

55. Justin Massie, *ibid.*, p. 246-250. Dans certains secteurs, les deux pays sont à la fois rivaux et partenaires, comme par exemple dans l'industrie aérospatiale.
56. En 2007, 1,2 % des importations canadiennes proviennent de la France, ce qui place cette dernière au neuvième rang des pays fournisseurs du Canada ; 0,5 % des importations françaises proviennent du Canada, ce qui le place au trente-troisième rang des pays fournisseurs de la France. Chiffres disponibles sur le site Internet de l'ambassade canadienne à Paris (http://www.international.gc.ca/Canada-europa/france/commerce/texteIIc-fr.asp, page consultée le 26 août 2009).

de pêche font périodiquement l'objet d'âpres négociations, la survie des communautés de pêcheurs étant souvent en jeu. Ainsi, en 1997, un moratoire sur la pêche à la morue décidé par le Canada en 1992 est levé, à la suite d'un accord sur des quotas de pêche très restrictifs pour la France. Cet accord met fin à l'exploitation industrielle de la morue dont dépendait en grande partie Saint-Pierre-et-Miquelon. D'autres contentieux apparaissent dans certains secteurs économiques, comme en matière de réglementations sanitaires et phytosanitaires et de taxes sur les vins et spiritueux importés[57]. Également, la décision de la France en juin 1995 de reprendre des essais nucléaires sur l'atoll de Mururoa en Polynésie française est une autre source de frictions.

Mais au-delà de ces frictions, il y a bien un élargissement et un approfondissement de la coopération franco-canadienne. On observe un phénomène similaire dans les relations entre la France et le Québec.

Diversification de la coopération franco-québécoise

Au cours des dernières décennies du XXe siècle, les rapports entre la France et le Québec se diversifient : d'une coopération axée sur la culture, l'éducation et la langue française, les relations s'élargissent à d'autres domaines. Le fer de lance de cette coopération est la rencontre alternée entre premiers ministres, décidée en 1977 lors de la visite de René Lévesque à Paris, même si, au gré des agendas et des conjonctures politiques, ces rencontres ont parfois été annulées[58]. De très nombreux échanges ont également lieu entre fonctionnaires et ministres des deux côtés de l'Atlantique.

Depuis les années 1960, la coopération linguistique et culturelle entre la France et le Québec est importante[59]. Le Québec et la France ont en effet de nombreux intérêts communs, au premier

---

57. Nicolas Tenzer et Éric Rouah, *op. cit.*, p. 79.

58. Entre 1987 et 1996, les relations franco-québécoises ont connu un certain déclin et les rencontres alternées n'ont pas pu avoir lieu. Le retour au pouvoir du PQ relance ces rencontres : la visite du premier ministre François Fillon au Québec en juillet 2008 est la quinzième dans ce cadre.

59. Gaston Cholette, *L'action internationale du Québec en matière linguistique, coopération avec la France et la Francophonie de 1961 à 1995*, Sainte-Foy, Presses de l'Université Laval, 1997 ; Yannick Gasquy-Resch, « Les échanges culturels entre

rang desquels se trouve la défense de la langue française et de la diversité culturelle. Pour le Québec, la France est une source d'importation de produits culturels francophones qui contribuent à la vitalité de sa propre culture. Quant à la France, en plus des retombées économiques que cela implique, le développement et le renforcement de la culture francophone au Québec favorisent son rayonnement culturel et politique – c'est là une des idées à la base de la Francophonie. Cet intérêt commun dans la diffusion de la culture francophone explique le volontarisme politique des dirigeants français et québécois, qui cherchent à augmenter les échanges culturels. Par exemple, des coproductions franco-québécoises voient le jour.

Mais aussi, au fil des ans, un ensemble d'ententes entre le Québec et la France élargit et approfondit la coopération franco-québécoise dans d'autres secteurs, particulièrement depuis l'accord Bourassa-Chirac de 1974[60]. Une coopération se met en place dans des domaines comme les transports, les ressources naturelles, les communications, la reconnaissance des diplômes, la mobilité de la main-d'œuvre, l'industrie, le tourisme, la recherche universitaire, la sécurité sociale, les services sociaux et l'immigration[61]. Cette coopération conduit à la création d'instruments institutionnels qui la font vivre au quotidien : depuis l'établissement de la Commission permanente de coopération franco-québécoise (1965) et de l'Office franco-québécois pour la jeunesse (1968), plusieurs autres institutions ont vu le jour, comme le Groupe franco-québécois de coopération économique (1974), la Commission interparlementaire franco-québécoise (1979), ou encore le Conseil franco-québécois de coopération universitaire (2008).

Comme pour les relations France-Canada, le volontarisme politique est particulièrement fort dans les domaines économiques et commerciaux[62]. Par exemple, en 1986, une usine d'aluminium est inaugurée dans la région de Bécancour, résultat d'un accord entre les entreprises Pechiney-Ugine-Kuhlmann et Hydro-

---

Français, Québécois et Canadiens français depuis 1960 : vers de nouveaux rapports ? », dans Serge Joyal et Paul-André Linteau (dir.), *op. cit.*, p. 263-282.
60. Louis Bélanger, *op. cit.*, p. 118.
61. *Ibid.*, p. 136-153.
62. Gaston Cholette, *La coopération économique franco-québécoise, de 1961 à 1997*, Sainte-Foy, Presses de l'Université Laval, 1998.

Québec. Et comme le note Philippe Poulin, «depuis 1964 [...] huit cent cinquante accords de coopération ont été conclus entre des PME françaises et québécoises[63]». Si le Québec représente le principal partenaire économique de la France au Canada, les liens commerciaux entre la France et le Québec restent toutefois peu importants en termes relatifs[64].

Par ailleurs, le Québec a mis en place un certain nombre d'échanges et de coopérations avec des régions françaises, particulièrement avec la région Rhône-Alpes (un accord crée notamment la liaison aérienne Lyon-Montréal en octobre 1994). Il existe également des jumelages entre villes, comme celui entre Bordeaux et Québec, qui favorisent les échanges universitaires, culturels et économiques[65]. Enfin, le Québec accueille un nombre important d'immigrants en provenance de la France, environ trois mille cinq cents chaque année dans les années 2000, et le tourisme entre les deux pays est florissant[66].

Comme entre la France et le Canada, les intérêts français et québécois sont parfois opposés. Ainsi, dans les années 1980, parce que cela favorise les produits américains, la France ne voit pas d'un bon œil le traité de libre-échange entre le Canada et les États-Unis auquel tient pourtant le Québec[67]. Il y a également une concurrence commerciale entre les deux pays en matière de biens culturels (manuels scolaires, cinéma, logiciels en français) sur les marchés francophones, comme en témoigne la controverse sur le doublage des films en français[68].

---

63. Philippe Poulin, *op. cit.*, p. 148.
64. En 2007, le Québec absorbe environ 50 % des exportations françaises au Canada, mais cela ne représente que 3,3 % des importations du Québec. De même, la France accueille seulement 1,7 % des exportations du Québec. Pour le Québec, le Royaume-Uni et l'Allemagne sont des fournisseurs et des clients plus importants que la France. Chiffres disponibles sur le site Internet du consulat général de France à Québec (http://www.consulfrance-quebec.org/spip.php?article 14166, page consultée le 30 août 2009).
65. Sylvie Guillaume, *op. cit.*, p. 364.
66. Paul-André Linteau, «Quatre siècles d'immigration française au Canada et au Québec», dans Serge Joyal et Paul-André Linteau (dir.), *op. cit.*, p. 179; Philippe Poulin, *op. cit.*, p. 148-149.
67. Nicolas Tenzer et Éric Rouah, *op. cit.*, p. 77.
68. Il s'agit d'un conflit qui oppose la France et le Québec depuis des décennies, une loi française interdisant la diffusion de films doublés au Québec alors que le Québec accepte les films doublés en France. Avec l'émergence d'une industrie

Un quatrième joueur, l'Union européenne

Dans les relations bilatérales que la France entretient avec le Canada et le Québec, un quatrième acteur, l'UE, joue un rôle de plus en plus important. En effet, au cours des décennies 1980 et 1990, avec la mise en œuvre de l'Acte unique européen (1986) et du traité de Maastricht (1992), les États européens élargissent le champ de leur coopération. Les compétences communautaires, qui échappent en partie aux États, sont de plus en plus importantes. Dans ce contexte, l'UE devient une interlocutrice incontournable et la France représente une des portes d'entrée de l'Union.

Dès les années 1970, le Canada s'active pour favoriser ses échanges transatlantiques : ainsi, il « est le [premier] pays industrialisé à avoir signé avec la CE un accord-cadre de coopération commerciale et économique, en 1976[69] ». Dans la lignée de cet accord, la coopération transatlantique s'accroît, avec, en plus des nombreuses consultations périodiques (notamment les sommets transatlantiques Canada-UE), plusieurs ententes sectorielles, une Déclaration transatlantique sur les relations UE-Canada (1990) et un Plan d'action commun (1996). Cette coopération s'élargit ainsi à un grand nombre de secteurs :

> La Commission européenne et le gouvernement canadien ont pris de nombreuses initiatives pour stimuler [leur] coopération dans de nombreux secteurs dont les produits forestiers, l'énergie renouvelable et la conservation de l'énergie, les métaux et minéraux, l'environnement, les produits alimentaires transformés et la transformation des aliments, les équipements et les produits médicaux, le transport urbain, l'élimination des déchets radioactifs, la recherche sur la fusion nucléaire, le traitement des eaux usées, les technologies de l'information et les services de réseautage pour petites entreprises[70].

---

québécoise du doublage, qui permet une diffusion plus rapide des films, notamment des films américains, le conflit ressurgit au cours des années 1990, la France, poussée par ses syndicats d'acteurs, campant sur sa position protectionniste.

69. Nicolas Tenzer et Éric Rouah, *op. cit.*, p. 81. Par ailleurs, depuis 1959, un accord entre le Canada et l'Euratom prévoit un échange d'informations dans le domaine des utilisations pacifiques de l'énergie atomique.

70. Site de la délégation de la Commission européenne au Canada (http://www.delcan.ec.europa.eu/fr/eu_and_canada/overview/, page consultée le 30 août 2009).

De même, sur certains enjeux multilatéraux, l'UE et le Canada travaillent ensemble, par exemple pour lutter contre la dissémination et l'accumulation des armes légères ou lors de la négociation du traité qui interdit les mines antipersonnel. Ils collaborent également pour réduire les effets (supposés) du « bug de l'an 2000 », ainsi que dans leur lutte contre le terrorisme et la criminalité transnationale organisée.

Encore une fois, le secteur économique fait l'objet d'une attention particulière[71]. Même si l'UE est le deuxième partenaire économique et commercial du Canada (environ le quart des investissements canadiens à l'étranger sont faits dans l'UE et près du quart des investissements étrangers au Canada proviennent de l'UE), les échanges transatlantiques restent largement inférieurs aux échanges avec les États-Unis (en 2007, 79 % des exportations canadiennes se font vers les États-Unis, d'où proviennent 54 % des importations canadiennes). Pour réduire ce déséquilibre, le Canada cherche, pour l'instant sans succès, à conclure un traité de libre-échange avec l'UE.

Il reste que beaucoup d'intérêts opposent le Canada et l'UE, et tout au long des décennies 1980 et 1990, les conflits, particulièrement dans le domaine agricole, sont nombreux. Dans les années 1980, les mesures canadiennes antidumping contre l'acier européen et la Politique agricole commune, qui favorise les producteurs de céréales européens, sont des sujets de friction[72]. Les conflits autour de l'importation de fourrure en Europe et du respect des quotas de pêche (l'UE et le Canada sont membres de l'Organisation des pêches de l'Atlantique Nord-Ouest créée en 1979) sont également récurrents et nuisent aux bonnes relations transatlantiques. Par exemple, entre 1987 et 1995, le Canada interdit aux bateaux de pêche européens d'accoster aux ports canadiens. Autre exemple de conflit, le Canada proteste contre les mesures de l'Union relatives aux brevets de produits pharmaceutiques et de produits chimiques agricoles.

---

71. Didier Poton et Francois Souty, « Les relations commerciales franco-canadiennes : de la culture à l'économie », dans Serge Joyal et Paul-André Linteau (dir.), *op. cit.*, p. 205-207.
72. Nicolas Tenzer et Éric Rouah, *op. cit.*, p. 81.

Par ailleurs, l'UE devient également un acteur à prendre en considération dans le débat sur la souveraineté du Québec. L'UE, en tant qu'organisation supranationale ayant réussi à rassembler plusieurs États au sein d'une même entité politique, réhabiliterait les solutions fédérales. L'idée de l'indépendance souveraine des États-nations perd des appuis. Dans cette logique, le fédéralisme européen qui gagne des partisans au cours des décennies 1980 et 1990 remplace en quelque sorte les discours sur la « libération nationale » et « le droit des peuples à l'autodétermination » en vogue dans les décennies 1960 et 1970. Dans ce nouveau contexte, le combat du Québec pour accéder à son indépendance serait un combat d'arrière-garde[73]. Certains voient ainsi un lien entre le fédéralisme affiché de François Mitterrand dans le projet européen et son manque d'intérêt pour la question de la souveraineté du Québec :

> [La passion gaulliste a] cédé la place en France à une valorisation inattendue de l'idéologie du fédéralisme accompagnant la formation de l'Union européenne. Cette conjoncture a eu pour effet, en retour, de favoriser le modèle canadien, devenu soudain une forme idéalisée de coexistence entre des identités nationales au détriment du projet étatiste québécois[74].

De plus, l'UE devient un enjeu dans la reconnaissance d'un Québec souverain en cas de succès du processus référendaire[75]. Ainsi, en 1994 et 1995, pour tenter de convaincre l'UE de soutenir l'éventuelle indépendance du Québec, les dirigeants québécois passent par Strasbourg et Bruxelles. Et peu avant le référendum de 1995, la perspective que la France ne puisse pas reconnaître un Québec souverain sans l'accord de l'UE provoque un voyage précipité de Jacques Parizeau en France – voyage au cours duquel il obtient toutes les garanties qu'il souhaite quant à l'indépendance de la France à cet égard[76].

---

73. Le parallèle entre les fédéralismes européen et canadien est toutefois contestable. Voir à ce propos Claude Morin, *op. cit.*, p. 266-267.
74. Anne Legaré, « La France et le Québec », *Cités*, vol. 3, n° 23, 2005, p. 91.
75. Bernard Dorin, *op. cit.*, p. 211-212.
76. Pierre Duchesne, « Diplomatie préréférendaire », dans Stéphane Paquin (avec la coll. de Louise Beaudoin) (dir.), *op. cit.*, p. 197-198.

Conclusion

Les relations trilatérales entre la France, le Canada et le Québec se sont donc normalisées au tournant du XXIᵉ siècle. Comme le soulignent Sylvie et Pierre Guillaume, la politique gaulliste ne pouvait être qu'une parenthèse parce que « d'un côté Ottawa est amené à favoriser les relations franco-canadiennes pour désamorcer la bombe québécoise, de l'autre la France a tout intérêt à banaliser des relations, au départ trop passionnées[77] ». La normalisation « était la seule issue possible entre le Canada et la France[78] ». Ainsi, d'une part, fidèle à la doctrine de « non-ingérence et non-indifférence », la France ne s'ingère plus dans les affaires intérieures canadiennes[79]; d'autre part, les relations entre la France et le Canada, et entre la France et le Québec se sont élargies à un grand nombre de domaines. La stricte défense de la culture francophone en Amérique du Nord n'est plus l'objet exclusif de leur coopération. En somme, l'image du triangle n'est plus une clé de lecture pertinente pour les relations entre Ottawa, Paris et Québec: la France entretient plutôt des relations bilatérales avec le Québec et avec le Canada, ces relations étant déconnectées de celles qu'entretiennent Québec et Ottawa. Elle ne veut plus prendre parti et jouer Québec contre Ottawa. Autrement dit, les relations Québec-Canada n'influent plus sur les relations France-Canada et France-Québec. La France a ainsi réussi à sortir de ce « triangle infernal » qui « veut que dès qu'on améliore une des relations bilatérales, l'autre se dégrade ipso facto[80] ».

---

77. Sylvie et Pierre Guillaume, *op. cit.*, p. 11.
78. Sylvie Guillaume, *op. cit.*, p. 373. Ces relations sont « normales » parce qu'elles ressemblent à celles que la France et le Canada entretiennent avec d'autres États. À noter que Justin Massie considère quant à lui, après une analyse historique et culturelle, que la France est, pour le Canada dans son ensemble, « un allié spécial et un ami », même si cette « spécificité » n'est sans doute pas « réciproque ». (Justin Massie, *op. cit.*, p. 260.)
79. Au-delà des événements rappelés ici, les différentes étapes de cette normalisation politique sont très précisément décrites dans la deuxième moitié de l'ouvrage de Gilles Duguay, *op. cit.*
80. Nicolas Tenzer et Éric Rouah, *op. cit.*, p. 70.

Les auteurs

Jérémie Cornut est candidat au doctorat à l'École des Hautes Études en Sciences Sociales (Paris) et à l'Université du Québec à Montréal (UQAM), ainsi que chercheur à la Chaire de recherche du Canada en politiques étrangère et de défense canadiennes.

Magalie Deleuze est professeure au Département d'histoire du Collège militaire royal du Canada (Kingston, Ontario).

Greg Donaghy est chef de la Section des Affaires historiques au ministère des Affaires étrangères et du Commerce international (MEACI) et rédacteur en chef de la série *Documents relatifs aux relations extérieures du Canada*.

Michel Dupuy a été ambassadeur du Canada en France de 1981 à 1985, ministre des Communications, ainsi que ministre du Multiculturalisme et de la Citoyenneté (1993-1996).

David G. Haglund est professeur au Département d'études politiques de l'Université Queen's (Kingston, Ontario).

Michel Lacroix est professeur au Département d'études littéraires de l'UQAM.

Anne Legaré est professeure associée au Département de science politique de l'UQAM.

Justin Massie est professeur adjoint à l'École supérieure d'Affaires publiques et internationales de l'Université d'Ottawa et chercheur associé à la Chaire de recherche du Canada en politiques étrangère et de défense canadiennes de l'UQAM.

David Meren est professeur adjoint au Département d'histoire de l'Université de Montréal.

Jacques Monet, s.j., est directeur de l'Institut canadien d'études sur la Compagnie de Jésus et professeur émérite au Regis College de l'Université de Toronto.

Stéphane Roussel est professeur au Département de science politique de l'UQAM et titulaire de la Chaire de recherche du Canada en politiques étrangère et de défense canadiennes.

Jean-Philippe Warren est professeur agrégé de sociologie et titulaire de la Chaire d'études sur le Québec à l'Université Concordia.

Annexe

Liste des ambassadeurs du Canada en France

	Titre	Mandat
Fabre, Hon. Hector	Commissaire	1882-1910
Roy, Hon. Philippe	Commissaire général	1911-1928
Roy, Hon. Philippe	Envoyé extraordinaire et ministre plénipotentiaire (EEMP)	1928-1938
Vanier, Brig. Georges	EEMP	1938-1940
Dupuy, Pierre	Chargé d'affaires (intérimaire)	1940-1942
Vanier, Brig. Georges	Représentant	1942-1944
Vanier, Mj-Gen. George	Ambassadeur extraordinaire plénipotentiaire (AEP)	1944-1953
Désy, Jean	AEP	1953-1958
Dupuy, Pierre	AEP	1958-1963
Léger, Jules	AEP	1964-1968
Beaulieu, Paul-André	AEP	1968-1970
Cadieux, Hon. Léo	AEP	1970-1975
Pelletier, Hon. Gérard	AEP	1975-1981
Dupuy, Michel	AEP	1981-1985
Bouchard, Lucien	AEP	1985-1988
Charland, Claude	AEP	1988-1993
Bouchard, Hon. Benoît	AEP	1993-1996
Roy, Jacques	AEP	1996-2000
Chrétien, Raymond	AEP	2000-2003
Laverdure, Claude	AEP	2003-2007
Lortie, Marc	AEP	2007 -

Les relations diplomatiques entre la France et le Canada ont été établies le 31 janvier 1928. La Légation a été établie le 29 septembre suivant. Le 24 juin 1940, la Légation du Canada a été transférée à Londres à la suite de l'invasion de la France par l'Allemagne. En 1942, le brigadier Vanier (plus tard, major-général) est nommé représentant du gouvernement canadien auprès du Comité national français à Londres et agit aussi à titre de ministre auprès des gouvernements alliés en exil. En 1943, il est nommé auprès du Comité de libération nationale à Alger, où il s'installe en décembre. Enfin, le 20 décembre 1944, l'ambassade du Canada en France est rouverte à Paris.

Index

Collection
Les Cahiers du Québec
(liste partielle)

Suivez-nous

Achevé d'imprimé en février 2012
sur les presses de Marquis Imprimeur
à Montmagny, Québec